学校教育的历史使命
—— 上海市实验学校附属光明学校八年改革与发展回眸

Xuexiao Jiaoyu de Lishi Shiming

愿我们的校长和教师，用教育理想点燃教育激情，用教育激情推动教育研究，用教育研究夺取教育成功，用教育成功回报社会和人民，从而实现自己的人生价值，完成自己的光荣历史使命！

——郭景扬

上海教育出版社
SHANGHAI EDUCATIONAL PUBLISHING HOUSE

教育之魂:对理想的坚守与对使命的担当
(代序)

刘玉华校长要我为其学校教育改革专著《学校教育的历史使命》一书写序,我欣然接受。这不仅是因为我熟悉刘校长,更因为我从光明学校发展中获得许多感悟。

光明学校地处上海郊区,是一所地地道道的农村学校;刘校长生于斯长于斯,是一位土生土长的乡村教师。但是,为什么一所农村学校在短短八年中能够办成优质学校?一位农村教师能成为上海市特级教师?回忆刘校长的经历,了解光明学校的发展历程,给我最深的感悟是:一个学校的发展,一位校长的成功,最根本的是要有对教育理想的坚守和对教育使命的担当,这是教育之魂,也是学校之魂,更是教师之魂!

刘玉华校长从事教育工作以来,始终充满崇高的教育理想,把教育作为教师的历史责任。他在历史系学习时,我任历史系副主任,他对知识的渴求和对教师的向往,给我印象深刻。他担任历史教师时,我兼任上海市历史教学研究会秘书长,他对历史教育的执着和对教学的钻研,近乎忘我与痴迷。他担任区历史教研员,短短几年时间,不但大大提升了区历史学科的学业成绩,而且使全区高中生爱上了历史,令人赞叹。他担任校长后,我恰恰任教育部中学校长培训中心副主任,我看到他对教育的一往情深,对学校的由衷眷念,对教师的尊重关怀,对学生的呵护体贴,使我钦佩。我感到所有这一切,都源自他对教育理想的执着追求,对教育使命的自觉担当。

在所有关于校长角色的论述中,我最赞赏陶行知先生的校长为学校之魂的论断。作为学校之魂的校长,其魂就是对教育的理解与追求。在所有关于校长作为的论述中,我最赞同的就是把校长定位为高举旗帜走在教师和学生前面的旗手。刘校长就是光明学校之魂,就是引领师生的旗手。

近两年,我应邀到光明学校开展课题研究,与学校领导班子和教师有较多接触。虽说教师的经济待遇还不是很高,年轻教师的教学经验也不是很丰富,但是,每位教师都是那样投入,那样刻苦钻研。不少老教师不顾体弱事忙,许多青年教师放弃寒暑假休息,都那么全身心投入教学研究。他们为什么?一不为钱,二不为名,就为了培养好每一位农村学生,为了自己心中的那个教育理想、那份事业、那项追求。我想这与刘校长的引领不可分,这与刘校长的感染不可分。

每当看到这些,我的心中就无比感动,油然而生敬意。这时,我就更深刻地理解,习近平总书记对教师提出的四点希望中,为什么要把有理想信念摆在首位。

理想信念,对教育工作者尤其重要。因为远大的教育理想源于校长对教育本质的科学认知。教育是什么?概括地说,教育是国家意志的集中体现,教育是民族振兴发展的基石,教育是人民根本利益的反映。具体地说,教育是关乎国运兴衰的事业,教育是社会公共服务的事业,教育是关乎民生福祉的事业。因此,教育是一份社会责任,一项历史使命。只要树立远大理想,就一定能焕发满腔激情,就一定能释放聪敏智慧,也就一定能获得教育的成功。

愿我们的校长和教师,都与刘玉华校长一样,都与光明学校教师一样,用教育理想点燃教育激情,用教育激情推动教育研究,用教育研究夺取教育成功,用教育成功回报社会和人民,从而实现自己的人生价值,完成自己的光荣历史使命!

2015年3月30日

目 录

第一部分 光明学校八年改革与发展的基础

一、光明学校八年改革与发展的历史基础 ················· 3
　（一）港胞捐学造福桑梓 ······························· 3
　（二）韶华秋实二十三载 ······························· 5
二、光明学校八年改革与发展的认识基础 ················· 7
　（一）用感性解释什么是学校 ··························· 7
　（二）用知性诠释怎么办学校 ··························· 13
　（三）用理性阐释什么是教育 ··························· 19

第二部分 光明学校八年改革与发展的实践

一、以规划牵引学校两次跨越 ··························· 31
　（一）两轮发展规划带动学校两次跨越 ··················· 32
　（二）光明学校教育思想的凝炼和完善 ··················· 38
　（三）学校发展规划制订的原则与方法 ··················· 43
二、以文化引领学校内涵提升 ··························· 52
　（一）学校发展实质是学校文化培育 ····················· 52
　（二）光明学校文化的核心与载体 ······················· 61
三、以人本构建科学管理体系 ··························· 76
　（一）光明学校管理理念 ······························· 77

（二）光明学校管理体系 …………………………… 86
四、以平台促进教师专业成长 …………………………… 90
　　（一）面向全体的五级公共平台 ………………………… 91
　　（二）针对特殊群体的个性平台 ……………………… 115
　　（三）校本发展平台的运行机制 ……………………… 121
五、以"三化"指导学校课程建设 ……………………… 126
　　（一）课程建设的多元化 ……………………………… 129
　　（二）课程建设的特色化 ……………………………… 137
　　（三）课程建设的个性化 ……………………………… 152
六、以合作推进课堂教学改进 …………………………… 166
　　（一）师师合作
　　　　——同伴互助，营造合作的教研文化 ………… 167
　　（二）师生合作
　　　　——转变教师角色，创建民主的师生关系 …… 189
　　（三）生生合作
　　　　——开展小组合作学习，打造光明合作课堂 … 195
七、以选择促使学生个性张扬 …………………………… 211
　　（一）教育应在共性中融入个性 ……………………… 212
　　（二）光明学校学生个性发展措施 …………………… 216
　　（三）光明学校学生个性发展成效 …………………… 227

附录

　　附录1　提升人文　追求特色
　　　　——光明学校2011—2015发展规划 …………… 234
　　附录2　尚美　向善　求真
　　　　——光明学校2014学年课程计划 ……………… 269
　　附录3　一所农村学校的"弯道超车" ……………… 290

主要参考文献 ……………………………………………… 295

后记 ………………………………………………………… 299

第一部分

光明学校八年改革与发展的基础

一、光明学校八年改革与发展的历史基础

（一）港胞捐学造福桑梓

光明学校座落于上海市浦东新区祝桥镇南首南祝公路（原川南奉公路）旁。1982年，祝桥镇祝西村（原光明大队）2组出生的香港爱国同胞王佰生先生意欲在家乡捐资兴学，通过与原南汇县侨务办、教育局联系，商议决定由王先生捐资100万元港币在他家乡建造光明学校。从1982年7月开始为学校选址，到1983年8月底工程竣工。同年9月1日，原南汇县委、县政府在新建的光明学校体育房内举行光明学校竣工暨开学典礼。

创建初期，光明学校建有一幢三层教学楼，一幢两层辅助用房，一幢室内体育房。另有一座连接教学大楼和室内体育房屋顶游戏场的悬浮铁索天桥及其他配套用房。同时，建造一座纪念亭，并用王先生父亲的名字命名为木富亭。学校设小学部和初中部共9个年级，没有独立建制。1983年，小学部对外称为光明小学，系祝桥中心小学的分校，由叶金才老师担任校长，共有6个教学班，教师14人，学生269人。初中部由当时祝桥中学的两所分校（三八中学和光明中学）合并而成，隶属祝桥中学，有6个教学班，教职工16人，学生250人。

1988年2月，学校成为南汇县实验学校分部，对外作为独立建制学校，学校改名为南汇县光明学校。学校有幼儿园大班、小学和中学教学班共13个班。其间，王先生捐赠人民币11.2万元修理了食堂、围墙等设施，修缮木富亭，修建学校操场。

1989年9月，学校成为原南汇县教育局和祝桥乡政府双管单

位,并建立学校党支部。学校有 6 个小学班和 5 个初中班,还附设幼儿园,学生约有 500 人,教职工 38 人。为培养当地建设人才,王佰生先生于 1989 年又捐资 10 万元港币,在学校南大门南面建造光明职业学校。建校后,曾开办过三期职业技术培训班(重点培训乡电镀厂青年工人),光明学校初三部分学生参加缝纫职业培训。之后,由于企业不景气、生源减少等原因,职校校舍改为校办厂。1992 年,为解决初中学生的实验问题,王先生又捐赠人民币 42 万元,建造实验大楼和门卫间,实验大楼以他已故前妻的姓名命名为张阿娟实验楼,内设理、化、生实验室和电脑房、档案室,并在楼东立碑以示纪念。为满足学生活动的需要,将原有操场向西延伸至南北机耕道,扩大操场面积约四亩。1994 年王先生又捐赠人民币 9.9 万元,为教学大楼加屋面及活动房加层。

20 世纪 90 年代中后期,由于教育设点布局的调整,光明学校跨入了新的发展时期。1995 年 9 月,原隶属祝桥中心校的卫民校并入光明学校;1998 年 9 月,原隶属祝桥中心校的三育校并入光明学校;1999 年 9 月,祝桥中学初一、初二两个年级并入光明学校;2000 年 9 月,祝桥中学初中部全部并入光明学校,学校规模成倍扩大。2001 年,学校有中小学教学班 40 个,学生 1925 人,教职工 123 人。

随着学校规模的逐步扩大,学校的硬件设施也不断得到完善。1998 年至 1999 年学校扩建,第一、第二期工程共投资人民币 1200 万元,其中王先生又捐资人民币 80 万元。2001 年,学校占地面积 31703 平方米,建筑面积 12597 平方米。有教学楼、行政楼、教师办公楼、实验楼、师生餐厅楼。有 250 米环形跑道、足球场、篮球场、排球场及各种配套使用的专用教室等。2003 年祝桥中心校因实行五四分段,六年级学生并入光明学校,学校规模进一步扩大。

(二) 韶华秋实二十三载

(1) 励精图治,奠定学校发展基础(第一至第四任校长 1983.9—1995.7:叶金才、乐秀峻、钟亚康、俞在明)

叶金才同志作为光明学校首任校长(1983.9—1988.1),严谨治校,严格管理,使光明学校有了良好的发展开端。

乐秀峻同志是光明学校第二任校长(1988.2—1989.7)(兼任)。此时学校开始独立建制,成为一所真正的九年一贯制学校。乐校长致力于教育教学的改革,努力提升办学质量,使学校走上了健康发展之路。

钟亚康同志作为光明学校第三任校长(1989.8—1993.7)。钟校长注重加强学校教学常规管理,注重抓素质教育的落实,使学校在素质教育方面有了新突破。

俞在明同志担任光明学校第四任校长(1993.8—1995.7)。俞校长十分重视校风、教风、学风的建设,重视青年干部的造就与培养。学校注重整体改革,向科学管理要质量,坚持以注重思想、加强基础、发展智力、培养能力为目标,挖掘潜能,加强管理,积极探索适合学校发展的途径,为光明学校的持续发展指明方向。

(2) "三治"管理,实现"稳步提高、和谐发展"(第五任校长 1995.8—2006.7:汤明飞)

汤明飞同志担任光明学校第五任校长。面对学校发展需要,首次提出运用"三治"(德治、法治、众治)策略,实践"稳步提高·和谐发展"的办学目标,开创了光明学校发展的新局面。

汤校长将工作重点着眼点于教育管理、教学设施完善等方面,以适应社会的发展要求和市场经济对学校提出的人才培养的新期望。将"德治、法治、众治"运用于实践,即学校领导用高尚的道德修养及人格魅力感化教职工,利用可行的规章制度规范教职员工,集群众的智慧和力量调动教职员工的工作热情,真干、实干。

A. 加强领导自律,体现"德治"

人格魅力吸引人,民主管理激励人,以身作则感动人,以诚相待尊重人,以情感人关心人。党支部在张正华书记的带领下围绕学校中心工作,既发挥了其独特的核心作用,又起到了强有力的监督作用,各项工作有力、有效。

B. 健全并完善学校各项制度,体现"法治"

不断完善学校系列评估、考核、奖励制度。学校由专人进行各项工作的检查、评估、考核,使制度落到实处。

C. 管理民主化,体现"众治"

学校党政领导定期听取工会、教代会及教职工的意见和建议,不断反思,不断改进工作。尽可能扩大教师参政议政面。每学期,全体教师填写"光明学校教师对学校工作的意见征询表",并将反馈意见、合理化建议及学校领导的决策向全体教职工阐明。加强信息双向流通,真正创设人与人之间的和谐关系。

经过二十多年的努力,光明学校从小到大,从弱到强。学校先后荣获"上海市农口级文明单位""上海市优秀家长学校""上海市合格档案室""上海市绿化合格单位""上海市南汇县文明单位""上海市南汇县行为规范示范校""上海市南汇县学校管理一星级学校""上海市南汇县语言文字优秀单位""上海市南汇区(原南汇县,2001年南汇县改为区,下同)卫生标兵单位""上海市南汇区教育科研先进集体""上海市南汇区教育局先进团支部"等称号,受到社会、家长以及各级领导的好评。

二、光明学校八年改革与发展的认识基础

2006年8月31日,刘玉华同志兼任光明学校校长。刘校长是新加坡南洋理工大学教育管理硕士、历史特级教师,先后担任原南汇区教师进修学院历史教研员、干师训中心主任、党总支副书记,教育局基础教育科负责人,教育系统党校教务长等职务。他凭借着历史教师特有的人文情怀以及丰富的阅历,推动光明学校新一轮教育改革与发展。

光明学校这一轮的教育改革和发展,是建立在校长和全体教师对教育本质的认识,对学校特性的理解基础上的。这个过程经历了从感性上深刻体会学校的具体形象,进而从知性上深切感悟教育和学习的真谛,达到从理性上深入把握教育的本质和价值、学校的特性和功能。

这是感性和理性的融合,实践和理论的结合,经验和知识的契合,成为光明学校教育改革和发展的理论基础、观念基础、精神基础。

(一) 用感性解释什么是学校

从事教育工作,领导一所学校,基础之一是要善于从教育实践和办学实践的体验和经验中感悟、领悟、顿悟,从而认识学校教育的问题与缺陷,并在实践中设法矫正与改进。光明学校的领导和教师对此有几点体验和感悟。

1. 学校——不是教育学理论的抽象概念符号

虽然在概念界定的用词上有些差异,但目前很多教育学理论流

派对学校的定义仍然是一致的：学校是有计划、有组织地进行系统的教育的组织机构，学校教育是由专职人员和专门机构承担的有目的、有系统、有组织的，以影响受教育者的身心发展为直接目标的社会活动。关于学校的理论定义都是对学校高度概括、高度抽象的定义，是人们能够更加有效和简洁地认知学校的一个逻辑层面的定义。

如果仅仅从教育学理论上来理解和解释学校，只能获得空洞的概念。这也是造成许多校长和教师对学校教育教学的认知呈现概念化、抽象化，甚而觉得味同嚼蜡，毫无实际教育教学指导意义的原因所在。因为被抽象化了的"学校"，往往只是逻辑和符号的集合体，用这样的抽象集合体去直接办学或者是直接指导教育教学，是不可能带来真正的教育，也是不可能真正办好学校的。就如同被编码了的计算机语言，缺乏一个解码机制，因此在理论和实践之间无法搭起顺利沟通的桥梁，话语体系也无法很好地实现对接。

这样的困局，不是源于理论认知的抽象性质，因为这是理论研究的本质属性，而是源于理论认知的科学性和实践性，如果用于指导实践的理论缺乏科学性和实践性，自然而然会产生如上的困局。以对学校的理论认知为例，古代的学校称为庠、序、学、校、塾，在开始产生时并不都是专门的教育机构，而兼为习射、养老的场所，比如西周称学校为辟雍，就是少数奴隶主贵族读书的场所。很显然，在这样的社会发展历史中，不可能抽象出有研究意义的、理论化的学校概念。清末，开始兴办近代教育，中国逐渐进入制度化教育时代。在制度化教育时代，学校的功能发生了实质性的变化，即要为社会批量地培养人才。在这样的社会发展历史中，关于什么是学校的理论概念就水到渠成地喷薄而出。但是，由于政治、社会、文化、意识形态等因素的存在,制度化教育时代下的学校概念虽然在"为社会批量培养人才"这一本质功能上没有发生变化,但在培养方式、培养目标、培养内容、培养形式、培养理念等方面存在巨大的差异,而且很多差异都是相互冲突和剧烈碰撞的。这也是多年来理论界对"什么是学校"的界定千差万别的原因所在。因此,当我们把认知学校的视野提升到基于整个社会发展过程的高度时,就可以清晰地明确一条从教育理论到教育实践的解码规则:对学校的理论认识从来就不是学校运营的简单教条,从来就不是可以直接施加于学校具体实践的"规章制度",如何解码对学校的理论认知,如何基于学校的发展实践来进行个性化的解码,而不是直接寻找可以不动脑筋、不费思量就可以与实践无缝对接的符号或概念,是决定办学水平的根基所在。这个过程称为教育理论的"感性解码",实质上就是一个基于学校发展实践和教育教学理论理解的办学个性化的过程。

2. 学校——不是学子在现实中的枯燥单调程序

当我们把认知的视野和理解的逻辑界定清晰后,我们的办学实践就会顺利地跳出所谓"理论无用"的困境。然而在具体的学校世界中,我们仍然还会遇到另一种制度化教育的困境,那就是如何理解被预设、被规定和被束缚了的教育活动。

与教育学理论书籍所描述的或所定义的学校概念相悖,教师们往往在亲身所从事的学校教育中,或学子们往往在亲身所体验的学习生活中,发现学校不似教育学书籍中所描写的那样美好,而是枯燥的、单调的生活程序的重复,甚至会压抑个性,成为自由发展的障壁。尤其在今天,某些学校生活甚至使学子们感到厌倦、疲惫,乃至反感、怨恨。是什么环节出了问题? 是制度化教育本身吗? 是学校组织这种教育形式吗? 是学校管理的具体实践吗? 通过"感性解码"的感悟阶段,我们可以舒畅地找到问题的答案,那就是对学校的理解还需要一个"感性内化"的领悟阶段。既然是制度化的教育,那么被预设、被规定或被束缚的都是"制度化"的内中之义,无此形式则制度化本身无所栖居。例如,考试,有此形式,师生皆怨,但无此形式,则制度化的学校教育就少了一个反馈、鉴定、选拔、竞争的环节,无此环节,也无法很好地实现学校教育批量培养人才的社会责任。因此,对考试的理解,不是要去除这样的制度化教育的内在要素,而是要如何改进、规范、科学和人本化。这就是对考试的一个"感性内化"的领悟过程。无此过程,往往将考试简单地视为外在于教育本身的一个活动,从而在情感和理智上产生非科学的认知情绪,如"废除考试"的呼声。在制度化教育背景下的类似研究结论或倾向,根源在于对制度化教育本身缺乏正确的理解,因此也无法给学校的办学实践带来指导意义。有了这个过程,在具体办学时就有了富有建设性的源动力和积极的认知情绪,这就为办学成功提供了专业化的基础。

制度化教育为学校的存在提供了一个全局性的运营框架,办学者的办学能力体现在如何让那些被预设、被规定或被束缚了的制度化教育要素发挥最大的效能。很多不成功或失败的办学案例,往往源自办学者无法很好地实现制度化教育下的学校框架效能,如缺乏良好的办学理念,不能很好地设计学校组织结构,不能根据学校的发展不断地更新工作流程和工作制度,不能有效地为学生成长提供富有延展性的教育生活等。制度化教育背景下的学校发展,如果办学者不能很好地对制度化教育和制度化教育的实现形式——学校有一个"感性内化"的领悟过程,其所办的学校很可能是一所平庸的学校,一所被动生存和发展的学校。

3. 学校——是孩子赏心悦目的一幅美丽图景

基于对教育理论的感悟和对学校教育的领悟,光明学校的办学者有了第一个顿悟:学校,应该是学生赏心悦目的一幅美丽图景。对办学者来说,教育最终的落脚点应在学生身上,在每位学生拥有完美成长的日程体验上,这也是考验我们是否真正理解"什么是教育,什么是学校"的要点所在。为此,办学者不仅要站在社会的角度、教育的角度、学校的角度、自身的角度,更应站在学生角度思考:学校应该是什么样的。

我们的顿悟是从静态的、隐性的角度来认知的,这里要回答的是:学生是否认可这是一个可以让其快乐成长和幸福生活的地方。学校不仅是一个学习的地方,也是一个让学生成长的地方,在这个地方,除了加减乘除、ABCD、横撇竖捺,还有喜怒哀乐,因此,它不能仅有学习的要素,还需要有情感的要素,有成长的要素,有属于学生的一切要素。光明学校的领导和教师,在教育改革和学校发展中,感悟真正意义上的学校,应该是学生眼中赏心悦目的一幅美丽图景:环境优雅,气氛和谐,人际关系融洽,布局适合,挥撒天性;必须是学生心中向往追寻的一个童话世界:自由自在,充满神秘,令人向往,能够得到心灵的洗礼。这样的学校,才能使学生的心灵得到净化、行为高尚。

我们始终在谈论要教育学生,要让学生更好地成长,但往往忘记了一个前提,那就是学生是否认可我们的设想,是否愿意接受我们的规划。因此,学生的成长始终是一个单向度的被动接受过程,既无法抗议,也无法抗拒。在很多学校中,普遍存在这样的问题,学校缺少学生参与的环节,把学校建设视为简单的"砖瓦+草木"的排列组合过程。学生因素的缺乏,让学生缺乏一种自然而然的亲切感和认同感,这往往也是建设学校文化的一个巨大障碍。而我们的办学顿悟，就是要彻底改变这种局面，光明学校的办学目标就是希望成为这样的学校，我们也要让学生理解、认可和接受我们的宏伟蓝图。

4. 学校——是学生自然成长的一个温馨乐园

我们的另一个顿悟，是从动态的、显性的角度来认知学校和认知教育的，这里要回答的问题是：我们的学生是否在这个地方实现了快乐成长和幸福生活。从静态的、隐性的角度来认知学校，只是认知学校的一个方面，这些要素不会自动或主动转化成为促进学生成长的要素，尤其是在学生动态成长的具体过程中，换句话说，身处优雅的教育环境，并不意味着就能够获得优雅的教育服务。一个学校如何成为每个学生自然成长的乐园，不仅取决于它所精心构筑的美丽图景，更取决于它所精心营造的人文环境，学生在成长的过程中能够从环境中获得心理支持和情感依托。

有一流的教师，才能培育出一流的学生，才能创生一流的学术成果，才能为教育事业发展乃至社会进步作出一流的贡献。一些学校之所以成为名校，主要是因为它们有一批学高身正的名师作支撑，并通过这些教师的潜心耕耘而培养出大批品学兼优的学生。因此，我们的学校应高瞻远瞩，切实转变办学理念，把师资队伍建设作为工作的重中之重，把营造优良的学风和深厚的教研传统作为工作的中心，对拔尖人才要在科研上支持、生活上关心、思想上重视、管理上到位，真正形成推崇名师、吸引名师、培育名师的良好氛围。这是学校能够为学生成长提供更加优质的教育服务的前提和基础。

传统的学校管理模式，较多表现为管控、指令，在一定程度上束缚了人的个性和创造才能，制约学生生命潜力的发挥。光明学校的领导和教师，在教育改革和学校发展中，认识到真正意义上的学校，应该是学生身心自然成长的一个温馨乐园,给鲜活的生命以丰实的意义,给丰实的生命以辉煌的光彩,让生命的成长充满幸福和快乐;必须是学生心灵诗意栖居的一个温暖港湾,要让学生走出校园,走向明天后,有着与众不同的气质,教育从根本上说就是要赋予学生一种与时俱进的精神和气质,这种气质使他面临人生的坎坷、面对世界的风雨,始终抱着一种诗意的人生态度去坦然面对。这样的学校,才能使学生健康成长,光明学校的发展愿景就是努力成为这样的学校。

(二) 用知性诠释怎么办学校

知性一词据说最早是由柏拉图提出的,后成为德国古典哲学的一个术语,知性是指介于感性和理性之间的一种认识能力,即主体对感性对象进行思维,把特殊的没有联系的感性对象加以综合处理,并且联结成为有规律的科学知识。知性具有主动的品格,强调善于从感性理解中进行提升,从而形成更高层次的知识和能力。学校教育改革的基础之一是要在感性认识的基础上,通过知性的领悟和顿悟,形成对教育的知性认识。光明学校的领导和教师通过知性认知,对学校教育和教学得到四点知性认知。

1. 无痕化教育

真正的教育是无痕化的。但基于教育谈无痕化教育,和基于制度化教育谈无痕化教育,是有本质区别的,很明显的一点就是,前者是无框架的探讨,后者是在特定教育秩序下的探讨。区别这两种话语体系,有利于我们清晰地界定无痕化教育的前提和内涵。我们要探讨的,必定是制度化教育下的无痕化教育。这种探讨,首先会遭遇到一个"在有痕框架下谈无痕话题"的悖论,因为学校教育本身就是一种"痕",是一种制度化的、系统性的教育之痕。那么,如何在这种框架下谈无痕化教育?这种探讨有什么意义?

狭义的教育,主要是指学校教育,其含义是教育者根据一定社会(或阶级)的要求,有目的、有计划、有组织地对受教育者的身心施加影响,把他们培养成为一定社会(或阶级)所需要的人的活动。这是制度化教育背景下学校的本质特征。从这个特征中可以看出,既是一种有意识和有目的的影响活动,就必定旨在对受教育者形成一种预设性的影响,而要考量这种影响的效能,就必定会涉及影响方法的效能问题。从科学的角度分析,要提升一个活动的效能,最好的办法就是缩小行为与目标之间的距离,这是制度化教育下学校教育理念的第一选择,这也是自然而然的博弈抉择。例如,教师的每堂课都有既定的目标,教师也希望每堂课的目标都能够在每个学生的身上实现,但每堂课的时间都是有限制的。因此,对教师来说,最优的教学策略就是"直接把知识呈现给学生,直接把答案告诉学生,让学生直接记忆需要学习的东西"。从考试的角度分析,这样的教学策略无疑会极大提高课堂教学的效率,但这样的效率会以牺牲学生自主学习、自主思考的机会为代价,会以牺牲学生的自由探索天性和可持续学习兴趣为代价。因此,制度化教育本身存在先天的缺陷,那就是极易让办学实践踏入"有效率但无效能"的教育误区。

从这个层面进行认知,就可以深刻理解无痕化教育对制度化教育的重大意义:让制度化教育更加人本化和人性化!没有无痕化教育思想的引入,纯粹制度化的教育会把教育导向一种简单效率导向和功利导向的死循环中。学生在这种教育中被精确量化和对象化,不仅遗失了更为重要的发展领域,而且会逐步迷失人的本性。填鸭式教学、应试教学,就是这种教育误区的典型体现。而有了无痕化教育的思想,将极大改善学校教育的现状,如对教育的理解不再只是强制灌输,而是强调教和育的精细理解,教,应该是教导,教化,不应该是教训,更不应该是强制;育,应该是哺育,涵育,不应该是束缚,更不应该是扭曲。在这样的理念指导下,教师的教学会多一种"让学生多理解一会儿"的人本思想,多一种"教育的成长和知识的获取需要更科学的互动"的教育思想,而这些变化,对学生的成长将带来极其重要的影响。无痕化的教育思想,可以真正提升学校的质的办学水平。

2. 浸润式教育

真正的教育是浸润式的。教和育的过程,是一种浸润。浸,是一种浸透,是身心的享受;润,是一种滋润,是润物细无声。从教育教学的角度分析,浸润的主体不仅仅是教师,更应是具有主观能动性的学生个体,浸润式教育,就是指借助各种手段和方法,创设特定的教育环境和成长环境,使师生浸染其中,教育教学内容、技能、情感、态度、价值观等逐渐渗透,学生自觉学习、主动参与、主动感悟的过程。浸润式教育的核心理念,就在于让学生的学习和成长过程从被动接受转变成一个自觉建构的过程。

基于前面的认知,光明学校对浸润式教育有了更深层次的理解:创设能润泽生命成长的特定环境,让学生的心性在潜移默化中受到熏陶,教育无处不在,浸润心灵才是真教育。

一名学生今后也许可以成为作家、发明家,但这些潜质需显现在完成作业和参加校园活动的过程中。作为学校,就是要构想如何更好地为学生的远大成长目标建立起坚实的成长日程。当然,这种系统化的知识学习过程,和学生的社会化成长并不矛盾。事实上,教育并不是一个虚妄的存在,教育的意义就是生命的意义、生活的意义,教育不单是书本知识的研读,而是从中开启心智,通过学识涵养,能够跟社会生活真正接轨,即洞察社会认识现实,了解生活,塑造生活,进而升华未来。无论何时,教育于人犹如照亮前行道路的探照灯,使人看清生存的环境,进而从生活实际出发,开发自身的生存和创造能力,培养抵御和克服不利于生命发展的各种因素的能力,正确地估量自己,善于抓住所有机遇,然后行动起来,努力争取。这样,不管未来的一切在开始的时候看上去是多么的艰难,也不管你生活的时代实际上并非是一个最好的时代,但是未来之门的钥匙已然掌握在你自己的手里。如果学生知道通过教育学会生活,那么,他们的未来必定会很美好的。

接受学校教育的洗礼和润泽,不是让学生的灵魂脱离生活与实际、满腹牢骚与不满,而是让学生更加热爱生活,懂得如何从现实入手,用行为建立未来。我们要培养学生怀揣着美好的人生理想,期望着辉煌灿烂的前程,我们也要培养学生拥有两种不可或缺的生活的品质:务实与践行。这些品质的获得,就在于无处不在的浸润教育中。

3. 体验式学习

真正的学习是体验式的。学习是一个过程,是经由实际体验而形成的知识、能力、情感的内化过程,只有体验才可能内化,只有内化的才是真正理解和掌握的。所以,没有深切体验的学习,都不是真正的学习;没有切身体验的知识,都不是自己的知识。"体验"的"体",意为设身处地、亲身经历;"验",意为察看感受、验证查考。体验具有过程性、亲历性和不可传授性,是充满个性和创造性的过程。从心理学角度分析,体验是"理智的直觉",是建立在个体"内部知觉"基础上的一种特殊活动,它总是与个体的自我意识紧紧相连的。所以，从词源学的角度分析，一个人在成长过程中，也需要亲身经历，亲自验证，才能获得科学知识，养成道德品质，掌握技能。

学习是指从阅读、听讲、研究、实践中获得知识或技能的过程。这一过程只有通过亲身体验才能最终有效地完成。体验式学习中所指的体验是指教师以课堂为舞台、以任何可用感官接触的媒质为道具、以学生为主体，通过创造出值得学生回忆，让学生有所感受，留下难忘印象的学习活动。体验式学习像生活中其他任何一种体验一样，是内在的，是个人在形体、情绪、知识上参与的所得。在传统上，教师是教学的中心，学生只需专心听讲，认真记笔记即可。而体验式学习则要求学生发挥主动精神，对自己的学习负主要责任，真正成为教学过程的主体。体验式学习强调学生积极主动地参与，认为没有这种参与，就不能产生任何体验，更谈不上学习过程的完成。体验式学习为学生的知识运用提供了必要的舞台，如传统上的英语学习，学生很少有应用知识解决实际问题的场所、时间和机会，不了解在真实的环境下应该用什么语言最适当、最能表达自己的思想。所以始终摆脱不了"哑巴式英语"的状态。而体验式英语学习的优势就在于，它为学生提供了一个运用语言的空间，使语言学习成功地进入活生生的语言表达和思想交流之中。

学习不仅仅是内容的获得与传递，而是通过经验的转换从而创造知识的过程。体验式学习强调通过实践来认识周围事物，或者说，通过能使学生完完全全地参与学习过程，使学生真正成为课堂的主角。教师的作用不再是一味地单方面地传授知识，更重要的是利用那些可视、可听、可感的教学媒体努力为学生做好体验开始前的准备工作，让学生产生一种渴望学习的冲动，自愿地全身心地投入学习过程，并积极接触知识、运用知识，在亲身体验过程中掌握知识。生活中任何有刺激性的体验,如在蹦极跳中被倒挂在空中飞速腾跃时所拥有的惊心动魄的体验都是终生难忘的。同理,体验式学习也会给学生带来新的感觉、新的刺激,从而加深学生的记忆和理解。

4. 感悟式学习

真正的学习是感悟式的。"感",即让学生形成对知识学习的初步审美,产生对知识学习的兴趣。"悟",即悟学法,悟目的。学习是一种感悟。学习不是知识灌输,不能一味地依靠记忆和背诵;学习也不是简单模仿,不能仅依靠机械重复和依葫芦画瓢。学习中,通过体验生发感悟,通过感悟达到领悟或者顿悟。只有感悟、领悟、顿悟,才能真正理解,才能培养思维,才能有创造力。

让学生感受知识学习的魅力是感悟式学习的第一步。例如,需要学生掌握一些古诗中对季节描写的韵味,却忽略了学生的审美体验,这容易让他们产生学习的挫败感。其次,知识的学习应该是放牧式的,而不应是圈养式的。在知识学习的过程中,最大的问题是学习的内容往往都是抽象的符号,学生无法"触摸"其中难以言说的美好,也就提不起学习的兴趣。因此,必须给学生必要的体验经历和机会,才能让学生对学习的内容有更多的感悟。以作文教学为例,功利的方法是关起门来进行语句、语段、辞藻、框架等训练,以期让学生在短期内拥有写作美文的能力,殊不知决定一个人是否能写出精美文章的要素,不是语言文字本身,而是一个人的经历和感悟。仅有文字的堆砌不是写作的核心,思想和情感才是文章的精华。而经历和感悟是无法闭门造车、短期速成的,需要把这些学习过程融入日常的生活体验和感悟中,用经历、感悟和文字来积淀出高超的文字表达能力,凝结出具有影响力的华美篇章。

感悟式学习,强调学生学习的情感参与性。林格伦在《课堂教育心理学》一书中指出:"一个儿童只要他不愿学习,认为学习没有什么意思,或者一心想着别的什么问题,他就不会学习。……如果有什么课程改革获得了成功的话,那么,一定存在着一种推动力,把那些要求学生掌握的技能、知识和概念与学生个人的需要统一或结合起来,使之具有意义和联系。这种综合的过程,只有在教师认识到学生必须不仅在理论上,而且在情绪和情感方面也卷入学习过程的时候,才可能发生。没有感情上的变化,就没有认识上的变化。"情感对学习的推动,在很多情况下源于学生对学习的真实感悟,在这种情况下,感悟不仅是一种习惯,一种行为,更是一种能力,是一种推动学生更好地学习的能力。

(三) 用理性阐释什么是教育

从事教育工作,领导一所学校,基础之一是要有教育理论指导,从理性上深入认识教育的本质特征。纵观20世纪人类经济发展历程。尤其是20世纪50年代以来,全球经济发展的轨迹,许多经济文化相对落后的国家和地区,在较短时间内迅速实现现代化的成功经验证明,教育是经济发展的内在要素,是经济发展中具有决定意义的要素。把教育处于优先发展是支撑20世纪全球经济发展的重要经验。光明学校的领导和教师对此有三点认知。

1. 教育——过往历史与人类未来的桥梁

教育是沟通人类过去与未来的桥梁,是传承人类文明、文化、知识并创新发展的中介,它是人类延续和进步不可或缺的环节。这体现在以下三个方面。

一是教育是文化传递和创新的最好载体。文化是人类在活动中创造的,对个体来说是后天习得的,它不可能通过遗传的方式延续,而只能通过传递的方式发展下去。文化的传承方式有很多,借助于实体文化,如文物、名胜古迹、媒介符号等;也可以通过物质实体的方式保存下来,代代相传;也可以以法律、制度的方式将文化保存下来;可以通过战争、贸易、旅游、移民来实现。但仅有这些是不够的,因为一方面以物质实体和制度方式保存的文化还需要人的理解,另一方面,作为人类文化核心的文化传统、价值观念、思维方式等,是不可能通过这些形式体现出来的,它只能通过人的培养,体现在每个人的思想意识和认识中得以保存。从这个意义上讲,教育是传递和保存社会文化的重要手段。教育传递着文化,使得新生一代能够经济高效地占有社会文化。教育作为培养人的活动,它以文化为中介,客观上起着文化的传播、传承的作用。而且相比其他文化传递的方式,教育传播的文化是人类文化中最基本、最精华的部分,文化通过人的掌握而得以保存,保存的是深层的精神文化。因此,教育是一种有效的文化传递方式。正因为有了教育,文化才从一部分人传递给另一部分人,从一代人传递给另一代人,人类的文化才得以积累和普及。文化是人类创造的,教育不仅负有对既有文化的传递功能,还具有更新、创造文化发展的功能。首先,教育总是基于对既定的社会文化的一种批判和选择,根据人的发展需要而组织起一种特定的文化,这样一个选择、组织、生成、传播的过程,就是文化的重组和更新的过程,教育形成了一种新的社会文化因素。其次,教育可以通过科学研究,从事文化创造,生产新的思想、观念和科学文化成果,这是文化创造的一个直接途径。

二是教育是文明传承和创新的最好载体。教育作为文明的一个组成部分,从来就是与文明联系在一起的。同时,也正是有了教育,才使得某一特定的民族文明得以传播、弘扬、发展和更新。中国古代的学校教育、社会教育、家庭教育是中国古代文明薪火相传、继往开来的保证,没有古代教育,中华民族古代的物质文明和精神文明是难以创造、延续和发展的。社会的发展包括生产的发展、知识的积累、观念的更新、制度的更迭,而这一切都离不开教育。以生产发展为例,生产的发展,实质上是劳动技能提高、经验的丰富和工具的改良,新的劳动技能、劳动经验都是经过教育过程而在原有的基础上获得的。只有在获得新的劳动技能、劳动经验的条件下,劳动工具才能逐步得到改良。教育是社会世代相承、不断发展的纽带。通过教育,把已取得的物质和精神成果传递给下一代,而下一代又在原有的基础上创造新的物质和精神成果,使社会生生不息,世代相传。正是在学校教育、家庭教育和社会教育等多种教育形式的配合下,古代中华民族灿烂辉煌的文明成果,才得以不断传承、发展和创新。

　　三是教育是知识传输和创新的最好载体。美国教育家雅斯贝尔斯说过:"教育意味着一棵树摇动另一棵树,一朵云推动另一朵云,一个灵魂唤醒另一个灵魂。"华夏文明博大精深,绵延上下五千年,在这历史长河中,知识的传递是非常重要的。因为只有知识的不断传输,后人才能对前人的思想有所了解,进而更好地深入与拓展,以此延伸出更加博学的知识。在纸张发明之前,人们将已有的知识刻在甲骨上、墙壁上、竹板上,采用各种手段使之记载保留。在纸张发明之后,知识的记载有了更好的工具,这些工具的存在保证了知识的不断延续。进入信息时代,知识的传递有了更优质的媒介,如计算机,知识的传递和保留也有了更多的形式和选择。但这些只是工具,而不是知识本身,要善于利用这些工具保留和传递知识的,最终还是人。而人如何更好地做到这一点,依靠的就是教育。没有良好的教育,再好的知识传递工具也是没有任何价值的。从这个意义上,我们可以重新考察学校的教学方式。学校在传承知识方面主要有两种代表性的模式,一种是传递接受式教学;另一种是自主探究式学习。前者主要是通过教师的讲授"传递"知识,后者强调应该通过协作和探究"发现"知识。我们不可能对前人所有的知识都去自主"发现"或建构一番,大量的知识依然需要依赖"传递—接受"而获取。高明的教师就好像高明的园丁一样,能采取种种技术实现有效的"嫁接"。然而单纯的传递—接受式教学并不能很好地让"嫁接"过来的知识保持存活。如果得不到知识树根部(知识的一级结构)的足够的营养支持,"嫁接"过来的知识也会很快"死掉"(遗忘或失效)。因此,在进行"传递—接受"式教学的同时,一定要开展协作探究式学习,以扩充学生的一级结构,为"嫁接"过来的新知识提供必要的营养支持。在这样的过程中,不仅实现了知识的传递,也实现了知识的创新。

高屋才能建瓴,视野决定发展。从以上认知出发,使光明学校的教育发展、学校办学具有一个科学的、明确的主导思想,能够想得更深、站得更高、发展更有方向。使学校办学不会局限在狭窄的个体视野和区域视野中。

2. 教育——社会需求与个性张扬的整合

教育能够促进社会生产,巩固经济基础;教育可以成为社会政治斗争的手段,影响民主法制建设;教育能够保存、传递以至创造人类文化;教育还可以起到保护环境的作用等。教育具有诸多重要的社会功能,这是教育的本质特点之一。与此同时,对个体而言,教育可以提出个性发展目标,明确个体个性化的方向,可以充分挖掘个体潜能,为个体个性化创造条件,可以提高个体基本素质,为个体个性化打下基础,可以营造整体文化环境,为个体个性化提供保障。教育在促进个体发展的同时,还能使受教育者进一步获得一些特殊的享受:个体的生活需要得到满足,求知欲得到实现,精神世界得到充实,并进而获得幸福感。服务社会,服务个体,是教育的两大功能,但在每一个领域如何体现,却是与时代的发展息息相关的。

随着社会的发展,教育在社会中扮演着越来越重要的地位,教育成为国家经济发展的"发动机",因此,现代西方国家开始有意识地把教育归于国家的管制之下,教育再也不能独立于社会之外,社会本位论与个人本位论并存于教育场域之中。纵观西方教育,我们会发现教育中的价值取向就像一个钟摆,在社会本位和个人本位两者之间不停地摇摆,但怎么都不可能达到两极。由此可见,绝对的社会本位和绝对的个人本位都是不能长期存在的,甚至是不存在的。教育必须兼顾社会和个人的不同需求,在两者之间寻求一种平衡,这样,教育才能更加健康有序发展。

教育功能的这种变迁,在我国的教育发展中也可以看到同样的趋势。受儒家文化的影响,我国教育目的的价值取向一直是典型的社会本位论。在几千年的教育历程中,中国的教育学者一直理所当然地接受并认为教育是为政治服务的,是为统治者教化百姓、培养治国人才的,是无意识的社会本位论。但是,随着社会的发展,这种单一的价值观越来越受到质疑,教育的个体功能越来越受到关注。现实生活中的人,既是社会的人,又是个体的人。作为社会的人,具有社会性;作为个体的人,具有个性。前者寻求个体的共同性,后者寻求个体的独特性。社会性和个性是相互对立而又矛盾统一的,人是社会性和个性的矛盾统一体。从本质上说,个体发展是一个包含两个矛盾方向的变化而又不断整合和系统化的过程。其一是社会化,其二是个性化。教育就是通过个体的社会化和个性化,促使一个生物体的自然人成为一个现实、具体的社会人。因此,教育的个体发展功能就表现为教育的个体社会化功能和教育的个体个性化功能。

教育对个体功能和个性张扬的体现,表现在两个方面:一是教育的个体谋生功能。教育在传递知识经验的同时,也使人获得了谋生的本领。无论是过去还是现在,人们之所以接受教育,总是有意或无意地基于个体生存与发展的现实需要,教育事实上成为个体生存与发展的基本要求,成为生存与发展的基本手段和途径。生存既是个体发展的一个前提也是个体发展的一个目的。教育要满足个体发展的需要,教育也要满足个体生存的需要。从教育产生的早期阶段来看,在认识自然和改造自然的实践过程中,原始人类的智力和体力逐步得到了发展,同时也积累了一定的生产经验,教育是传递这些知识经验的一种有效方式。教育的产生首先是满足人类生存的需要,也是个体更好地生存的需要,教育成为个体获取谋生本领的一种手段、一种有效途径和方式。二是教育的个体享用功能。当人的发展指向"人之为人"的内在需要时,发展本身就已成为人之"成人"的基本形式,在此意义上,以促进人发展为己任的教育,就将成为个体生存的基本方式或个体的生命(人之为人的生活)方式。教育的个体享用功能就此彰显。教育的个体享用功能同教育的个体谋生功能一样,是教育个体发展功能的必然延伸。

教育职责是培养年轻一代,是传承人类文明使其延续发展,是使人类社会不断创新、日益美好,因此,教育就必须涉及三个要素:一是知识的传承,二是社会发展的需求,三是人的个性、特长、创造力的发展。自古以来的教育在这三者关系上难以辩证把握,有的强调知识的传承,有的强调社会的需求,有的强调个性的张扬,于是有了不同的教育哲学,教育流派。光明学校基于教育的本质特征,把教育的三个要素有机整合,使教育的三大职能辩证统一,力图使光明学校的教育发展、学校办学把社会要求与人的发展高度统一,充分全面实现教育的价值和功能。

3. 教育——国家意识与国际视野的协调

教育作为培育人的事业,说到底是国家意志的集中体现,是民族利益的集中代表,是一个国家和民族为培养年轻一代,传承民族文化和精神,使国家不断延续发展,不断创新的事业,因此,教育就必须突出国家意志、国家意识、国家利益,民族精神、民族文化、民族意识。

爱国主义是一个国家、民族生存与发展的重要思想基础,是经千百年形成的对祖国强烈而稳定的感情。爱国主义从某种程度上来讲可以归纳为要让中小学生树立牢固的国家意识。国家意识是人们对自己的国家的归属感和认同感。国家意识是行为主体的个人与国家之间发生情感上的结合,在心理上认为我是国家的一员。国家也被认为是自我的一部分。国家意识是一种国民独特的气质和精神,是一种与其他国家不同的核心价值观,它指的是一种巩固社会和政治制度的信念。国家意识教育是一个心灵与智力并重的教育项目,目的是要让中小学生认识国家、认同国家。在国民教育政策指导下,向学生灌输我们国家的核心价值观,培养国家认同和国家意识。国家意识教育,要渗透在学校教育、社会教育和家庭教育之中,渗透在每个细小的环节上,使学生在潜移默化中接受教育,并在无形中实践着"我是中国人"的国家意识。

但是,随着人类社会的发展,世界交往的扩大,文化融合的加深,科技传播的加速,教育也必须强化国际交流,国际融合,跨国界的教育发展已成现代教育发展的一大趋势,为此,我们的教育必须要有国际视野,世界眼光,培养具有国家意识、民族情怀,又有国际视野、世界眼光,能参与国际合作与竞争的现代公民,用国际意识和视野来把握和发展教育,培养心系祖国、胸怀天下、会通中西、学贯文理、个性自由而全面发展的人才。

这种现代公民的本质就是国际化人才,就是具有国际化意识、具有国际一流知识结构,而且视野和能力达到国际化水准,在全球化竞争中善于把握机遇和争取主动的高层次人才。国际化人才的产生,不仅是高等教育的责任,基础教育国际化的奠基作用不可忽视。教育国际化如此急迫,关键还在于我国经济社会的快速发展与优质教育的相对滞后。其中,基础教育阶段的理念、方法和内容不能适应国际化需求,这成为制约国际化人才培养的瓶颈。为此,中小学有必要在这个领域进行深入的探索。比如,重视学生来源的多元化,让来自不同国家、不同地域的学生在多元文化的氛围中,扩大国际视野,学会理解包容,树立全球意识;开设丰富的语言选修课和文化选修课,把学校变成一个小"地球",从而培养真正的地球人;学校在聘用教师方面,也尽可能聘用来自不同地区、不同种族的教师,以提高国际化程度。当然,教育国际化,最根本的是教育理念的国际化。办学理念是否体现育人的国际意识和视野,是否体现以人为本、民主、平等、理解、尊重等国际精神,才是衡量一所学校是否真正走教育国际化道路的标志。例如,在课程设置与开发、课堂教学活动中坚持知识与能力、情感态度与价值观的渗透和培养,牢固树立以人为本的思想,着眼于学生的个性发展,重视创新精神和批判性思维的培养,本身就是国际化的重要表现;在学校管理上,关注执行力和反馈,实施精细化管理,坚持以人为本,重视每一个个体的发展,加强生态环境学校建设,包括校园文化氛围、社区关系等,把学校打造成可以发挥员工和学生潜能的场所,打造成激发生命力量和体验快乐教育的园地;在教育教学评价上,更关注深层的改变,关注长远的发展,评价标准不是单一而是综合的,评价方式不是单维而是多维的,评价主体不是一元而是多元的。能够引入国际最新教育评价机制和标准,作为学校发展的规范和引领,则能够在现有基础上大大推进教育国际化。

基于教育的发展趋势和现代化特征,光明学校力图使教育发展、学校办学既立足本土,传承民族精神和文化,又要有世界眼光,并使两者相互协调,充分体现教育的现代化和国际化。对我国而言,长期以来,封建的、传统的闭关自守的政策已使很多方面远远落后于其他国家,要想培养适应未来社会发展的接班人,必须有国际化的理念,学习和借鉴现代化国家教育的发展模式和育人模式,努力促进国际间教育文化的交流,接受发达国家教育技术、教育设备方面的支援,组织教育机构的国际合作,使中国的教育走上国际化的道路。但是,教育国际化并非一剂灵丹妙药,可以包治百病。有些时候,有些国家,教育国际化不仅不能改善教育,还会引起教育危机,甚至影响国家安全。无论先进的教育还是落后的教育,每个国家的教育都是建立在本国的政治、经济、文化等基础之上的,具有国家政治的特点和特定民族的烙印。要在学习和借鉴国外教育经验的时候，把它和本国的教育实际相结合，去粗取精，去伪存真，让国外先进的教育适合本国的教育，为我所用。找到国家意识与国际视野的协调点是每个办学者的历史责任。

第二部分

光明学校八年改革与发展的实践

一、以规划牵引学校两次跨越

学校发展规划是校长组织学校发展的利益相关者,系统分析学校的内部环境和外部环境,对一定时期内学校发展的理念、愿景、目标、策略和优先发展项目所作的一种战略计划,并通过一系列行动计划的制订和组织实施,实现教育管理变革,领导教育创新,促进学生、教师和学校共同发展,最终达到提高学校教育质量的一种动态生成过程。

1988年,英国《教育改革法案》颁布后,英国教育与科学部要求各个学校制订发展规划。随后,澳大利亚、丹麦、新西兰、爱尔兰、美国等也推广这一项目。1999年,我国甘肃省在英国国际发展部(DFID)的指导下,运用学校发展计划解决农村教育问题。同年,《上海市中小学校实行校长负责制的若干意见》中提出:"学校应根据自己的章程,制订发展规划和管理规章,并组织实施。"21世纪初,上海、北京等地先后把学校发展规划的制订和实施,运用于实验性示范性高中评估。2010年,上海市颁布了《上海市中长期教育改革和发展规划纲要》,并着重提出,学校教育要形成"高质量、多样化、有特色、可选择"的发展格局,要加强学校的制度建设,逐步形成"自主管理、自主发展、自我约束、社会监督"的机制。一方面赋予学校自主办学的权限;另一方面要求学校在提高质量和形成办学特色方面做出成就。

学校发展规划在促进学校发展中的作用是非常明显的,对学校发展进行规划设计已经写进中小学校长专业标准,不少校长都逐步树立起规划意识。在上海,几乎每所学校都有学校发展规划,在制订学校发展规划过程中,确立学校的办学理念、共同愿景和发展目标,开展学校发展实验项目研究,实施部门行动计划,一些学校在规划的制订和实施过程中逐渐形成了自身的发展特色,提高了学校的知名度。

光明学校自 2002 年开始制订学校发展规划,至今已先后制订与实施了三个比较正规的规划,分别是 2002—2005 年学校发展规划《稳步提高,和谐发展》、2006—2009 年学校发展规划《人文立校,科学育人》和 2011—2015 年学校发展规划《提升人文,追求特色》。另外,在 2009 年,由于原南汇区并入浦东新区,光明学校还制订过一个 2009—2010 年的过渡性学校规划。纵观光明学校三十多年的发展历程,有两轮学校发展规划发挥了重要作用,正是这两轮规划的制订和实施,使光明学校办学水平和教育质量实现了两次飞跃。

(一) 两轮发展规划带动学校两次跨越

1. 人文立校、科学育人(2006 年 9 月—2009 年 8 月)——提炼光明学校科学办学理念

2006 年的光明学校,有 47 个教学班。在校就读学生 2040 人;专任教师 148 人;中级及以上职称教师 83 人,其中高级教师 6 人;35 岁以下青年教师占 64.9%。

然而,随着社会经济的高速发展,社会各界对学校办学的期望也在不断提升,对照学校的教育工作,还存在许多制约学校发展的现实问题。

(1) 教师素质有待进一步提升。农村学校在向城市转型过程中,教师的观念还须不断跟进。但部分教师观念更新不快,教育教

学能力还须大幅提升。区级学科带头人不多,学校高级职称教师占比只有4.1%。

（2）教学质量需继续提高。由于学校又进入一个新的规模扩张期,师资的参差不齐加剧了班级与班级之间、学科与学科之间的发展不均衡,因此,要努力缩小这种差异,从而促进学校教学质量的整体提高。

（3）学生个性发展需进一步加以研究。发展学生个性是素质教育的价值取向之一。学校要在培养学生自主性、创造性、开放性等方面多下工夫,为学生的发展提供服务,使学生能够最充分地显示和发展他们的天赋,做最好的自己。

（4）学校、家庭、社会的联动机制需深入研究。作为上海市优秀家长学校,学校的优势还没有充分得到挖掘,这需要我们继续加以深入研究,积极探索家校联动的有效之路。

面对新机遇和新挑战,光明学校开始了对教育本真的追问,在追问中一个适合光明学校的办学理念应运而生:人文立校、科学育人。在这一办学理念的指引下,光明学校对学校发展目标、学生培养目标等进行了一定的调整和完善。努力把学校打造成办学思想先进、管理科学高效、学校文化气息浓郁、学风校风严谨,教师队伍具有较高素质,学生具有明礼诚信、创新精神和实践能力的品格,最终达到办学效益显著、教育特点鲜明的学校。

经过三年的努力,教师素养得到有效提升,校园环境进一步美化,"琴棋书画"的课程也渐露端倪。学校被评为"上海市文明单位""上海市花园单位""上海市行为规范示范校""上海市优秀家长学校""上海市语言文字规范化示范校""上海市书法教育实验学校""上海市农村中小学教育信息化应用实验学校""上海市安全文明校园""上海市爱国卫生健康先进单位""上海市写作学会团体会员",学校发展研究室被授予"上海市文明组室",学校少先队被评为"上海市红旗大队"。

2. 提升人文,追求特色(2011年9月—2015年8月)——铸就光明学校独特教育风格

2011年,光明学校已有两个校区(总校区占地81.5亩,东校区占地面积32.5亩),56个教学班。在校就读学生2374人,其中小学24个教学班,初中32个教学班。学校在岗教职工161人,专任教师159人,35岁以下青年教师占60%。中级职称75人,中学高级职称16人。

学校通过前一轮发展计划的实施,已经取得了可喜的成绩。但我们清醒地认识到,从祝桥地区的发展现状,浦东新区对教育的规划以及人民对学校办学的期望,对照学校的教育教学工作,我们发现确实还存在一些制约发展的因素和问题。

(1)管理团队的创新意识和工作的主动性有待提高。在前面的发展规划中,学校提出了"人文立校,科学育人"的办学理念,校级和中层两级领导班子都能认同,但在把办学理念转变为现实行为的过程中,还缺少创意和有效的办法。

随着光明学校东校区的创办,学校在管理上要再上台阶。这不仅是学校最高管理层需要考虑的,而且,中层、组长层和一线教职员工都应该对学校的今后发展有个清晰的认识。如何通过对学校办学理念的理解,解读自己工作岗位的要求,既强调执行的有效性,又注意到工作的创新意识和主动进取精神,这是管理团队应该追求的理想目标。

(2)课程建设与学生发展还须上一个层次。学校在"人文立

校,科学育人"的办学思想指导下,以"琴棋书画"课程为主线,使校园环境人文化,这是值得肯定的。然而,如何充分发挥"琴棋书画"课程在培育和提高学生人文素养方面的独特作用,还须进一步完善相应的课程。另外,学校在科学育人方面还应加强,要注意培养学生的现代科学知识、科学精神、科学态度和科学方法,培养他们探究的创新意识和求实的坚强意志。初中课程应该进一步丰富科技类课程,使学生不但有人文精神,而且有科学素养。学校还应开设一些含有竞赛(比赛)和外出考察活动的课程,增强学生对社会的适应能力和可持续发展能力。例如,语文、英语和社会学科的语言表达能力培养,演讲和辩论,体育课程内容再丰富些。

学校不仅要重视初中阶段的课程实施,更要关心小学阶段的课程实施以及学生学习能力的培养。

目前,学校每年初三毕业生的中考成绩有一半以上达到区重点录取线或以上,这些学生基本上被市、区实验性示范性高中录取,其他学生被一般高中或三校录取。这些已经毕业的初中生在高一个学段的学习和生活情况,没有进行调查,他们发展的情况尚不得而知。据初步了解,高中毕业后进入重点大学的学生不多,当然,这个原因可能是多因素的,应引起重视。

(3) 教师的专业发展和队伍建设仍须加强。农村学校在向城市化过程中,教师素养整体上还有待进一步提高。第一,教师的教育教学观念需要跟进。"观念的进步比技术的进步更重要",部分教师的发展动力不足与观念陈旧有关。第二,部分教师教育教学能力需要加强,教师对教学工作态度是认真的,但有少数教师仍习惯于"经验+勤奋",为分数而苦干,对教学方法、方式的应用没有很好研究。第三,学校青年教师总体上上进心较强,但也有一部分青年教师缺乏专业成长的内驱力,自觉主动的意识还不够。第四,骨干教师队伍还不够强大,教师职称总体偏低(如下图所示)。学校的师资水平在很大程度上还制约着学校的全面发展。所以,加强备课组、教研组的建设,加强教师的专业发展,是学校的重要工作任务。

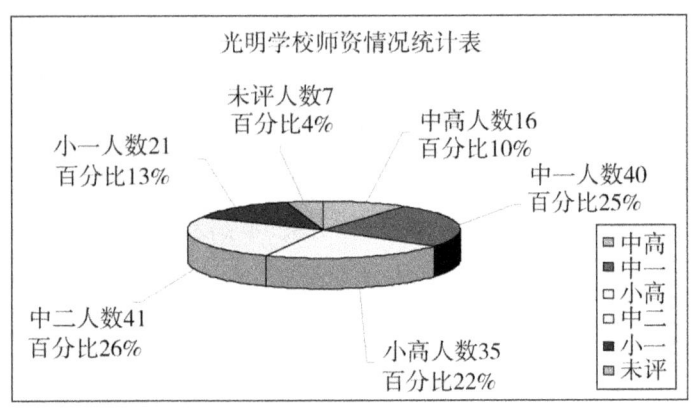

教师专业职称统计图

(4)校园信息化建设仍须加强。在有关部门的大力支持下,学校的计算机设备和硬软件环境有了很大的改善。但是,用较高的标准进行衡量,学校的网络和信息技术使用的效率以及在教育教学中发挥的作用还是存在问题的。

第一,课堂教学中,多媒体和网络的信息快、动态、多向互动等优势没有得到充分发挥。例如,学校虽然给每个普通教室都配有多媒体设施,但是,部分教师没有充分考虑多媒体和网络的特点和优势,而仅仅把它替代为板书来使用。多媒体和网络的动态、双向等效能没有得到应有的发挥。第二,校园信息显示系统没有起到积极实时的效应。在教学楼的各个楼面上安装了校园"信息之窗"系统,学生在课余时间通过屏幕,可以及时了解学校最新的信息。可惜,屏幕展示的内容比较简单,而且时效性也不够强。校园里安装的多台电子触摸屏,如何让学生在课余对它们产生兴趣,作为学习的辅助工具,还是有很多空间可以作为的。第三,学校网络在家校、师生、师师等方面所起的双向交流作用还可以加强。教师、学生和家长都知道学校已经有一个可以相互联系的平台,但是,因种种原因,沟通和交流的效果不理想,及时反馈和双向互动的功能仍不明显。目前,校园网络在教师专业发展方面也起到一定作用。例如,教师的备课、开课、评课等教学要求有时也在校园网络上展示。但是,信息不够完整,不够系统。

(5) 教育科研要提高针对性和实效性。要探索光明学校教育科研的新形式,虽然教师有了教育科研的意识,但参与面还需要进一步扩大,同时,受利益驱动的功利性科研(如职称评审、优教工程选拔等)成分比较多。如何让教育科研成为教师的自觉行为,成为教师的职业习惯,成为提高教育教学质量的利器,在形式与内容上,都需要进行实践与探索,否则将影响师资素质的提高,抑制课堂教学手段的优化及质量的提升。

针对上述问题和学校特色发展的需要,光明学校在这一轮的发展规划中,全面推进以"琴棋书画"学校课程为基础的学校特色创建工作。经过几年的努力,学校创建了"硬笔书法的学与习""古筝""围棋""稻草画"等一大批具有学校特色的课程,并在不同的年级有序实施。从"琴棋书画"校园环境到渐成序列的"琴棋书画"课程以及"琴棋书画"的社团活动,"琴棋书画"发挥着持续、积极的育人影响,光明学子的人文素养在提升、人文精神在滋长。2012年12月,学校的区教育内涵发展项目《以"琴棋书画",育人文素养的深化研究》获浦东新区教育内涵优秀项目。

虽然,这一轮规划尚未结束,但"琴棋书画"已成为光明学校的特色,一个有特色的农村学校已展露曼妙身姿!

光明学校是"上海市文明单位""上海市花园单位""上海市行为规范示范校""上海市优秀家长学校""上海市家庭教育研究十二·五实验指导基地""上海市语言文字规范化示范校""上海市书法教育实验学校""上海市农村中小学教育信息化应用实验学校""上海市安全文明校园""上海市爱国卫生健康先进单位""上海市写作学会团体会员""上海市《新课程》实验研究基地",学校被教育部命名为"国家级规范汉字书写教育特色学校"、被中国福利会少年宫青少年棋院命名为"青少年棋院围棋培训基地称号"、2010年学校被浦东新区教育局命名为"素质教育实验校"创建校(2012年4月终审通过)、2013年学校被评为"浦东新区见习教师规范化培训基地学校"、学校在2011至2013年浦东新区年终考核中连续获"优秀一等"。

(二) 光明学校教育思想的凝炼和完善

1. 光明学校办学理念:人文立校,科学育人

办学理念是一个学校的核心价值体现,是学校的灵魂所在,它指引学校发展的方向。光明学校的办学理念发端于2006—2009年学校发展规划的制订过程中,成熟于2011—2015年的学校发展规划中。特别是2012年召开的党的十八大,为"人文立校,科学育人"的办学理念提供坚实的理论依据。十八大报告中指出:"要坚持教育优先发展,全面贯彻党的教育方针,坚持教育为社会主义现代化建设服务、为人民服务,把立德树人作为教育的根本任务,培养德智体美全面发展的社会主义建设者和接班人。"学校在诠释"人文立校,科学育人"办学理念时,充分体现了十八大关于教育的根本任务

是"立德树人"的价值取向。

光明学校根据业已形成的学校文化氛围,既考虑承先,又思谋启后;既从实际出发,但又不仅仅是实际的拷贝。学校在2006—2009年的规划中提出了"人文立校,科学育人"的办学理念(具体的逻辑关系如下图所示),并不断地丰富其内涵。学校这样界定光明的办学理念。这里的"人文":是对于人存在意义上的思考,强调的是对人的关怀,对理想信念、神圣使命等价值的理性关注,表现为对学生进行"美"的感染、"善"的引导、"真"的培育。这里的"科学":着重指的是以科学发展观统领全局,探索科学管理、科学育人的规律。"人文立校",是要让校园充满人文气息,管理体现人文关怀,师生具有人文底蕴;"科学育人"是要遵循教育规律和学生身心发展规律,传播人类经典知识,培育求真、向善、尚美的"光明人"。学校强调立校为育人服务,倡导人文携科学共进。

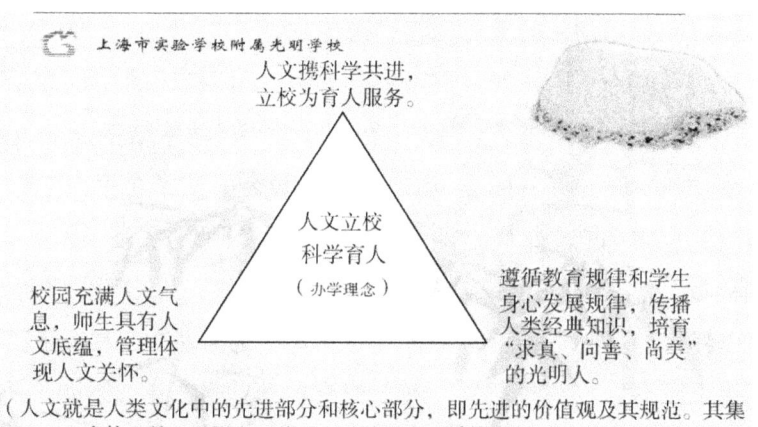

(人文就是人类文化中的先进部分和核心部分,即先进的价值观及其规范。其集中体现是,重视人、尊重人、关心人、爱护人)

2. 光明学校校训:光德明理

校训,是一个学校的精神内涵和价值取向集中而又明确的表达,意在引导,意在警示,意在凝聚。几年来,光明学校在不断发生变化,要求也在不断提高。2007年初,光明师生开始重新思考适应自身发展的学校精神。融汇众意,几经商榷,一致认为有两点最为重要,即"德"与"理"。人,不可不存德,人不可不知理。"德"与"理"是教育的指向,契合教育本真。然而,德理之说,汗牛充栋,取适者于芜杂间,后确定为"德"——道德、品行,"理"——道理、规律。巧的是,"光明"两字,正是适当的动词。"光"为发扬弘扬,"明"为明白通晓,组词搭配,巧为所用,就有了文简意深的"光德明理"。"光德"在这里解释为"显扬有德之人,力行有德之事";"明理"则为"明察事理;懂道理"之意。

有生命力的校训,不仅在墙上,更在人心。每日进校门,师生抬头所见最为醒目的,便是综合楼楼顶上金光灿灿的四个大字"光德明理"。但要让师生认同校训进而内化为自己的行为准则、道德规范,需要多方位的孕育。

(1) 运用物化的景观,营造"德理"气场

最直观的,与"德理"呼应的是分别位于两校区的"真"字石和"善"字石。石高2米,宽1米有余。"真""善"两字结字方正,造型别致,朱砂着色,醒目庄重,均出于我国著名书法家之手。"真"本与"德"同源,古人说直心即为德,从造字看"德"字是"上直下心(悳)","德"指的就是一颗天真率直的心。"真"字从"理"字解,也可以释为"真理""尊重客观规律"。"善",易解为"与人为善""不以善小而不为"。进而言之,人心若兼具"真"和"善",岂能不成个人之美,教育之美,生命之美。

古人以"六艺"为修身之法,皆因传统文化在于陶冶、激活人的情怀意趣以及整个精神世界方面的积极作用,它与德理教育有着天然的联系。所以,学校以"琴棋书画"等筹谋校园景观,强化"德理"的氛围。

现已建成了以琴为主的"古筝台""琴心苑",以棋为主的"乐弈轩""木富亭""棋妙园",以书法为主的"石碑廊""书法墙""精品壁""墨趣堂",以画为主的"稻草画展示厅""草艺舍"等。

(2) 开展适切的活动,提升"德理"素养

活动是践行理念的有效载体。学校坚持把提升光明人的"德、理"素养作为教育教学的目标,并通过各种有效的活动加以实施。

"光德"为教师立身之本。有德之师方能育有德之才。学校历来重视"师德"建设,开展"爱岗敬业、争先创优、潜心育人"师德教育系列活动;签署廉洁从教(职)责任书;大力表彰从教三十年老教师和参与无偿献血的教师;举办光明论坛,引导教职工多读书、读好书,修身立德;评选光明学校"十佳师德标兵";开展师德讲座、师德征文、师德演讲比赛等。在校训的指引下,学校涌现出一大批"德艺双馨"的好教师。

"明理"为教师从教之基。明理之师方能"传道授业解惑"。学校将提升教师专业素养作为践行校训的重要途径。学校制定教师培训"五步骤",即生涯规划——集体备课——课堂展评——课题研究——校本课程开发,每位教师都参与学校培训计划,专业成长有了保障。在课堂教学方面,加强教师课堂教学能力自我诊断,建立教学质量检测基本体系;分主题、分阶段,落实课堂教学改进计划;多层次、多角度,定期开展课堂教学磨课;针对青年教师的培养,实施有系统的师徒结对。2013年起,教师开始探索"以小组合作学习为载体的个性化教学"。在追求"理"的道路上,光明学校又前进了一步。

在提升学生"德理"素养方面,光明学校坚持"无痕德育",与课程融合、与活动融合。学校现已出版并使用了《德理课程》《可爱的

祝桥》等校本教材,努力把德理教育纳入整个学校课程体系中。学校每学年还举办"科艺节"和"健康节"等活动,其内容丰富,形式多样,参与广泛,不仅使学生的才华得到施展,能力得到锻炼,更激发学生对真善美的主动体验和积极追求。

3. 光明学校培养目标

教育是一种培养人的活动,它需要一定的目标体系作指导。学校培养目标是教育目标体系中的一个重要组成部分,它决定学校培养什么样的人。

光明学校的培养目标是"尚美、向善、求真"。这里的"尚美"固然有"崇尚美好事物"的意思,但更强调"崇尚美好品行"的含义。这里的"向善"有"愿意做对他人有益的事"的解释,也有"善待自我,积极向上"之义。这里的"求真"不但有"追求事物发展的真理所在和寻找事物发展的客观规律"的意思,更有做"真人"的含义。三者的关系,简而言之:"尚美"就是对美的向往和追求,美,代表人的理想,人的追求,"尚美"不仅是人的天性,更是一种高尚的人生境界。苏格拉底认为:"人,不仅仅是一块肉,一个肉体,人还有更多的,有神圣的闪光、理性,对真理、仁慈、人道的热爱,对美和善的热爱。"这就是人的生活有价值之所在。"向善",即帮助学生培养好的人品、德行,灌输做好人的基本准则,陶行知先生曾说:"千教万教教人求真,千学万学学做真人。"就是说,教人向善是教育的根本目的;"求真",就是追求真理,意味着人的诚实态度、科学精神,是人获得智慧和能力的活动。

总而言之,光明学校希望培养的学生是崇尚美好事物,更崇尚美好的心灵;有阳光的心态,在善待他人和社会的同时,也善待自我;追求真理的人,真诚待人的人。

（三） 学校发展规划制订的原则与方法

1. 全员参与，凝聚共同愿景

规划的形成过程是集思广益和发扬民主的过程，需要动员各方人员参与学校发展规划。通过规划的制订凝聚人心，整合资源，协调关系，促进发展。因此，学校需要组织社区、家长、教师、学生多方参与制订学校发展规划。

当然，校长在学校发展规划制订过程中起着核心作用，集中体现在校长领导学校发展的意志、识别诊断能力、战略领导能力、兼听与决策能力、团队领导能力。所以，在规划制订的过程中，校长要不断学习，充分发挥自己的"正能量"，尽可能减少自己的不当行为。同时，还要带动整个团队的学习，创设一种合作学习的环境，让规划制订小组形成一个"学习共同体"。

至今为止，光明学校已有多轮学校发展规划制订的经验。在这些规划的制订中，学校积累了一定的经验，逐渐形成了规划制订的一整套流程。如下页图示。

2. 诊断分析，明确学校定位

校情分析是学校发展规划的基础。认真细致地分析校情，可以帮助学校总结经验，发现问题，帮助学校思考今后工作的重点，尤其是有助于提炼学校的特色教育项目、重点项目或优先发展项目。

用SWOT科学分析学校现状是目前比较普遍的方法。SWOT分析是美国旧金山大学管理学教授韦里克于20世纪80年代初期提出的，又称态势分析法。四个字母分别代表：优势（Strength）、劣势（Weakness）、机会（Opportunity）、威胁（Threat）。所谓态势分析，就是将研究对象存在的内部优势、劣势和外部机遇、威胁四个方面

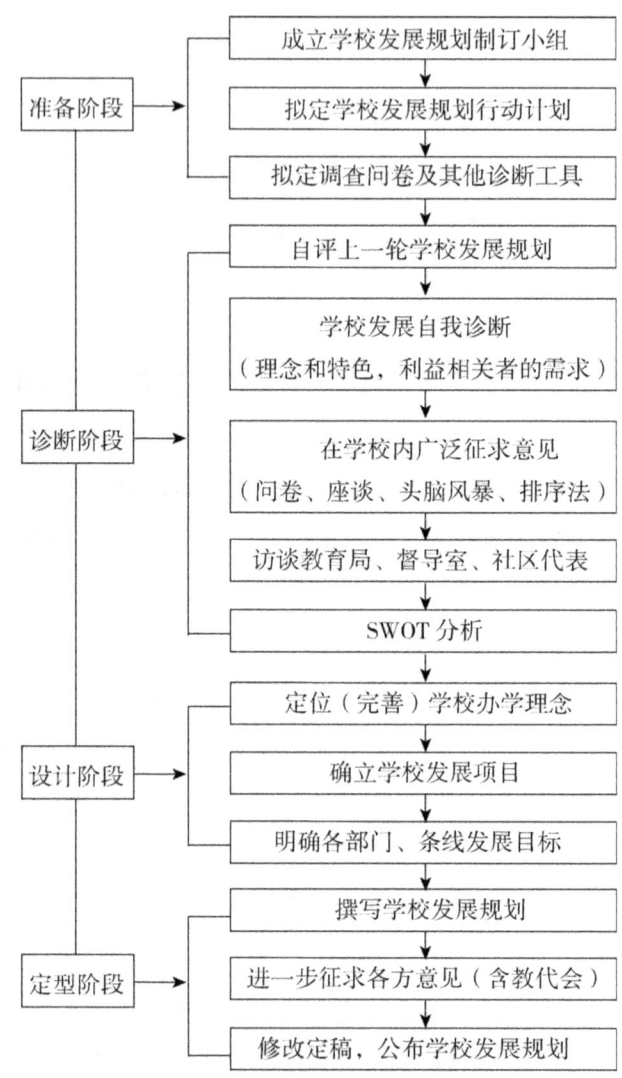

学校发展规划制订流程图

的因素,按照因素的直接性、重要性、紧迫性、久远影响因子进行优先排序,并把内外部因素通过矩阵形式进行排列,然后把内外因素两两结合起来分析,即:SO 分析、ST 分析、WO 分析和 WT 分析,从而得出一系列解决问题的办法和发展的策略。下面是以学校教师发展为例的SWOT分析表：

教师发展SWOT矩阵战略分析表

内部因素 / 外部因素	优势（S） 1. 勤奋、乐教，师德高尚，主人翁意识强 2. 整体教学水平比较高 3. 青年教师快速发展 4. 教师发展制度齐全，措施扎实、效果好，教师专业能力明显提高	劣势（W） 1. 自主发展意识不强，知识面较窄，个性不鲜明，缺乏创新能力 2. 职称结构不合理，高级教师比例偏少，中级教师偏多 3. 年龄结构不尽合理，部分中年教师专业发展进入高原期 4. 工作压力大，心情不太舒畅
机会（O） 1. 区、镇优教工程激励机制、青年教师培训机制运行良好 2. 市名师培养工程 3. 国家、市中长期教育改革和发展纲要；在区域内实行教师合理流动制度；中小学设立正高职称	SO战略 1. 系统构建校本研训制度，促进教师专业发展 2. 完善分层递进、分层激励的教师发展 3. 教师发展从制度自觉走向文化自觉	WO战略 1. 在激发学生发展潜能过程中激发教师发展潜能 2. 完善教师评价制度，促进教师自主发展 3. 系统规划名师培养 4. 在流动中优化教师结构 5. 保障教师身心健康
威胁（T） 教师在区、市级平台上话语权不大	ST战略 创建教师展示交流平台、创设浓厚学术氛围	WT战略

由上表可知，光明学校的师资发展也存在"瓶颈"，在一定程度上制约学校的进一步提升，主要表现为：自主发展意识不强，知识面

较窄,缺乏创新能力;职称结构不合理,高级教师比例偏少,中级教师偏多;年龄结构不尽合理,部分中年教师专业发展进入高原期等。除了教师发展方面,学校针对学生发展、学校发展、德育工作、课程教学、学校管理、信息建设和后勤保障等方面逐一进行SWOT矩阵战略分析。通过SWOT矩阵战略分析,诊断学校发展现状,帮助学校管理者及时发现学校在发展过程中面临的主要问题,明确了今后工作的重点。

需要指出的是在正式组织SWOT分析之前,参与人员应要做好必要的准备。光明学校在校情分析之前,认真组织参与分析人员研读上一轮发展规划自评报告、师生及家长的调查问卷分析报告和访谈结果汇总材料,熟悉来自不同利益主体对学校发展的判断、期望和需求,了解专家对学校发展的指导意见;学习《上海市教育中长期发展规划纲要》《上海市提升中小学课程领导力三年行动计划》《上海市进一步规范本市中小学课程教学工作深入实施素质教育若干意见》等一系列文件,把握学校教育发展的走向和要求;学习SWOT分析的一般要求和流程,对学校发展的优势(S)、劣势(W)、机会(O)、威胁(T)进行初步梳理,并对照SWOT矩阵分析要求,参与者事先对学校发展战略做出初步分析。

3. 目标细化,选择适中项目

(1) 制订分级目标,明确方向及检测点

在规划制订过程中,光明学校非常注重各级各类目标的确定,用明确清晰的目标导航学校、部门和条线等的发展。

在最新一轮发展规划中,学校把中长期发展目标定位为"依托上海市实验学校的优质教育资源,把学校办成特色明显、具有一定区域影响、可持续发展、综合办学水平在浦东新区一流的九年一贯制学校"。阶段性办学目标是"提升人文,追求特色"。学校认为经过前几年的努力,"人文立校"已经初见成效,"科学育人"逐渐成为共识,学校应站在更高的发展平台。另外,学校还制订各部门发展目标。以学校发展处师资队伍建设为例,2011学年至2014学年师资队伍建设的发展目标是"采取长效机制,探索农村学校教师专业发展的途径与机制,造就一支师德高尚、有较强责任感和较高修养的教师队伍"。同时制订分阶段目标,明确不同阶段的任务及检测点,具体如下表所示。

师资队伍建设工作内容、主要举措、评价设计

时间	工作内容 （学年度目标）	主要举措 （实现目标的措施）	评价设计 （实现目标的检测点）	责任部门及责任人
2011年9月至2012年8月	1. 教师初步具备自主发展意识 2. 提升教研组长开展主题研修活动的水平 3. 提高教师校本化实施国家课程及开发校本课程的能力 4. 实现校本研修学分认定	1. 组建主管教师专业发展的学校发展处 2. 教师制订个人自主发展规划 3. 做好青年教师的"拜师带教"工作,组建青年研习社 4. 完善学科教研室,建设与完善集体备课电子平台及运行机制 5. 开展四课制教学展示活动,促进教师专业发展 6. 开展学科发展月活动	1. 发展处的功能与职责 2. 全体教职工的个人发展规划 3. 青年拜师带教记录 4. 教研组专题活动方案及总结 5.《光明学校校本培训方案》	发展处 倪立国

（续表）

时间	工作内容 （学年度目标）	主要举措 （实现目标的措施）	评价设计 （实现目标的检测点）	责任部门及责任人
2012年9月 至 2013年8月	1. 合理优化师资队伍结构 2. 进一步提升教师自主发展能力，培养品牌教师，形成一支骨干教师的群体队伍 3. 继续提升教师的育德能力	7. 坚持每两周一次的行政磨课制度 8. 坚持管理人员深入教研组、备课组活动 9. 强化师德教育，坚持师德标兵评选 10. 进一步提高教师信息化素养，中青年教师经过学习培训，熟练运用现代教育技术备课、上课 11. 充分利用寒暑假对教师进行专题培训，让教师及时更新教育理念，并提高教育教学技能 12. 鼓励、支持教师积极参加各级各类教研、教学比赛，检验教师自身教学水平，并为学校多争荣誉 13. 进一步完善校级名师工作室制度	1. 上一学年教师个人自主发展规划完成度评估 2. 镇、区及市级骨干教师评选方案及名单 3. 师德标兵评选方案及总结 4. 行政磨课汇总材料	
2013年9月 至 2014年8月	1. 进一步提升教研质量，使教师初步具备"以学定教"的意识和能力 2. 进一步开展校本课程的实施，进行教学的实验和研究，提高教师研究的意识 3. 化解教师的职业倦怠感，营造良好的师德建设氛围，扎实推进师德建设工作		1. "教师专业发展"网络平台 2. 名师工作室 3. 光明学校语数英理化导学案 4. 师德征文、师德演讲等活动方案及总结 5. 管理人员深入教研组、备课组活动记录材料 6. 区级青年教师见习学校称号	

（续表）

时间	工作内容 （学年度目标）	主要举措 （实现目标的措施）	评价设计 （实现目标的检测点）	责任部门及责任人
2014年9月至2015年8月	1. 理清培训网络，完善培训模式，提高培训的实效性 2. 进一步提升教师师德水平和人文素养 3. 承担部分区级教师培训任务 4. 成为具有一定影响力校本研修学校	14. 充分发挥学术委员会的职能，对教师的专业能力给予客观公正的评价 15. 建成教师电子化成长档案袋	1. 校、区及市三位一体教师培训网络体系 2. 校本培训通识教材 3. 邀请专家、先进人物来校作报告的材料总结 4. 教师自主发展规划达成度评估 5. 区级教师专业发展学校	

（2）确立一个"大小适中""软硬兼顾"的项目

学校需要寻找一个"大小适中""软硬兼顾"的发展项目。光明学校从2006—2009年的规划开始，在"人文立校、科学育人"办学理念的指引下，把《以"琴棋书画"育人文素养的研究》作为推进学校规划实施的有效载体。"琴棋书画"在人文精神的铸造、人文思想的培育、人文气氛的烘托方面有独特的作用。《以"琴棋书画"育人文素养的研究》发展项目的启动，有力推动了学校发展规划的实施。2011年，学校把《以"琴棋书画"，育人文素养的深化研究》作为推动最新一轮发展规划的发展项目。

发展项目大小适中能有效推动学校规划的实施，兼顾软硬件的发展，特别是学校硬件的有序变化能不断提高学校规划实施的信心。学校从2008年围绕发展项目开始的学校硬件建设，使学校的校园环境建设有了"琴棋书画"的主题（如下页右图所示）。游历校园，"琴棋书画"以各种物化的形式展现在师生面前。这种移步换景的布局，勾画人与景的和谐，演绎一种独特的审美情趣，体现"无痕德育"的教育风格。"三味书屋"座落在学校光明大道的一侧，这是全天候对学生开放的阅览处，也是学校"悦读社"活动的主要场所，里面各类书籍琳琅满目。细

"琴棋书画"主题的校园环境建设

看之下，你就知道，这里的书籍大多数是学生捐助的，每本书上都盖着捐赠者的名字。平时，这里都由"悦读社"的小社员负责管理。闲暇时间，学生们在这里博览群书。小社员更是起劲，定期在书屋内推出"新书介绍""经典赏析"等专栏。这个小小的书屋俨然成为学生的乐园，良好的阅读习惯在这里得到培养，自我管理的意识也在增强。走近"石碑廊"，你可以浏览中国书法长河中的优秀碑帖，领略书法的深厚积淀；面对"精品壁"，你能与"天下第一行书"等惊世杰作对话，体会"书为心画""字如其人"的含义；细瞧"景观石"，你会惊奇地发现，那镌刻于石上的书法作品，大多出自学校小书法家之手；来到"墨趣堂"，你能感受以水代墨，在青石板上提笔挥毫的潇洒、恣意，对书法的亲近感油然而生。还有那极具古韵的"木富亭"，亭中的大理石桌面刻上了围棋棋盘，摆放了棋子，供师生闲暇时来此执棋对弈；"乐弈轩"里四套桌椅棋盘简单而实用，墙壁上的"落子无悔"等书法作品时刻提醒着每个人；大厅"古筝台"布置得典雅庄重，那是通晓古筝技艺的师生展示才艺的舞台；"棋妙园"里散落在花丛中的圆形石墩上刻着车、马、炮等字，已然成为硕大的棋

子,园中的悠悠小径已装扮为楚河汉界,漫步园中,你或许能借"棋理"悟出许多人生的哲理。

4. 关注效果,设计操作思路

一个规划的达成度不但需要明确的办学理念,精准的校情分析,还需要一个清晰的操作思路。光明学校在最近两轮规划的实施中,明确地提出了实施规划的操作思路。例如,在2006—2009年的规划中,学校提出"用教育科研统领学校发展,借信息技术提升课堂效能,让'无痕德育'陶冶学生品性,以'琴棋书画'点缀校园环境"为操作思路。这一操作思路的提出,主要针对当时学校整体科研意识不强,信息技术的普及不高,学生德育偏重于说教,校园环境缺乏主题的现状提出的。应该说这一操作思路朗朗上口,针对性强,对推动规划的实施起到了较大的推动作用。在最新一轮发展规划中,学校把操作思路修正为:"用教育科研引领学校发展、借信息技术提升办学效能、让'无痕德育'陶冶学生品性、以'琴棋书画'凸显学校课程。"这一操作思路的修正,是随学校的发展状态而调整的。经过前几轮的发展规划,光明学校的教育科研有了一定的发展,学校也意识到,教育科研不能解决学校发展中的所有问题,所以,也就有了"统领"和"引领"一词的改变。信息技术也从原先只关注课堂教学领域的应用逐渐发展到整个学校的信息化,学校开始进入以信息化推进学校现代化的阶段,"借信息技术提升课堂效能"也就改为"借信息技术提升办学效能"。当然,学生的德育工作进展缓慢,德育教育的痕迹依然太重,"无痕德育"还须进一步推进。在上一轮规划中,"琴棋书画"的校园环境已经建成,在最新一轮规划中,学校开始从隐形的"琴棋书画"的环境建设走向显性的"琴棋书画"学校课程建设,"琴棋书画"从校园的点缀华丽转身成为学生限定选修的学校课程。

需要说明的是,从理论的角度而言,规划的制订必须要在明确的办学思想的指引下才能进行。但是,很多学校由于长期缺乏独立思考,特别是在第一次制订规划时没有清晰的办学思想,那么就要通过规划的制订过程逐渐明晰自己的办学思想。光明学校也正是通过这样的路径,提出了"人文立校,科学育人"的办学理念,并在几轮规划的制订过程中丰富和完善了自己的办学思想。

二、以文化引领学校内涵提升

(一) 学校发展实质是学校文化培育

学校,在任何时代、任何地区,都是人才的集结地、知识的汇聚地、思想的发源地、科学的孵化地、文化的孕育地。因此,学校发挥着知识传承与创新作用,人才发现与培养职责,文化培育与辐射功能。

学校的这种特质,决定了学校的功能不仅是传授知识,还负有更多、更大的历史使命;也决定了学校的责任不应是选择学生,而是培养、发展所有的学生。

这就是学校的本质,就是学校的精神,就是学校的文化。孔子把学校的这个本质概括为一句万年不变的历史使命和社会责任:有教无类!

因此,学校的存在价值就是学校文化,学校发展的本质就是学校文化的培育!

1. 学校文化的引领价值

文化,从哲学层面研究,其核心是本质观和价值观。本质观,就是是什么,价值观,就是有何用。

因此,学校文化的核心就是学校本质观与学校价值观。学校本质观,就是学校是什么?学校价值观,就是学校有何用?

一个地区教育的发展,一所学校的教育改革,如果没有教育文化和学校文化——即教育本质观、学校本质观和教育价值观、学校价值观的引领,只能在低层次上徘徊,在硬件上下工夫,满足于数量和规模的增加和扩张、考分和升学百分比的提高。如果我们在教育文化和学校文化的引领下,地区教育和学校发展就能够在高位上运行,在内涵上发展。所以,学校文化是引领学校发展高位运行和内涵发展的原动力和内驱力。

2. 学校文化引领的内核

(1) 站在哲学层面诠释教育的本质

教育是什么?这是教育的本质追问,也是教育的哲学基础。教育从产生、发展到今天,在漫长的螺旋发展过程中,不可避免地会发生教育的异化,造成今天教育的诸多问题。例如,应试教育背景下的教育目标单一化,使教育背离了人的全面发展的本质属性;情感的沙漠化使教育谋求的是"何以为生"的本领,放弃了"为何而生"的思考,教育正走上"功利主义"的歧路,成为追名逐利的手段;视角的世俗化使教育被浸泡在世俗的浑水中,丧失了其应有的崇高与神圣。在科学化的时代背景下,教育被异化呈现出新的特征,生活价值的功利追求与技术知识对学校教育的统治,使受教育者在获得教育权力的同时,却丧失了生命的自由。因此,学校教育只有在功利关怀与生命关怀之间寻求恰当的张力,才能使教育在对异化的克服中成为一种解放人的力量。

随着社会的发展,教育必然实现本质回归。今天,我们需要重新认识教育的本质：教育是国家意志的集中体现，教育是人民根本利益的反映，教育是国家和民族的事业和希望。教育的目的是使受教育者响应国家和民族的召唤，使受教育者，特别是使青年人热爱祖国、真诚、正直和有高度的荣誉感以及为国家、民族崇高的理想奋斗的热忱和主动性，塑造与国家、民族可持续发展相适应的人生观、世界观，必须有目的、有计划、有组织地实施教育大计，确保受教育者的全面发展。教育的目的是国家意志的体现，是使人民通过教育形成良好的生活准则、行为规范和良好的公民习惯，有道德、有理想、有知识、有纪律是中华民族复兴和发展的基石，不能动摇。

上海市教委原副主任尹后庆说："我们现在要尊重、回归教育的本源，真正实现教育的育人功能，体现教育促进社区建设的功能。"教育就是通过我们的工作，促进学生的发展，让每位学生有光辉灿烂的前途；教育就是通过培养人，去造就一个社会环境，让社会环境回过来又对整个社会的发展，对所有人在这个环境里面的生活带来幸福。作为社会公共服务事业，教育是学校、家庭、社会的共同责任，其中学校是主要的教育机构，承载着教育的重要使命和主要责任，学校的教育资源都应是社会公共资源。现行教育注重了书本性的知识与技能，而忽视了生活必需的常识与本领。因此，主张教育要回归生活，教育应服务于生活，教育要为教师与学生创造幸福的生活。教育，如果仅仅是给学生一些无用的知识显然是不够的，教育真正的价值，是教给学生一生受用的生存与生活的本领，这才是他们在未来社会上立足的资本。

基于这个认识，我们的教育应该创新管理体制，激发整个社会的教育潜力。改革与创新并非一味求新、立异，必须结合我国本土化情境，有自己独立话语系统，把握符合中国国情的指导原则，即进步性原则、整体性原则、主体性原则和实践性原则。与此相应,改革与创新方略应主要体现在教育行政部门对学校的管理、学校对教师的管理以及学校和教师对学生的管理等三个方面。应该提高社区和家庭对教育的认同感、责任感和参与度、融合度,增强社区和家庭对教育的知情权、话语权、评价权、决策权。学校教育、家庭教育与社会教育是现代教育体系中的三大组成部分,任何一方的教育力量都不能忽视构建学校、家庭、社会教育三位一体的和谐教育,是促进学校教育整体化,推进素质教育,提高教育教学质量,实现培养目标的需要,也是形成整体教育的思想保证。

我们的学校应该改革管理机制,改变传统上封闭办学的状态,区域之间的学校实现资源整合层面的联合办学,释放学校的办学活力,实现三个层面的变化:变学校单体孤立、封闭型教育为合作、开放型教育;变教师个体独立、经验型工作为团队、研究型工作;变提高单个学校核心竞争力为提高区域教育核心发展力。实现这样的区域教育资源整合视野的合作办学,一方面可以极大地推动学校的发展,把单个学校的发展置于群体学校发展的良性竞争背景下,另一方面可以极大地推动教育均衡,实现区域教育资源调整的动态平衡。

(2) 立于国家高度阐述教育的价值

学校做什么?这是教育的价值追寻,也是学校的办学核心。学校从产生、发展到今天,由于教育的异化,不可避免地会引起学校功能的异化,造成今天学校的诸多困惑。新中国成立以来,在学校功能取向上,多次出现了对主功能的严重偏离。先是把教育的政治功能,后又把教育的经济功能列为主要功能或唯一功能,偏离了中小学教育的本质特征。导致这种偏离,使学校功能发生异化的原因果然是复杂的,但与教育学经典对学校功能的分类与表述方式上对主次功能的弱化,也有一定的联系。当前及今后的中小学教育,应该明确学校的主功能是学生个性的和谐发展、潜在能力的充分开发和在社会中生存、发展能力的形成,即培养社会需要的新人。因此,随着教育的发展,学校必然实现价值再认。今天,我们需要重新认识学校的价值。

从宏观思考,教育是人类文化传承的中介,是人的潜能激发的导火索,是人力资源开发的途径。学校是社会人才的培养高地,是社会进步的智力支撑,是社会文化的引领和辐射。从微观思考,每个学生都是一个宝贵矿藏,学校的职责是潜能的发现与开发;每个学生都具有不同的特长,学校的功能是个性的充分发展;青少年是创造力高峰时期,学校的价值是点燃创造的火花。因此,作为整体性的学校,应该发挥更加全面的功能:

首先是要以学生的发展为核心,这是学校的主要功能。从学校产生的原由来看,让学生充分发展是学校的应有义务。从广义上讲,教育的本质就是学生受到影响,不管是主动或被动,显性和隐性,这些影响是零碎的,众多的,且无方向的,然而社会发展却是有方向的,同时为了更多更有效地传递文化,人们往往会挑选一些最重要的影响以最有效的方式传递。学校就是被选中的最重要的实施机制之一,它被要求实施那些最重要的、正向的影响。这些影响的目的即是让学生朝一定方向发展。从人的身心所处阶段来说,在校学生正处于身心发育发展期,这也要求学校把学生发展放在首位。尽管终身教育、大教育也成为耳熟能详的观念,但其基础却是在学校教育中奠定的。比如,终身教育所需基础知识、自学能力就必须在学校中培养。学校是社会的前奏,学生在学校中更好地发才能在社会上得心应手。

其次是要以促进社会公平为责任。随着我国社会的发展，经济、社会的分化不可避免。所以，来自不同家庭背景的学生在入学前就处于不平等地位，有的家境富裕，有的家境贫寒；有的生在诗书礼仪之家，有的则生在粗俗世侩之家。这些都属于先天的不平等，但这些先天的不平等决定了学生踏入社会后的境况，而学校能提供一个重新洗牌的机会，通过为学生提供公平的教育资源，发现学生的潜力并挖掘出来，让这些先天不平等的学生能够真诚地站在一起，处于一个生活圈中，并为他们进入社会尽量创造一个相同的起跑线，从而也为实现社会公正贡献一份力量。从这个意义上讲，教育是实现社会流动的重要手段，教育也是一项人道主义事业。

最后是要以选择识别学生的发展优势为基础。尽管我们力求避免因社会带来的先天不平等，但并不否认个体之间的差异，潜力在什么地方，有多大，这都随人而异。而学校教育就是要把这些分离出来，以使每个学生都获得发展优势，建立起自信心乃至人生的支撑平台。应该指出的是，全面发展一直是被作为我们的教育总方针而对整个学校教育起定向作用。但最初的"全面发展"是一种计划经济下的一刀切，以后认识到这个弊端又提出"全面发展和个性发展"并举。我们认为，一个全面平均发展的学生和一个有高峰发展和低谷发展的学生比较，后者更具有自信心、发展优势及良好社会适应性，毕竟社会正走向一个合作分工的时代，培养人的特长、优势应是教育的一个立足点。

3. 我们的学校文化思考

基于以上认识，光明学校的领导和教师一直在思考学校的教育改革和发展如何在学校文化引领下，坚持高位运行，取得内涵发展。

(1) 教育发展应从关注形式到注重内涵

教育的发展主要关注什么？我们认为应从关注形式到注重内涵的发展。

为了发展教育，我们必须要有数量的发展，规模的扩大，硬件的优化。但是，数量不代表质量，规模不反映内涵，硬件不能替代软件。

今天，教育的现代化发展，站在一个新的起点上，在完成普及教育的基础上，需要我们思考普及基础上的提高，均衡基础上的质量，在教育机会公平背景下的过程公平与结果公平，让每位学生都能成为有用之才。

我国有着世界最大规模的教育，但这是从总量而言。我们不追求学校规模大，更不追求数万学生的学校。什么是好学校？方便学生入学，规模有利管理，体现以人为本教育理念，能让每位学生都得到发展的就是好学校。

在学校硬件上，有人追求设施设备豪华，任何豪华都是外在的，只有符合现代教育功能的设备与设施，才是实在的。在现代教育背景下，更好地立德树人，急需软件的提升，要把办学着力点放在课程改革的深化，学校管理的科学化，教师队伍的专业化。只有全面提升学校办学的教育教学软件，才有全面的教育教学质量。

(2) 教育发展应从依靠外力到激发内力

教育的发展主要依靠什么？我们认为应有从依靠外力到激发内力的转变。

为了发展教育，我们需要外来智力和物力的支持，需要"输血"。但是，仅仅依靠外部支持，是不可能持续发展的。我们曾经比较多地采用"输血"模式改变一个学校的面貌，一些地区曾经大力引进优质学校,但光靠引进优质学校远不能实现教育的发展。因为只是把现有的名校引来引去,教育整体不可能发生根本变化。

学校的发展更重要的是依靠自己的力量,在共同目标下,通过激活师生的内驱力来改变学校的面貌,这种教育内驱力来自于校长教师的自信力,它既是教育内涵发展的动力,也是教育可持续发展的根基。教育的发展最重要的是让学校进入自我发展的状态,积极进取的状态,不断追求的状态。在追求中不断学习和实践,克服一个个障碍,获得一次次升华,从而使我们的教育得到整体发展和提高。

教育工作者要不等不靠,自我加压,开拓创新,奋发有为,通过自己的努力,不断地实现自我跨越与升华。

(3) 教育发展应从追求功利到彰显精神

教育的发展主要追求什么?我们认为应从追求功利到彰显精神的升华。

在某个时期,人们把功利作为教育的追求,甚至目的。把为民谋福祉的公共服务事业的教育当作产业,把培养人和净化人的学校作为企业,提出教育产业化的口号。

一些校长和教师热衷于追逐个人名利,而某些教育机构也乘势而上,抛弃自己的责任,推波助澜,从中牟利,大搞评比、论坛和培训。更有少数机构,利用公共资源和平台,为了功利目的,通过炒作炮制教改典型,更是职业良知的缺失。

教育从来不是一个功利性事业,21 世纪的教育更不能停留在功利的浅层次,必须回归教育的本源。这就要彰显教育的精神,重塑学校的尊严,弘扬教师的良知。

曾经因功利等因素干扰,教育的精神在逐渐淡薄。教育的精神聚焦在育人这个伟大目标上。今日的教育就是明日的国民素质,为了每位学生的终身发展是教育不变的宗旨。人有了脊梁骨,才脱离动物的爬行状态,直立行走;人有了精神支柱才能成为人。教育特别需要这个精神支柱,因为它是育人的事业,坚守这个宗旨教育才会永葆青春。

曾经由于功利等因素驱动,学校的尊严受到伤害。学校的尊严体现在求真这个态度上。陶行知先生一语道破:"千教万教,教人求真。千学万学,学做真人。"一个人如果言行不一,表里不一,怎么能成为人呢?一所育人的学校,如果言行不一,表里不一,怎么去育人呢?学校的尊严是学校的魂,学校的根,维护这个尊严学校才有社会地位。

曾经受到功利等因素影响,教师的良知受到拷问。教师的良知集中在爱心这个素养上。教育是爱的事业,唯有爱才能付出,才能奉献;唯有爱才会细心,才会耐心。教师的爱心是教师的天职,固守良知,教师才会不平凡。

因此,我们必须:用教育良知重树教育理想,用教育理想点燃教育激情,用教育激情促进教育研究,用教育研究拥抱教育成功,用教育成功回报社会和人民!

当前,教育发展进入关键期,教育改革进入深水区。发展的关键是我们对教育本质观和价值观的转变,改革的深化在教育体制和机制的转型。十八大关于深化教育改革的一系列重大决策已经出台,上海的教育改革将迎来一个新的发展高潮。光明学校一定会在十八大精神的指引下,在学校文化的引领下,坚持创新驱动,转型发展,投身到新一轮教育改革和发展中,把学校办得更好,为培养现代化人才作出新的贡献!

（二）光明学校文化的核心与载体

1. 光明学校文化的核心——德、理、真、善、美

作为一所现代学校，必须要确立符合自己学校长远发展的文化核心体系，因为它是主导学校各群体思想观念，特别是价值观念和行为方式的准则。光明学校从发展视角着想，从办学理念着眼，从自身优势着力，把"德、理、真、善、美"这五个字作为学校文化核心。它们不仅体现在校训和学生的培养目标中，还融入学校方方面面的工作中。

学校处处注重"德"的涵养、"理"的启迪、"真"的培育、"善"的引导、"美"的感染。

2. 光明学校文化的载体——琴棋书画

中国古代的人文教化一方面强调内心修炼，使人成为有德性、有善心的人，另一方面是强调掌握礼乐仪文、琴棋书画等文化艺术形式或技能。"琴棋书画"作为中国传统文化的精粹，在陶冶人的性情意趣、激活人的情怀抱负以及涵养等整个精神世界方面有显著的作用。

光明学校通过悦目的景观、悦心课程、悦人师资构建起琴棋书画的学校文化载体，涵育"德、理"，崇尚"真、善、美"。

（1）景观悦目，汇成"琴棋书画"长廊

校园处处皆景观。学校最有看点和特色的是校园内由"琴棋书画"10多处景点汇成的长廊。

踏进校门，首先映入人们眼帘的是大厅中央的"古筝台"，它布置得典雅庄重，那是通晓古筝技艺的师生展示才艺的"舞台"，更是引导师生涵养文化素养的"航标"。

投资近二十万元兴建的"碑廊",可谓沪上校园书法"第一廊",学校选取中国古代有代表性的优秀碑帖,进行写真、翻刻,为学生创建了一个与古代书法家对话的平台。在这里,你可以浏览中国书法长河中的优秀碑帖,领略书法的深厚积淀。"精品壁"——与名家名作的对话之处。在学校教学大楼的休息平台、走廊墙壁上,布置着经过写真放大的古代著名书法家的精品之作,如王羲之的《兰亭序》、苏轼的《寒食帖》等。你能与"天下第一行书"等惊世杰作对话,体会"书为心画""字如其人"的含义。细瞧"景观石"——让学生的书法在校园中"流芳百世"。在校园的小路边及绿化丛中,散落着一些形态不一的石块,上面镌刻着学生的书法作品,其诗句与绿化相吻,达到了书法与环境的和谐统一。书法墙——修身养性的重要载体,介绍汉字的演进发展,不同时期书法的特点。汉字和书法文化作为传承中华文明的载体,以其独特的形态,深刻的内涵,是我们祖先智慧的结晶,是我们中华民族的骄傲。让学生感悟传统文化的魅力、熏陶其灵魂、体会写好汉字的荣耀与尊严,这是素质教育的重要组成部分。

"琴棋书画"在校园是以形象的美和意境的美而让人留连忘返的。连前来采访的日本《朝日新闻》的记者也久久驻足,对此印象深刻。

让学校的每堵墙都说话,这样的教育环境追求,在光明学校是用形象示人、演绎说话的。让琴棋书画的魅力渗透校园每个角落,2006年,出任光明学校校长的刘玉华,开始构思"琴棋书画"景观建设和课程建设,2008年"琴棋书画"的物化设施全面建设,营造"和谐、共融、温馨"的校园环境,为学生参与活动构筑坚实的平台。

历时5年多的持续努力和不断润色,如今,"琴棋书画"的校园环境和课程，展现这所农村学校的特有风景和教育情结，学生幸福地感受着浓郁的人文气息，体验着传统技艺无穷的生命力。

"让每个孩子在走出光明校门时，都能知晓琴棋书画，并精通其中一项。"这是光明学校的教育主张，也是素质教育的生动体现。而景观悦目，汇成"琴棋书画"长廊，则是光明学校独特的风景线。

这道风景线，既有看得见的迷人景色，也有蕴含的人文情缘，更有渗透式的教育元素。

汇聚文化溪水：展示"琴棋书画"景观的"浪花"。学校的环境是对学生的无声教育，一种充满文化和绿色的环境，对学生的成长起着"背景"的作用。

创设美丽的育人环境。现代化的硬件设施有利于营造现代化的教育氛围。学校非常重视现代教育的物质投入。为了把学校建成市乃至全国的花园单位，学校进行整体布局。当你走进校园，漫步其中，就会看到高大的雪松，中高的香樟以及低矮的花草，形成了一幅错落有致的绿色立体网络图；当你倘佯于校园的林荫小道，更有那树绿草青花艳艳，亭阁假山水帘帘的感觉，你就会感到仿佛置身于一个优美怡人的花园之中。艺术广场、名人头像、学校雕塑、电子显示屏、电子触摸屏、信息窗、塑胶操场，透出一派现代校园气息，加之周围绿草地的映衬，充分展现自然环境与人文氛围的和谐统一。学校被评为"上海市花园单位"。

尤其是具有文化内涵的"琴棋书画"景观与设施，成为陶冶学生品性的展览馆和磨砺场。"琴棋书画"以各种物化的形式展现在师生面前。这种移步换景的布局，勾画人与景的和谐，演绎一种独特的审美情趣，体现"无痕化"的教育风格。

——"古筝台""古筝室"，布置得典雅庄重，那是通晓古筝技艺的师生展示才艺的舞台,闲静时安谧,拨弦时欢腾,动静之间的韵味让人回味无穷。

——"木富亭",亭中的大理石桌面上刻了围棋棋盘,摆放了棋子,供师生闲暇时来此执棋对弈。

——"乐弈轩",四套桌椅棋盘简单而实用,墙壁上的"落子无悔"等书法作品时刻提醒每个人走好人生的每一步。

——"棋妙园",散落在花丛中的圆形石墩上刻着车、马、炮等字,已然成为硕大的棋子,园中的悠悠小径已装扮成楚河汉界,漫步园中,你或许能借"棋理"悟出许多人生的哲理。

——"石碑廊",中国传统书法的集萃,选取了中国古代有代表性的优秀碑帖,进行写真、翻刻,为学生创建了一个与古代书法家对话的平台。你可以浏览中国书法长河中的优秀碑帖,领略书法的深厚积淀。

——"墨趣堂",任你自由挥毫。学校把小学部的底楼门厅加以改造,以清砖为纸,以清水为墨,让学生在课余任意挥写,感受以水代墨,在青石板上提笔挥毫的潇洒、恣意,对书法的亲近感油然而生。

——"三味书屋",这是全天候对学生开放的阅览处,也是学校"悦读社"活动的主要场所,里面各类书籍实现无人管理。这个小小的书屋俨然成为学生的乐园,学生良好的阅读习惯在这里得到培养,自我管理的意识也得到增强。

——"展览大厅",学校书法教育的重要窗口。学校斥资5万人民币,把学校大楼门厅建成了高大宽敞的展厅,每学期举行专题展览。例如,西安碑林拓片展、星光书法社学生获奖作品展、百瑞老年书法协会作品展等。

——"稻草画",这里的"画",与传统的绘画截然不同。不用画笔,不用油彩,用的是稻草。作为美术课程的拓展,取材自然,样式多变,通过学生的构想、起稿、剪贴,构成集思想性与艺术性于一体的美术作品,让学生在创造美的同时,享受"做中学"的乐趣。

在这里,"琴棋书画"的"浪花"在文化的"长河"中波光粼粼,煞是好看与迷人,成为学生陶冶的"湖泊"。

融入办学理念:提升"琴棋书画"景观的"内涵"。光明学校的"琴棋书画"景观遍布校园,撒落各处,但聚集起来,可以发现学校的办学理念和校园文化犹如"项链",串起了景观的粒粒"珍珠",它们之间有着"你中有我,我中有你"的关联,融为一体。

学校奉行"人文立校、科学育人"的办学理念,坚持"提升人文、追求特色"的发展方向,在人文精神的铸造、人文思想的培育、人文气氛的烘托方面有所作为。"琴棋书画"景观是"人文立校"的物化,是"科学育人"的点化。

展现在学生面前的"琴棋书画"物质设置,让他们睹物思情。学生一踏进校门就看到石山、校园内的"名人头像"、大气的碑廊、刻着"善"字的石碑,镌着学生书法的"景观石"……它们是花花草草能代替的吗?显然不能,因为这是一种人文关怀,它体现的是人文精神,它传递给学生对理想的憧憬,对立志的坚定;它让学生体验对真、善、美的追求;它告诉学生,一个人要有大的成就,就必须遏制个人的私欲,不能随便发泄不满和怨恨。这种品质,就是光明学校给学生的,是要伴随学生一生的,学生拥有了它,才能成为社会的栋梁之才,才能从平凡走向卓越。学生在有着这样浓郁文化氛围的教育环境中学习各科知识,心情愉悦,态度积极,学习效率高。

校园环境的建设处处彰显着艺术、渗透着人文,起到"润物细无声"的作用,真正做到了每一面墙、每一块石头会说话,形成了独特的校园风景线,达到了环境育人的效果。

刘玉华校长把光明学校设立"琴棋书画"景观的教育文化价值分析得深刻而又明白,下面是刘校长的有关阐述——"琴棋书画"的"形象演绎":

教育要赏心悦目,"琴棋书画"的"形象演绎",便是"风景"。学校把"琴棋书画"的物化作为校园文化的载体,作为"人文立校"的象征,作为"科学育人"的标志,就是要创造一个教育幸福的场景,让师生感受教育的情景与内涵之间的美。

苏霍姆林斯基说过,用环境进行教育"是教育过程最微妙的领域之一"。优美的校园环境具有无声的教育力量,它对学生潜移默化的教育作用是课堂教学所无法替代的。

从某种意义上说,校园景观是一种教育资源,也是需要认真而有效地加以开发的。校园文化建设的环境绿化、美化与人文性相结合,让一墙、一窗、一室、一石发挥育人功能,使学生一进校门就感受浓郁的人文气息,这样的学校,才会有美景、美意和美形。

由此可见,"琴棋书画"的"形象演绎",不是简单的景观构造,而是教育的重构,具有基础性的价值。

(2) 课程悦心,浸染"琴棋书画"文化

农村娃也能学"琴棋书画"。"原来我们以为孩子生活在农村,在农村学校读书,把书读得好一点就可以了。孩子在光明学校能得到'琴棋书画'的学习,这真是让我们开心的事,也是我孩子的福气。现在孩子已经能弹琴和画画了,过年时还能写像模像样的春联,画年画,让邻居好羡慕。"一位在当地务农的中年男子对其孩子在光明学校获得良好的艺术教育赞不绝口。

学校生源来自农村,他们交际能力不强,甚至有一定的自卑心理。家长素质参差不齐,大部分家长对孩子的要求还仅停留于分数。基于此,光明学校审时度势,结合实际,明确提出了"人文立校,科学育人"的办学理念,欲追求教育之完整,欲尊重学生发展之全面。而让农家孩子学"琴棋书画",便是办学理念的具体实践。

"琴棋书画"景观是一种教育外环境的营造,那么,"琴棋书画"学校课程的开发与开设,就是一种教育内环境的打造。

"琴棋书画"作为人文性很强的系列课程,在培养学生人文素养方面有着独特优势。它能陶冶学生情操,提高审美能力,发展学生的形象思维能力,促进学生情感态度与价值观的形成,是培养人文精神的第一台阶。于是,学校以"琴棋书画"育人文素养作为办学理念,由最初"琴棋书画"的景观建设转向"琴棋书画"拓展型学校课程的设计与开发,使课程更加多元化、个性化。

学校通过开设围棋、古筝、书法、少儿绘画、立体纸艺、稻草画等校本课程,构建以"琴棋书画"为主题的艺术类课程体系,从而让农村的孩子也能感受艺术的熏陶,让学生在人文精神的海洋中自由地翱翔,以培养学生热爱生活、关心他人、关心社会、关心自然的品格,使学生获得人文精神的浸染,培养人文情怀,提高人文素养。

深度挖掘开发"琴棋书画"人文教育的底蕴。学校贯彻先成人后成才的培养原则,坚持"求真、向善、尚美"的培养目标,使学生成为"光德明理"的人。而"琴棋书画"特色课程建设,体现了培养目标。

学校强调通过校园文化建设和课程建设,营造具有"琴棋书画"特质的物质环境和艺术氛围,普及"琴棋书画"教育,使每个学生知晓"琴棋书画"的基本知识,掌握基本技能,培养一批有一定造诣的特长生，形成"以琴棋书画，育人文素养"的办学特色，为学生的个性发展、全面发展打下基础。

为了使"琴棋书画"的内涵和底蕴得到深度开发，学校致力于研究和实践，分别对琴、棋、书、画作了诠释。

"琴"——升降进退，弦歌雅颂。抚琴弄乐不再是文人墨客的专利，如今农村学校的孩子也有机会在课堂上学习古筝弹奏。

让学生学习古筝，并了解其文化内涵，使学生在修身养性、礼仪、美学素养等方面有所发展。学习古筝的过程是艰辛的，需要毅力，这正是培养学习意志力的很好载体。

"棋"——黑白对弈，楚汉行走。棋类教育文体合一，慧心启智。棋场就是战场，需要机智与勇敢；棋与棋之间要相互配合，需要团队意识；弈棋过程要有平常心，讲究的是镇定自若；面对结果，要做到"胜不骄，败不馁"。

其实，人生亦如棋局，它会让学生领悟许多人生哲理，给人以启迪。

"书"——铺纸挥毫，修身养性；开卷有益，墨香怡人。这里的"书"涉及两个方面：一是书法，二是读书。书法作为传承中华文明的载体，以其独特的形态，深刻的内涵，是我们祖先智慧的结晶，是我们中华民族的骄傲。让学生感悟传统文化的魅力、熏陶其灵魂、体会写好汉字的荣耀与尊严，这是素质教育的重要组成部分。练习书法是培养学生个性，启迪学生智慧，陶冶学生情操，提高学生素养的有效途径之一。优美的字形造型，把学生置身于一个直观的视觉环境中，接受美的教育，训练审美情怀。学校提出了"认认真真写字，堂堂正正做人"的目标，让学生在学习书法的同时学习如何做人，这不仅是写字的锻炼，也是人格意志的铸造。

读万卷书,明人情世理;阅天下事,知古往今来。

"画"——奇思妙想,创意无限。新课程改革注重学生潜能的开发、能力的培养和智力的发展;注重课程与学生生活、学校实际的联系;注重课程个性化和多样化,满足不同区域和不同学生的不同发展需要。

"画",就是热爱生活激情的迸发,想象能力点拨的契机,创新精神培育的天地。

显然,"琴棋书画",不仅是艺术的样式,而且浸润文化。

开设系列课程:"琴棋书画"人文教育的载体。"琴棋书画"人文教育,通过课程设计,走进课堂。近几年,学校开设了以书法为主线的"琴棋书画"艺术课程。"琴"二、三年级。"棋"一、二年级。"书"一至三、五年级,硬笔书法学与习;四、六年级毛笔;七、八年级写字课。"画"三年级儿童国画;六年级电脑绘画;七年级稻草画;八年级立体纸艺。这些课程散发着浓郁的乡土气息,流淌着最具活力的因子,那种内在的无形的张力真正关注学生内心的渴求,给学生的发展注入持久不断的源动力。

刘玉华校长还对光明学校开发景观课程的实践意义做了阐述——"琴棋书画"的"扎根土壤":

当"琴棋书画"不再是学校办学特色的点缀,也不是少数特长学生的专利,那么纳入课程化建设是一条必由之路。

"琴棋书画"的校园环境布置,使学生受到了良好的文化熏陶。如何在校园硬件设施建设基础上将人文内涵进行深化?新课程方案提出"实行国家、地方、学校三级课程管理,增强课程对地方、学校及学生的适应性",于是"琴棋书画"校本课程建设就成为必然的选择。

"琴棋书画"校本课程的开发与设计,体现了面向全体学生进行素质教育的思路,体现了课程对强化校园文化建设的方略,体现了从单一的技巧学习向综合素养提升的方向。

因此,校本课程,既是"琴棋书画"的"扎根土壤",也是学校特色可持续发展的"不竭动力",更是学生素质教育的"源头活水",最终体现了让课程适合每一位学生发展的宗旨。

(3) 师资悦人,增大"琴棋书画"能量

"假期作业":教师参与学校课程编写。"琴棋书画"学校课程的开发,让教师尝到了甜味,增添了开发学校课程的热情。2010年初,学校向全校教师布置"假期作业",鼓励教师积极参与学校课程的二次开发。教学处把已经开发的科目和准备开发的科目罗列出来,供教师选择。教师寒假作业:"选择相应的课程内容或者根据自己专业、爱好,至少开发一门适合自己或其他教师共同授课的学校课程,从课程背景、课程目标、课程内容、教学形式和课程评价等五个方面进行架构。全校教师热情高涨,共参与100多门学校课程的撰写,上实集团理事长李酉亭教授从课程专家的角度作了专题讲座,并对教师撰写的学校课程进行有效整理、归类,评选了一批有一定质量的拓展型课程,如"光明大舞台""English corner""中华武术进校园"等,丰富了学校课程。

实行国家、地方、学校三级课程管理制度,把课程开发的一部分权利交给学校,学校课程是新一轮课程改革中的一项重要内容。光明学校,在多年的奋斗中,基本实现了学生的人文素养的提升、教师的专业化成长和学校的可持续发展的"三赢"。

学校走上了一条以"琴棋书画"学校课程的开发为突破口,探索强化学生人文素养行之有效的途径,取得了一定的成绩,赢得了社会的认同和赞许。《上海教育》《思想理论教育》和《现代教学》杂志分别进行文字及图片报道,介绍学校的特色案例;2011年学校被中国福利会少年宫青少年棋院命名为"青少年棋院围棋培训基地";学校"星光书法社"被评为区青少年明星社团,学校被评为区艺术教育特色项目学校,以"琴棋书画"为核心的学校课程在区级评比中两次获得一等奖。

目前,学校已拥有一定数量的区、镇两级学科带头人以及骨干教师、优秀德育工作者,教师队伍梯队建设雏形初步形成。学校重视各类培训,专任教师的学历全部合格,教师能做到教书育人,为人师表,敬业爱生。教师的基本功比较扎实,课堂教学能准确把握教学目标,突出重点,落实双基,教学组织到位,教态自然亲切,师生关系融洽。学校基本形成了"敬业、爱岗、严谨、垂范"的教风。

学校课程开发:让教师从"教书匠"变为"研究型"。针对农村学校教师开发和设计校本教材的能力有待提高的现实,学校创设条件,让教师从"研究"起步,走向"智慧"。在学校课程的开发实施过程中,学校通过课程开发、设计研究型教案、开展"琴棋书画"课堂教学、编写琴棋书画教材,经历这样一个真实的研究活动,改变了以往教师被动执行课程的状态。教师能以研究者的心态置身于教学情境中,审视分析教学问题,反思自身的教学行为,针对问题提出假设、实验总结,形成规律性的认识。

同时,把教学与研究融为一体,提高教师研究能力、课程开发能力、专业思维和教学业务,使教师由"教书匠"变为"研究型""可持续发展"的教师,促进教师的专业发展。一大批教师在"琴棋书画"类教学评比活动中获得荣誉便是例证。

刘玉华校长把光明学校教师的专业水平与"琴棋书画"发挥教

育能量的关系做了深刻阐述——"琴棋书画"的"能量大师"：

光明学校的"琴棋书画"能形成气候，与教师专业发展的"能量大师"升级密切相关。

"琴棋书画"的校园文化和课程建设，给教师的专业发展提供了一个良好的契机，也使以校本课程开发为纽带的师资队伍建设注入了活力。

基础教育课程改革对教师提出了新的挑战，要求教师必须发挥主体作用，不仅是课程的实施者，还应是课程的建设者、开发者和研究者，成为研究型教师。即能针对教学中的问题，自觉运用先进的教育理论，有目的、有计划地开展课程或教学的实验和研究，从中总结教学规律并不断改进后续教学。这就意味着教师要以研究者的心态置身于教学情境中，要善于发现和捕捉教学中的问题，提出假设，通过实验和研究，寻找解决问题的方法和策略。

做研究型教师，应成为每位教师的目标。这不仅符合"琴棋书画"的办学特色，也有利于学生素质的培养，更有利于教师自我更新和提升。

光明学校努力创建温馨、安详、愉悦的教育文化氛围；培养师生从容、淡定、坚韧、自信气质。在已初步形成"以'琴棋书画'育人文素养"情态的基础上，进一步研究其内涵，努力给学生构建一个"和睦、和融、和悦"的教育场景与体系，营造一种温馨、安详的教育氛围，因为它将使我们的教育充满活力与生命力，它体现的是人文与人本相结合的精神，它所教给学生的是博雅、淡定；坚韧与自信的气质，而不是压抑和紧张、喧哗与浅显。这是一种文化，是一种全面而健康，有痕与无痕融为一体的文化，是一种全面而健康的素养。一个没有文化气息的地方,对学生便不再有熏陶的作用。而单调乏味的校园,是缺失文化的,显然不是把人的需要放在第一位。教育尽管有其不同的形式,可以是直接的,也可以是间接的;可以是明示的,也可以是暗示的;可以是刚性的,也可以是柔性的;可以是显性的,也可以是隐性的,其终极目标是培养人,发展人,改变人的气质和境界。学校文化建设,它看似改变的是人的生存形式与生活方式,实则是改变了人的气质和境界,实现的是人的持久发展。光明的文化在实现光明办学目标中发挥着潜移默化和不可替代的作用。

附:与"琴棋书画"相关的成果一栏表

序号	成果名称	成果形式	完成时间	完成人	发表或获奖情况
1	"区艺术教育特色项目学校"	证书	2008-01	校长室	获奖
2	"星光书法社"被评为区青少年明星社团	证书	2008-05	校长室	获奖
3	弘扬民族文化 培育人文素养	案例《上海市教育系统文明单位创建案例》	2008-12	张正华	发表
4	以琴棋书画,育人文素养	图片专版《思想理论教育》	2008-12	朱金瑄	发表
5	稻草画作品	上海教育博览会优秀作品展示	2008~2009	王春燕	作品展示

（续表）

序号	成果名称	成果形式	完成时间	完成人	发表或获奖情况
6	以"琴棋书画",育人文素养	论文《上海教育》	2009 - 06B	刘玉华	发表
7	艺术教育特色项目	全国书法项目展演证书	2009 - 12	倪国清	获奖
8	人文立校科学育人	图片专版《现代教学》	2009 - 12	朱金琯	发表
9	"上海市书法教育实验学校"	证书	2009 - 08	校长室	获奖
10	浅谈农村学校实施书法教育的有效策略——如何提高书法课堂教学的有效性	全国教师教学论文大赛	2010 - 03	倪国清 徐奕	获奖一等奖
11	趣味稻草让美术课堂教学更精彩	"黄浦杯"长三角"教育中的创意"征文评选	2010 - 08	沈学文	获奖二等奖
12	增设"书法墙"等	物化建设	2011 - 02	倪国清	设施建设
13	琴棋书画	图片专版《浦东教育》	2011 - 04	刘玉华	发表
14	"青少年棋院围棋培训基地称号"	中国福利会少年宫青少年棋院命名	2011 - 04	刘玉华	命名
15	书法教育	浦东电视台专题报道	2011 - 05	校长室	电视台报道
16	对学校教学模式骤变的思考	通讯报道日本《朝日新闻》	2011 - 06	校长室	新闻报道

（续表）

序号	成果名称	成果形式	完成时间	完成人	发表或获奖情况
17	以"琴棋书画",践行科学育人	论文《浦东教育》	2011-10	刘玉华	发表
18	让无痕德育陶冶学生品行以"琴棋书画"凸显学校特色	图片专版《浦东教育》	2011-10	刘玉华	发表
19	以"琴棋书画"育人文素养的深化研究	浦东新区教育内涵项目	2011-11	刘玉华 朱金琯	课题研究
20	四届"艺术节"	学生才艺展示	2008～2011	学生处	才艺展示
21	学生个人在区级及以上各类"琴棋书画"竞赛评比活动中,有130多人次获奖	竞赛评比	2008～2011	美术音乐组	获奖
22	教师个人及团体在区级及以上各类"琴棋书画"竞赛活动中,荣获50多项奖项	竞赛评比	2008～2011	美术音乐组	获奖
23	新课程实验研究基地	上海《新课程》	2010-03	校长室	命名
24	"以'琴棋书画'育人文素养"实验项目报告——琴棋书画图片	上海《新课程》	2012-02	校长室	发表

（续表）

序号	成果名称	成果形式	完成时间	完成人	发表或获奖情况
25	人文立校丰厚教育底蕴,科学育人提升办学品位（上篇）（中篇）（下篇）	《文汇报》	2012-02-6、7、8	校长室	素质教育特色报道
26	开发"琴棋书画"校本课程	《古筝》《围棋》《硬笔书法学与习》《稻草画》	2012-02	课程处	出版
27	"琴棋书画"系列课程	首批"浦东新区学校特色课程"	2012-04	课程处	命名
28	以"琴棋书画"提升人文素养	上海市课程案例《上海教育》	2012-08	校长室	课程案例
29	《以"琴棋书画",育人文素养的深化研究》项目	浦东新区教育内涵优秀项目	2012-12	校长室	获奖

三、以人本构建科学管理体系

学校管理是一个系统工程,从学校各项工作有序运行角度分析,需要一套行之有效的规章制度,做到有章可循,有规可依,使师生民主平等在常规化、制度化、规范化下进行。但是,从人的角度出发来思考问题,以人为中心,按人的各种要素进行管理,是现代学校的一种较为普遍的管理方式。学校中的教职员工和学生,是学校管理活动中最积极、最活跃的因素,随着现代教育思想的不断输入,人的权重越来越大。全面、扎实、有效地提高学校教育教学质量,确保学校教育教学秩序的安全以及各项工作的有序进行,作为学校管理层,始终都思考着这些问题,那就是如何采用科学的管理策略来确保学校的健康持久发展,全面提升办学水准。为此,光明学校围绕"人文立校,科学育人"的办学理念,根据学校实际,构建起人本管理的科学体系。

(一) 光明学校管理理念

1. 管理之基在于服务

一所学校有它自身的信仰和价值观,这是管理学校发展的组织理念,也是对学校办学方向的一种把握,它对学校发展策略和具体行动起引领与号召作用。由于每所学校自身发展的历史及文化背景的不同,其信仰和价值观都不会与其他学校雷同。因此,对学校的组织信仰和价值观的定位与研究是保证学校各项工作顺利推进的重要环节。光明学校把创设师生民主平等、有效互动的教育教学环境作为提高办学质量的一个重要方面抓紧抓好,大大增强了全校师生的民主意识,形成了人文育人的氛围。学校以建立教师为学生发展服务,以人文与科学为内涵的运行机制,实现学校管理的人文、民主、科学,形成精简、务实、高效的管理体系和管理作风。在实行行政分级管理模式方面,建立有效的管理网络,完善各种管理制度。在调控教学质量等方面,工作不但扎实,而且能很好落实。

(1) 心理辅导为教师减压。由于现代社会的变革与发展,社会对教育的要求也在不断提升,教师的心理问题也随之而来。教师作为社会大家庭中的一员,是一个个鲜活的生命体,也是一个个平凡的人,当人们把教师比作蜡烛、春蚕、辛勤的园丁时,教师有时却不能承受这种心灵上的重压。心理学专家研究指出,当前教师容易产生心理问题的原因有很多,但归纳起来主要有三点:第一,教师其特殊的职业性质造成的心理压力。第二,学生家庭亲情的缺少给教师的教育带来的心理负担。根据学校的调查,存在几种特殊的家庭状况:一是放任自流型家庭,二是力不从心型家庭,三是经济拮据型家庭,四是单亲监护型家庭,五是隔代养育型家庭。作为教师,承担着对孩子一定的指导与教育任务,而亲情缺乏孩子的教育是非常困难的。社会和家长对教师过多的期待,容易使教师忧虑和急躁。第三,社会对教师现实的相对忽视形成教师心理失衡。教师其实也过着普通人的生活,在他(她)或他(她)的家庭中,时常会遇到这样或那样的困难与忧虑,教师渴望成功,渴望自己事业有成。作为普通人,在需求的满足上,我们给教师实现成功的精神与物质条件、各种发展的机会能有多少,给教师的情感关怀和心灵慰藉能有多少,现实中,当教师与同龄人相对比时,往往会出现不公,使之心理失衡,无疑是造成教师心理问题的原因之一。

针对这些问题,光明学校从人文关怀出发,一方面配备心理辅导室,进行个别化的心理辅导,另一方面聘请校内外心理教育专家,进行群体性心理辅导。例如,学校先后邀请了校内外心理教育专家,对全体教师做心理辅导讲座,有效地缓解了教师面临的心理问题。

(2)形成宽松的工作环境。为教师创造宽松的工作环境,让教师在良好的环境中充分发挥其积极性和创造性,是管理者的重要责任。这种环境包括物质的,更包括心理的和人际关系的。

第一,要有人情味、归属感。学校是教师发展的共同体,而组成这个共同体的每一个基因都非常重要。因此,作为学校管理的一种形式,为教师创设宽松的工作环境。很显然,大家在一种和谐、和悦、融洽的氛围中生活、工作,那么,自身处于一种舒畅的工作状态,人与人之间也就容易理解与交流。作为校长就要善于营造充满人情味的工作氛围和环境,尊重教师的人格,尊重教师的工作,尊重教师的需要,使校长的办学意图、办学目标内化为教师教育教学的自觉行动,学校的凝聚力和向心力,这样教师对学校的归属感就会不断增强。毫无疑问,宽松的工作环境是做好工作的基础,它从本质而言,是体现"以人为本"人文关怀管理理念。

第二,要有利于调动教师的积极性、主动性、创造性。学校在关注教师的情感、价值及工作环境,尊重教师的人格,给每位教师创设安全感、快乐感的同时,要着眼于对教师积极性、主动性、创造性的培养。学校以尊重教师、信任教师、理解教师、关心与爱护教师为着眼点,采用民主、平等、和谐的管理模式,使每位教师产生奋发向上,努力进取的积极情绪,从而获得学校工作整体创新发展的活力。学校任何制度措施的出台,都必须考虑教师心理承受能力,把大部分教师的心理承受能力作为底线,既要追求竞争,又要在竞争中建立民主宽松的管理环境,创造和谐融洽的人际环境。规章制度的制订,不要只在管、卡上做文章,要体现教师的工作特点,促进学校管理机制的良性循环。学校管理中体现人文关怀,其最大特点在于依靠民主意愿、个性张扬、权力平等来激发人的内在潜力、主动性和创造精神,为校长的课程领导与教师的课程执行创造一个良好的生态环境。

第三,要有赏识激励。赏识激励作为一种精神动员的方式,也是管理的重要方法。当自己的才能或价值被别人以重视、肯定或赞扬时，会产生正面的刺激和影响，使人始终处于一种兴奋状态，人的积极性将得到充分的发挥。从一定意义上来说，校长实施领导行为的过程就应该是赏识激励的过程。因为人生最大的快乐，莫过于自己的才能或价值被重视或赞扬。因此，适时地对下属的工作予以赏识，能起到催化剂的作用，从而激发教师的工作热情和积极性。当然，要注意赏识激励的原则。一是论绩赏识。赏识必须坚持实事求是的原则，对一个人的才能或劳动价值肯定或赞扬时，既不能扩大，也不能缩小，应论绩赏识。过高赏识会被赏识者受之有愧；过低赏识难以达到激励的效果。另外，赏识面不宜过大，否则，被赏识者的荣誉感容易消失，同时未被赏识者会产生受罚感。二是因需赏识。需要得到赏识是每个人的本能，但希望得到赏识的方法不尽相同。这就要求管理者必须了解被赏识对象的个性、年龄和爱好等，根据具体情况有针对性地进行赏识。如被赏识者年纪轻，一般应多些当众赏识，而年龄稍大或性格内向的人，适宜小范围甚至于个别赏识。三是及时赏识。赏识必须把握好时机，因为人的需要是随时空的变化而变化的。过期的赏识，不仅会削弱激励作用，还会使人们对赏识产生冷漠、厌恶的心理。特别是那些曾有过失行为的人，对他们的工作成绩及时予以赏识，就会使他们感到自身存在的价值，并从中获得慰藉，这样能更有效地促进他们转变的速度。四是赏奖结合。赏识与奖励虽然都是一种激励方法，但就人们的荣誉观来说，前者不如后者。因为赏识多是口头的，而奖励则是看得见、摸得着的。倘若将赏识与奖励有机地结合起来，就能相得益彰。当然，还必须充分考虑平时的赏识情况，只有经常得到赏识的人，才可能有受奖的机会。如果平时工作一般，赏识很少，年终反而受奖，就会使人感到平时的赏识只不过是一种欺骗手段,久而久之赏识也就失去作用。

（3）为教师提供发展的机会。校长作为学校主要管理者,校长的任务主要在于为发挥教师的才智创造适宜的条件,为教师提供发展的机会,减少和消除教师自我实现过程中所遇到的障碍。实践表明,满足人的需要是激励机制的核心,学校管理的一个重要任务就是要给教师提供充足的机会来满足其个人发展专长、爱好和事业的需要,也即学校除了要求教师服从学校组织的目标外,还需要更多地顾及教师的利益,满足教师的合理需求。校长应及时满足教师在提升、晋级、评优、深造和个人生活等方面的正当需求,以激发他们的工作动力。科学测定表明：一个人平时表现的工作能力和水平与经过激励可能达到的能力和水平,两者之间存在很大的差距。学校要通过不断为教师树立新的奋斗目标,用目标激励、精神激励、物质激励等办法来激发教师的工作积极性。学校努力做到人尽其才,善于挖掘每位教师的才华,根据其性格、能力、特长、思想状况等安排适合的工作;科学地研究每位教师的个性,寻找扬长的切入点;发挥每位教师的爱好、特长,尊重每位老师的志趣和才华,给他们创造展示的机会,使他们觉得教师的工作充满了生机,充满了挑战,充满了乐趣,是极富有创造性、灵活性和艺术性的工作。

（4）着力建设快乐的校园。校园是师生每天生活学习的地方,如何使师生快乐地生活学习,学校在已开展丰富多彩的主题活动的同时,进一步着力快乐校园的建设。首先,校园时空的科学设置。依照师生身心健康发展的规律和个体的生理生活需要,对校园时空进行科学的安排,做到有张有弛、有动有静,使师生有时间和空间享受和感受快乐。其次,愉悦的校园文化环境。包括学校的生态建设、校容校貌、文化氛围,特别是显性的文化环境,主题鲜明的校园布置和充足的活动设施,为快乐校园活动提供物质保障。第三,舒畅的教育活动。要把快乐贯串于教育教学活动的一点一滴、渗透到学生的情感里,让学生感到读书是快乐的、生活是快乐的、学校是快乐的,从而构成一条身心健康发展的路径。第四,形式多种多样的师生社团。在相对紧张的学习之余,让师生通过内容丰富,形式多样的社团活动,放松心情,舒缓压力,提高沟通能力、组织能力、表达能力,尤其让师生在施展自己才华的同时,拓展人际关系,培养团队协作精神。

2. 管理之道在于借力

一所学校是校长办学思想和管理实践的缩影,也是校长人格魅力和学识的见证。一所学校能否和谐发展,毫无疑问取决于学校管理的灵魂和核心——校长的综合素养和管理艺术。对学校发展而言,校长的作用太重要了。有人说:"一个好校长就是一所好学校。"但客观而言,一个人的力量终究有限,如果把一所学校的好坏完全归之于校长,这有违历史唯物主义。校长要管理好学校,还须借助各种力量,正如管理心理学家所言:"管理之道,在于借力。"校长作为管理者的借力,主要有以下几方面:

(1)借助制度之力。制度是学校发展的基础,既是约束人的手段,又是评价人的工具。作为现代学校,相应的制度是必须的。需借制度之力,保障学校各项工作的循序推进。这里的制度之力就是在日常管理工作中,依靠制度,运用制度。因为它具有强制性,即制度一旦制定,就要求人们必须服从,让制度说话。它具有规范力,即制度明确规定人们该怎么做,不该怎么做,对教职工的行为具有约束和规范性。它具有持久力,即制度确定后,除非环境改变,一般不随校长的调动而改变,具有稳定的持久力。它具有自觉力,即当一项制度长期坚持后,人们就会成为一种习惯,自觉遵守制度,自动地干事,形成制度自觉性。很显然,一个学校的发展,除了自身建设外,还取决于制度的供给,而且这些制度应该是比较规范的、具有系列式的,这样才能引导教师沿着一定的轨迹发展前行。在按制度操作的进程中,教师久而久之会形成"自觉效应"。为此,光明学校非常注重制度的制订和修订,还定期出版《光明学校制度汇编》。

(2) 借助群体之力。学校管理是一个兼容各种要素的系统性工程,作为校长,需借助群体的力量,形成合力,才能有效推动学校各项工作的全面开展,借助群体之力主要包括两方面:行政班子成员、全体教职工之力。首先是借行政班子成员的力量。由于个人的能力受到知识、时间、精力、思维等影响,在实践中具有有限性。同时,学校工作的多样性和复杂性,单靠校长个人的力,单枪匹马地去解决纷繁复杂的矛盾和问题,显得力不从心,因此,必须发挥领导班子的作用,发挥集体的力量,去解决问题,提高领导效率,提高领导效能。光明学校有一个作风优良、团结协作、独立工作能力强的行政班子,校级领导和学校中层行政班子相对比较年轻,他们工作富有热情与朝气,学校党政工能团结互助,能充分有效地聚集和释放他们的工作热情,并能积极主动地完成各部门所承担的工作任务,各职能部门富有凝聚力和执行力。学校还建立了一套规范的工作制度。例如,干部队伍培养机制,青年教师到"四处"挂职锻炼;行政人员到上海市实验学校跟随锻炼;规范行政人员的聘任工作,加强对他们的多元评价;实行行政人员工作月报制度;每年学校行政人员向教代会进行年度工作述职、民主测评,测评的结果及时反馈,帮助行政人员总结优势,提出希望,鞭策行政干部不断进步;党支部对学校中层及以上管理干部提出工作规范条例,即"十要十不要"。其次是借全体教职工的力量。学校教职工是承担和实施学校各项工作的主体,因此,必须发挥他们的力量,借助他们的主动性、积极性和创造性,才能调动一切有利因素。作为校长,要时刻意识到人民群众是力量之源,智慧之基;作为校长,要时刻认识到经过科学化、民主化的抉择后,才能提高工作执行力。

(3)借助外界之力。学校是一个小社会,各种家庭背景、不同性格、不同诉求的人聚合在一起,长时间开展紧密的合作,这本身就是一个社会的缩影。同时学校又要为年轻一代的全面、健康成长开展富有成效的工作,严格地说,仅依靠学校人员和力量是无法完全胜任的。因此,学校要实现其历史任务,必须善于向学校外界借力。包括借助家庭之力,社会之力,单位之力,专家之力等。

3. 管理之质在于改变

(1) 改变管理的权利主义——封建管理

"以人为本",这是建立现代教育运行机制的崭新思路。封建时期,由于教育系统尚未也不可能形成独立于帝王思想之外的思想及体系。无论是魏晋时期的门阀制度,还是隋唐乃至明清时期的科举制度,都是强调以帝王思想为宗旨,因而在教育管理的形式上,无疑承袭了帝王作风。中国教育,由于历史文化的积淀,客观地讲,是一脉相承的。尽管我们已经进入 21 世纪,但封建意识的残渣仍有滋生的余地,潜滋暗长不容忽视,在现代教育管理中,管理者习惯于坐在办公室、会议室里"出主意"、发指令,把教师作为可使用的工具和对象,忽略了互相间的沟通,忽视了员工的思想及需求,往往以行政命令替代人格魅力,所以缺乏亲和力与感召力。久而久之,渐渐加深了管理者与员工之间的情感沟壑、拉大了管理者与员工之间的思想距离、疏远了管理者与员工之间的人际关系。正是这种隔阂,阻碍了教育质量的提高,制约了学校内涵的发展。因此,这种封建帝王式的"出主意"与"使用人"的管理方式必须加以改变。

(2) 改变管理的经济主义——资本家管理

资本家式的管理是指把管理者与被管理者的关系简化为一种雇佣关系或是单纯物质利益关系。这种管理存在很多问题,尤其不适应学校管理。主要表现为:一方面由于管理理念的落伍,使管理滞于形式化,把教育管理的全过程作为一种简单的程序加以处理,往往重结果,轻过程。其次,为了图方便,采用"派任务"式的方法,把其中柔性目标当作硬性目标贯彻执行,而所完成的也仅仅是浅层、表面的任务而已。同时,对员工的奖惩,采用的也是旧资本家式的简单方式方法,制度上缺乏科学性、合理性、人情性、可操作性,还掺和操作者的主观意识:厚此薄彼、武断随意、教条主义、偏听偏信等,结果,严重扼杀了员工的工作热情和内聚力的发挥,使其只在岗位上机械劳作。这种旧资本家式的"派任务"与"奖惩制",毫无疑问应当坚决加以摒弃。

(3) 改变管理的官僚主义——形式主义管理

下情上达,上情下达,本来是管理工作中不可缺少的双向循环过程,但是,由于受官僚主义作风的影响,把"向上汇报"与"向下布置"当作工作的全部。什么是管理?马克思认为:"一切规模较大的直接社会活动或共同劳动,都或多或少需要指挥,以协调个人的活动。"显然,组织、指挥、协调、达到目标的完成,这是管理的根本所在,假如仅仅停留在"汇报""布置"浅显的层面上,工作就无法向纵深发展,更谈不上效率的发挥。而且,事无巨细,汇报至上,也无形中影响了上级领导的视听;不问轻重,布置了事,工作方法势必简单化。长此以往,依赖性增加,主动性减弱,人心涣散,更谈不上进取和创新。因此,这种带有官僚主义式的"向上汇报"与"向下布置"作风应当加以扭转。

(二) 光明学校管理体系

一所学校要想持续、有序、健康稳定发展,就必须在管理上下工夫,要建立起高效的管理体系,用心用情办教育。学校管理是人的管理,而人的复杂性导致管理的复杂性。作为学校管理者须按照国家的教育方针,运用各种管理手段,通过有效地组织、艺术地指挥、合理地协调学校教职员工的活动,从而创造一种集体整合结果远大于个人活动总和的力量。在组织实施与达成学校发展目标的过程中,应当研究,如何改变落后陈旧的管理方式,构建新的管理理念,从而凝聚起教职员工的人心,因为这是获取教育教学效能的关键所在。光明学校通过建立学校发展三个链,逐步建构起自己的管理体系。

1. 打造持续发展的增值"链"

一个好校长会成就一批好教师,一批好教师会带出一群好学生,一群好学生会造就一所好学校,而一所好学校又会促成一个好校长,这就是现代学校发展的增值"链"。充分发挥学校增值"链"的作用,才能使学校管理产生最大的效应,才能使学校保持可持续的发展状态。

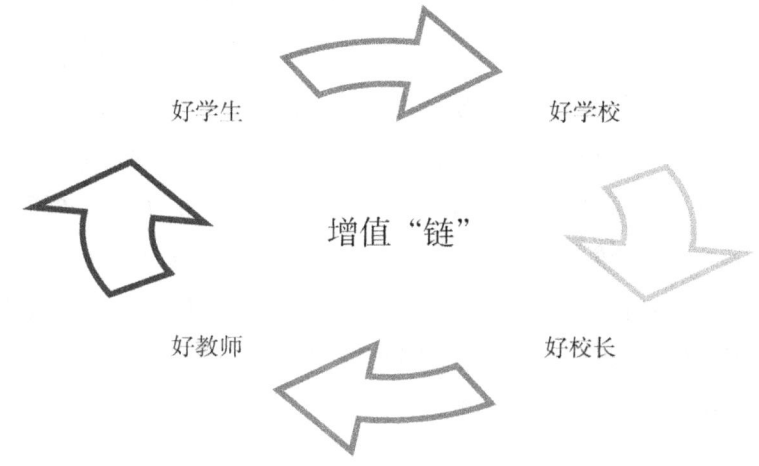

2. 锻造科学合理的运行"链"

一个好的目标需要有一套可行的制度作保障,一套好的制度需要有一种适切的机制去运行,一种健康运转的机制确保一个好目标的实现。

确立一个大家都能认同的目标。"以人为本"的思想,其精髓就在于倡导人的作用、发挥人的因素、挖掘人的资源。因为,管理的起点和归宿是人,管理的源泉和动力是人,管理的核心和主轴是人,管理的成败也是取决于人。由此可见,一个"以人为本"大家都认同的目标的确立,正是激发大家的内聚力,具有积极作用,是管理上的一种有效的激励手段。当然,目标不能过高,也不能过低,不能脱离学校实际。

形成有章、有序、有效的制度与机制。要注意把制度管理(以法治校,强调显性、硬性、条文的约束力)与目标管理(注重结果,强调隐性、软性、人的积极性)相结合。各部门分担任务。各司其职、各负其责、各使其权、各显其能。学校整体工作的运作,是各部门通力合作的结果。因此,要充分调动各部门的积极性,发挥其职能。当然,要放有度、统有节。各项工作要有序操作,在激励与惩罚机制的运作上:一方面要大力提倡奉献精神,讲师德讲贡献;另一方面不要回避物质奖励,因为,物质分配的同时也蕴含精神的评判,物质上的高分配,其本身也是精神上的高层次的表彰和肯定。在商品经济的今天,必须正视利益是劳动的出发点,也是归宿点。注意部门间的协调。虽然学校各部门的作用和重点不同,但大目标是相同的。然而由于受各种利益的影响,部门间免不了会有不和谐的现象出现,所以要协调好部门间的关系,进行必要的疏理、调整、优化、重组,最终实现单独部门所不能实现的整体目标。

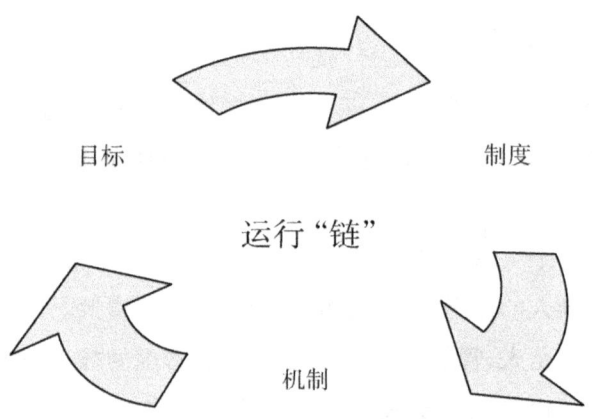

3. 营造体现人文的情感"链"

管理体现人文思想、教师具备人文情怀、学校蕴含人文气息。学校走人文发展之路,超越了传统意义上的发展框架,开辟了一块全新的发展的领域,提升了学校发展的内涵,使学校的发展上升到更高的层次。

增进管理者与被管理者之间的相互了解、信任。首先,领导须常到教职员工中间走动,唤起他们的平等意识,达到激励的目的。其次,可以通过各种渠道,让员工有倾吐愿望、表达心声、发表意见的机会,以化解他们内心的疙瘩。

扩大人与人之间的同情心。人需要理解、需要关爱、更需要同情,这是一种情感的沟通,其潜力不可低估。

正视教职员工的需求。因为一切行动的力量源泉是需求。或精神或物质,所以要创造条件,以满足其精神及生活上的合理需要,为教职员工提供发展的必要条件。俗话说:"巧妇难为无米之炊。"必要的条件为获得事业的成功提供了保障。

教师需凸显科学精神,传播科学思想,坚定探索意志,进行团队合作、强化责任意识,树立服务理念。

营造良好的人文氛围(即小环境)。首先,重视校园文化建设,营造教育气氛,因为感染很重要。其次,创设宽松的人际关系。良好的人际环境,对教职员工起到激励作用。再有,应大力倡导团结协作、与人为善、互敬互让的精神。让大家在和谐的氛围中生活、工作、学习,凝聚力就会不断增强。

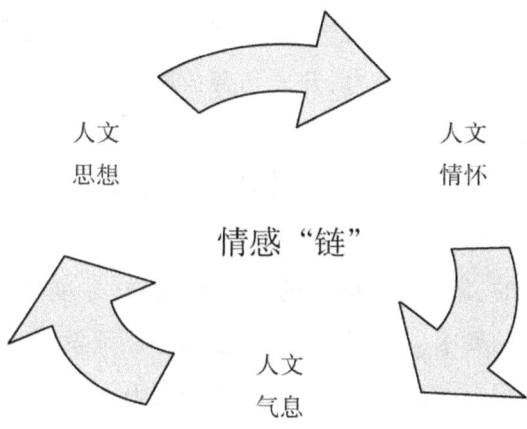

学校管理工作千头万绪,内容繁杂。既有形式上的要求,又有具体内容上的目标;既有制度上的原因,又有情感上的因素;既有外

部等诸多方面的影响,又有内容等各种条件的制约,需要管理者不断探索与研究,不断修正和完善。总之,学校管理是一门艺术,校长作为学校管理者,应做到"管"与"理"并举,同时把科学管理和自我完善、自我实现在高层次上有机和谐地统一起来,就一定能使自己成为学校管理的领航者,就一定能使自己所管理的学校彰显科学、人性和人文的光辉。

四、以平台促进教师专业成长

在知识经济初见端倪、国际竞争日趋激烈的 21 世纪,各国都将教育作为提升综合竞争力的主要手段之一。而教育质量的高低,关键在于教师队伍的素质。

教师专业的发展,不但牵引着学生的发展,而且促进学校发展目标的达成。因此,关注和促进教师的专业发展,并将其作为学校管理的使命与成效之一,其意义十分深远。让每位教师加强与发挥自己的创造潜力,开发与释放隐藏在他们身上的潜能,这既是教师个体发展的需要,又是教师群体发展的使然。实践证明,教师要真正胜任自己的职业角色,体现自身的价值,就需要其专业的支撑,并不断地进步和发展。同时,这种进步与发展应该是积极的、渐进的、持续的。只有这样,才能适应现代教育革新和发展的要求。所以,要促使教师不断地发现自我、开发自我和超越自我,让自己的专业在实践中提升,并与学校发展保持同步。因为学校是教师发展的"实践共同体",而组成这个共同体的每一个基因都非常重要,所谓"校运兴衰,系于教师"。显然,教师的专业水准往往决定学校办学的水平。因此,推进教师的专业进步与发展是时代赋予的命题,提高教师专业素养,是教师一生的功课,而要使教师的专业进步和发展得到制度上的保障,实现教师队伍的整体优化,这就需要为其构建有效的校本平台,让其借助平台的支持,获得专业的浸润、实践的锤炼及同伴的支援,使其对自己的专业发展重新审视、定位、提升和推进。

光明学校自 2008 年以来,通过对教师专业发展理论和实践的研究,借鉴国内外学校的先进经验,站在基层学校的角度,对构建教师专业发展校本平台和其运行机制进行了探索。

(一) 面向全体的五级公共平台

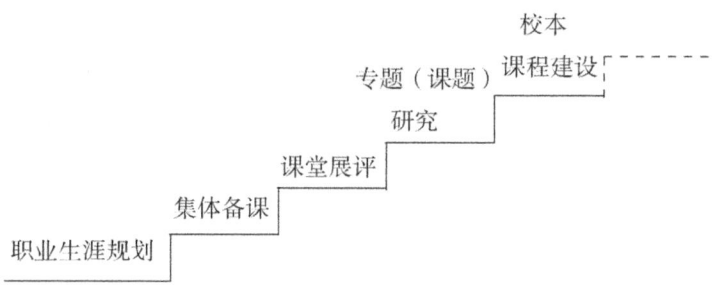

教师专业发展五级公共平台示意图

教师职业生涯规划与教师专业发展可谓"形影相随"。在某种程度上,没有教师职业生涯规划,也就没有教师专业发展。所以,光明学校的教师专业发展校本公共平台从"职业生涯规划平台"开始,到校本课程建设为止。每个平台为教师发展某方面的专业素养提供可能。这些公共平台能使新教师基本具备成为一名合格教师的素养,而对于成熟教师则能巩固和提升他们的状态。为了充分发挥这些平台的功能,尽管这些平台之间没有严格的阶梯关系,但学校为使教师在不同时期有所侧重地关注自身某方面的专业素养,最终达到"全面发展",在实际操作中人为地把这些平台分成阶梯状,共设五级。学校希望大多数教师在一个专业发展规划周期(基本与学校发展规划的周期一致)内能依次"走过"这些平台。特别是新教师,希望他们依靠这些平台一步一个脚印地走向成熟。当然,对于有主动发展意识的成熟教师,则完全不必拘泥于人为设置的5级分层,可根据自己的需要和能力有侧重地选择和利用这些平台促进自身的专业发展。

作为一名教师,他首先应该有对自己职业生涯的规划,以3～5年为一个周期,为自己制订一个与学校发展相对应的专业发展规划。有了发展目标,才会有前进的动力。备课是教师的基本功,教学设计也是常备常新。集体备课虽然需要一定的研讨时间,但整个研讨的过程就是一个同伴互助学习的过程。我们这里所说的课堂展评,是一种有准备的课堂教学实践的探讨。专家、优秀教师和教研组其他教师一起参与展示课的准备过程,并在课后提出改进意见。在这过程中,上课者会得到提高,其他参与者也会有所收获。虽然,任何课堂教学都不可能完美,但我们应该使之更好。这就需要针对课堂教学中的问题进行必要的研究,研究不仅能解决实际的问题,还能拓展我们的视野,提高我们认识事物的深度和广度。二期课改使学校具有开发校本课程的权力,这对教师来说是一项新的挑战。当然,校本课程开发后,还需要有效实施。我们希望课程建设平台能补上教师课程建设能力这一课。下面结合学校的实践具体介绍这些平台的搭建过程和运作情况。

1. 职业生涯规划平台

职业生涯规划又称职业生涯设计,是指一个人与组织相结合,在对一个人职业生涯的主观、客观条件进行测定、分析和总结的基础上,对自己的兴趣、爱好、能力和特点进行综合分析与权衡,并且能综合时代特点和自己的职业倾向,确定其最佳的职业发展目标,为实现这一目标规划作行之有效的安排。教师是培育社会新生一代、提高民族素质的专门人员,教育的社会职能通过教师来实现。随着教育改革的深入开展和教育科学的蓬勃发展,教师的角色发生了明显的转变,教师逐渐成为一个专门的职业,教师发展的专业化已成为教师职业发展的趋势。教师职业生涯规划是教师为自己规划美好的"心灵蓝图",最终目标是使个人自我潜能得到最大发挥,促进教师的可持续发展和成长。

教师职业生涯规划可以简单界定为:"对有关教师专业发展和职业生涯各个方面所进行的设想和规划。"做好教师职业生涯规划有助于教师的专业发展;有助于教师的自我实现;有助于克服教师职业倦怠;有助于教师满足新世纪社会发展对他们的新需求;有助于学校的良好发展。

学校要求每位教师根据学校的发展规划的周期和相关目标,定期制订自己的职业生涯规划,学校发展研究处组织人员对每位教师职业生涯规划的制订进行必要的指导和完善。以下是光明学校教师职业生涯规划书的模板。

表1 基本情况

姓名		教龄	
性别		职称	
年龄		任教科目	
学历		荣誉称号	

表 2　专业发展基础分析

自查项目	当前的水平				在个人发展方面的重要程度			
师德修养	□优	□良	□中	□须努力	□重要	□比较重要	□一般	□不重要
学历水平	□优	□良	□中	□须努力	□重要	□比较重要	□一般	□不重要
学科专业知识	□优	□良	□中	□须努力	□重要	□比较重要	□一般	□不重要
一般教育理论知识	□优	□良	□中	□须努力	□重要	□比较重要	□一般	□不重要
教学设计能力	□优	□良	□中	□须努力	□重要	□比较重要	□一般	□不重要
课堂教学能力	□优	□良	□中	□须努力	□重要	□比较重要	□一般	□不重要
教学中的研究习惯	□优	□良	□中	□须努力	□重要	□比较重要	□一般	□不重要
教学中的研究能力	□优	□良	□中	□须努力	□重要	□比较重要	□一般	□不重要
外语水平	□优	□良	□中	□须努力	□重要	□比较重要	□一般	□不重要
自我发展规划意识	□优	□良	□中	□须努力	□重要	□比较重要	□一般	□不重要
其他1 ———	□优	□良	□中	□须努力	□重要	□比较重要	□一般	□不重要
其他2 ———	□优	□良	□中	□须努力	□重要	□比较重要	□一般	□不重要

通过自查,你有怎样的感受,哪些项目在你的专业发展中十分重要,而你又是比较薄弱?请谈谈感受。

表3　确定未来五年的总体发展目标和相应措施

学校的发展目标：

参考学校发展目标，明确自己在未来五年的专业发展层次（如学校教学骨干、区学科骨干、特级教师或其他）。

请为自己未来五年的专业发展目标设定至少三个可检验的指标（注：这些指标必须是外显的，可检验的，如得到×××证书，开设了××堂公开课，获得×××称号等）

请用一段话，阐述个人在未来五年里的专业发展目标：

为实现上述专业发展目标，分阶段的措施：

希望学校给予专业发展方面的支持：

2. 集体备课平台

集体备课是我国中小学教师专业发展普遍采取的一种有效方法。集体备课能发挥集体的智慧。俗话说:"三个臭皮匠,顶个诸葛亮。"大家在集体讨论的过程中,取长补短,互通有无,在比较的基础上扬长避短,有利于形成一个较为完善的教案。同时,集体备课有利于更好地开展教学研究。备课组的教师在讨论、研究教材的同时,还共同学习一些有关教育教学的理论知识,对不同的教学观点和教学方法加以讨论和比较,分析教师的教学特点,探讨教学中的各种问题及提高教学质量的途径,集他人之长为我所用。通过学习和讨论,大家的认识逐步达到统一,在教学中能做到同心协力,步调一致。集体备课还有利于提高整个教学水平,特别有利于青年教师的成长,使他们少走弯路。在老教师的传、帮、带下,新教师能较快地学会分析和处理教材,挖掘教材内部的联系,围绕教学目的进行讲和练,处理教学重点与难点的关系,巧妙地激发学生的兴趣并调动他们的学习积极性。老教师从青年教师热情高、反应快的特点中也可以学到不少东西,促使他们更加努力地学习和钻研。

鉴于学校年轻教师比较多,整体水平不强的现状,为了保证课堂教学质量,学校在三年前就提出"集团队智慧,提高备课质量"的口号,要求教师充分发挥团队合作的力量,努力做到集体备课,具体流程大体分为以下四个步骤:一是一人主备,形成初稿。随着二期课改的推进,信息技术和学科的进一步整合,教师的备课工作量越来越大。在开学初,由备课组长(教研组长)分配好每位教师主备的章节,这大大减轻教师的备课负担,从而有更多的时间和精力去准备自己主备的内容。主备人须在所备章节授课前两周拿出初稿(包括课件)。二是集体研讨,确立样稿。主备人说课,教师集体讨论,在主备人初稿的基础上,确定整个备课组认同的样稿。样稿要有明确的最低教学要求并尽可能多地提供不同的教学思路。三是个别调整,完成"定稿"。每位教师根据样稿,结合自己所任教班级的具体情况,在确保完成教学最低要求的前提下,创造性地写出自己实施教学的方案。四是教后反思,优化"两稿"。在完成教学任务后,集体总结得失,完善定稿和样稿,使每位教师在实践中得以提高,为下一届教师的备课提供更好的参考资料。

"集体备课"使教师备课由原来的"个体劳动"变为"集体性质的劳动",把教师个体的智慧与经验整合转化为集体智慧与经验。集体备课不但能减少教师备课的总课时数,促使教师对自己所主备的课进行更深入的研究;还能通过集体备课,创造教师在一起交流、研讨的机会,有利于培养教师的团队精神。所以集体备课在相当大的程度上促进了教师的专业发展和合作型教师团队的形成。

下面是我校一位英语备课组长写的集体备课的总结,从中可以感受到集体备课给教师带来的收获。

集体备课的实践与实效

陆燕华

如果说教材是一篇乐谱,那么教师则是作品的演奏者。同样的乐谱,每一个演奏家都会有不同的体会,从而有不同的演奏,效果也会不一样。为了集众家之长与一身,让每堂课的演奏都最精彩,今年我校开展了"集备课组智慧,提升课堂效能"的英语学科集体备课的尝试,通过集体备课活动,让教师之间相互切磋教艺,优势互补,快速提高教师专业素质和业务技能,促进英语教学质量的均衡发展与提高。

1. 个人钻研。主要是指本组教师在集体备课前根据指定的备课内容,钻研课程标准、教材、教参,在学生现有知识储备的基础上确立教学目标、教学重点、难点及主要教法与学法、教具准备以及每课时的主要教学思路等。在备课过程中要体现师生的"双边"活动以及学生自主探究、自主学习、创新精神及实践能力的培养。主备教师写出一份详案。

2. 集体研讨。这一环节是集体备课和说课的关键,各位教师集中多媒体说课室,听主备教师谈教学设计程序及自己设计的理由。备课组的其他教师围绕主备教师的初案,结合自己所准备的材料,结合自己班级的实际情况进行分析研究,发表自己的意见。

3. 形成定案。大家集思广益,对其教案进行充分讨论、反复修改。同时主讲教师认真做好记录,根据集体研讨结果,结合本组其他教师的意见,取长补短,补充完善原先的设计方案,形成定案,经备课组长审阅后打印,小组成员人手一份。

4. 反思总结。每位教师在上课前必须熟悉教案,领会教案的精神实质,然后根据班级实际情况,学生的年龄特点,个人的教学风格,确定本教案具体实施的情况。教后对教案的教学内容、教法学法、教学环节进行反思总结,详实地写出自己的教后体会、教学效果及改进措施等,以备查阅和使用。

通过集体备课的研讨:一是实现了"以人为本、各尽其才、资源共享"的教育理念。全体备课组教师在交流中、切磋中、争论中提高自身业务水平。二是节省了时间,减轻英语教师的工作量及工作强度。为教师精心研究教材教法、学习专业知识提供了空间,把原来需要备整本教材的时间,全部投入一两个单元,使每课时都成为展示课、精品课。三是新教师面对"新课程,新理念,新教法"感到不适应或束手无策,集体备课和说课的活动则显得尤为重要，它能促进教师之间的竞争与合作，提高合作效益，挖掘教师的潜能，张扬其个性。四是加强教学理论的研究，互通有无，博采众长，通过对教材中疑难问题的讨论，既澄清以往错误的认识，又加深对内容的理解，通过集体备课，对各章节重点内容达成一致，保持教学内容及教学进度的一致性，为最终公平的考核学生成绩奠定基础。

总之，通过全体组员一年的共同努力，本组在集体备课的实践中取得了一定的成效，在区教研员的组织下，备课组全体教师向全区各教研组长作了经验介绍。另外学生在英语学习方面取得了很大进步，效果显著。当然，我们不会满足于眼下取得的点点成效，我们将倍加努力，积极探索集体备课的新思路和新方法。

光明学校坚持多年集体备课，使备课的质量大大提高，课堂教学质量大大改善，学校教学质量稳步提升，但也存在一些问题。通过调研发现：首先，最主要的是时间冲突的问题。由于教师上课的时间不同，即使教同一年级、同一学科教师也无法抽出更多时间进行集体备课。但按照上述的备课流程，每节课的教案制订，备课组（教研组）最少需要集中两次。按照语文每周四节课测算，一周起码要集中八次。教师根本抽不出那么多时间（刚开始时，教师积极性很高，他们会利用假期进行集体备课，但这种非常态的集体备课很难长时间坚持）。其次，就是话语权问题。原因可能有以下几方面：一是备课组长（教研组长）的职权影响。备课组长（教研组长）或多或少会有一些职位权威，其意见往往成为一种导向性的观点，而且这是一种主观霸权语言形式。这就导致许多教师创造性的观点被冷落，积极参与备课的积极性大打折扣。结果，集体备课流于形式,成为个别人的"演讲"。二是骨干教师的经验先导。在集体备课中,一些经验丰富的业务骨干的观点往往会左右整个备课的进程。出于对其以往经验的尊重和先入为主的心理影响,在其发言表述观点之后,很难有突破性的观点产生,形成一种客观霸权语言状态。

正是时间冲突和语言霸权等问题的出现,教师对集体备课的热情逐渐减退,学校的集体备课出现高原现象,甚至有的学科在集体备课时出现了一些松散的局面:备课现场——茶话会;教学内容——大杂烩;小组发言——独角戏;课堂教学——留声机。

集体备课开始遭到质疑和挑战,学校不得不重新审视集体备课。在反复听取教师的意见后,学校得出这样的一个基本判断:集体备课总体利大于弊,应该坚持下去,但若要提高集体备课的实效性,必须在集体备课模式上有所变革和创新。学校考虑在保留集体备课的前提下,对集体备课进行适当调整。我们知道:集体备课应该是个人准备——集体讨论——个人再备课的过程;集体备课还应是集"个人反思""同伴互助""专家引领"于一体的过程。换句话说,既然是集体备课,那么集体研讨是少不了的,但教师能够进行集体备课的时间又少得可怜,专家介入集体备课的时间则更少。如何解决集体备课需要的共同研讨时间,成了摆在教师面前的一大难题。"穷则变,变则通,通则久",我们知道,信息技术正在改变人们的生活,信息技术也在改变教育。能否在集体备课中引入信息技术,克服集体备课中出现的时间冲突和语言霸权等问题。于是,学校开始了基于校园信息化平台集体备课模式的变革与创新的探索。经过几个月的努力,学校非常顺利地重建了校园数字化平台,并专门开发了集体备课的模块。(如下页图示)

第二部分　光明学校八年改革与发展的实践

有了数字化备课平台的支撑,基于这一平台的新集体备课模式也随之产生,其基本步骤如下:一是备课前,备课组长(教研组长)分配好每位教师所主备的内容,并把相关的教材分析(包括课程标准的相关内容)上传至备课平台。二是主备教师根据备课组长(教研组长)提供教材分析,结合自己对教材的理解,在查阅其他相关资料后,写出教学设计的第一稿,上传至备课平台。三是其他辅备教师,通过备课平台提出修改意见和建议。四是主备教师根据这些意见和建议,写出教学设计的第二稿,并把没有整合进教学设计的意见和建议附在第二稿最后,以供集体讨论。五是主备教师说课(面对面),集体研讨教学设计(第二稿),明确最低教学要求并尽可能多地提供不同的教学思路。六是主备教师汲取大家的智慧修改教学设计,特别是把一些集体认同的"异曲同工"的想法以并列的形式加入教学设计,写出教学设计第三稿即样稿,并根据样稿做好课件。七是教师根据任教班级的实际情况和自己的教学风格,选用和调整样稿(含课件),形成自己的教学设计(第四稿)。八是根据课堂教学实施的情况,完善自己的教学设计,并上传教学设计(第五稿)至备课平台。这就是光明学校整合信息技术和原来的集体备课模式而产生的新的集体备课模式——"八步五稿备课法"。(如下图所示)

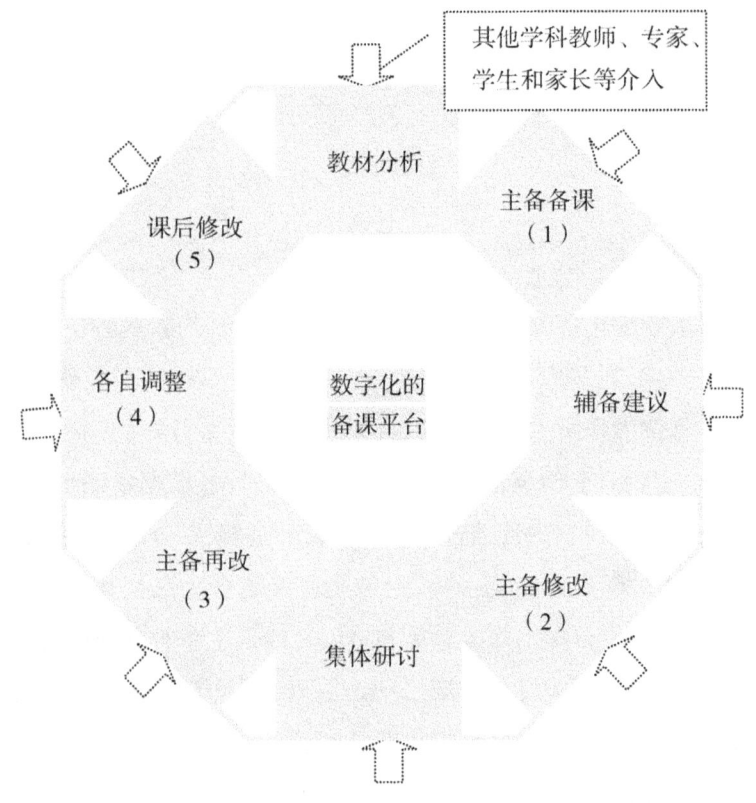

"八步五稿备课法",如果按照传统的集体备课模式,根本无法做到,但在数字化平台中,却完全可以做到。因为网络环境下的集体备课的最大优势是教师可以在任何时间、任何地点,只要登录备

课平台,就可以和其他教师交流教学思想和教学设计。网上集体备课的开放性,教师之间的交互性、及时性等特点是传统集体备课所无法比拟的。这就弥补了传统集体备课受备课时间、备课地点的限制。在传统集体备课中很少能介入的专家,在网络上随时可以指导教师进行集体备课。网上集体备课在适当的时候也需要传统的见面研讨形式,如在主备教师写出教学设计第二稿后,最好能有一次面对面的集体研讨,就主备教师的教学设计和辅备教师的意见和建议的可行性和可选择性进行必要交流和讨论。若实在没有时间,也可以采用在网上进行视频交流的方法。总之,基于数字化备课平台的集体备课,使集体研讨得到充分保证。

网络环境的集体备课能大大减少语言霸权的问题。备课工作大部分是在网上完成的。没有在常规研讨会中的语言压迫感,每位教师可以通过文字各抒己见,每位教师的意见能得到充分的表述。即使到了面对面的集体讨论阶段,由于事先大家都在网上看到各自的观点,好的意见和建议不会被语言霸权所掩盖。

网络环境中的集体备课,不再是封闭的,任何一门学科的备课平台可以向其他学科教师开放。不同学科教师之间可以互相交流,从而打破学科间"老死不相往来"的局面,使不同学科之间的教师能取长补短,真正实现学科间的沟通。这样,学校原先有的跨学科的教研活动也能得到保证。根据学校近几年的一贯做法,每个年级相近学科教师,如数理化、史地等,每个月要进行一次综合教研活动,但由于人数众多,这样的集体跨学科间的联合教研活动,出勤率保证不了,影响了效果。有了数字化备课平台后,跨学科间的教研活动常态化也有了真正实现的可能。在网上还可以邀请家长和学生参与备课研讨。

另外,网络环境下集体备课是被全息记录的。每位教师只要认真浏览每课教案的制订过程,就是一个很好的案例学习过程。集体备课过程也就成为教师校本研修的过程,在一个自己亲身参与的案例中,教师的专业水平提高得更快。而这些材料又为下一届教师备课提供了丰富的参考资料,几年下来,也就自然形成一个资源丰富的备课资源库。这对教师和学校而言都是一笔财富。

学校集体备课平台经过几年的努力日趋完善,特别是基于数字化备课平台的集体备课模式的出现,为教师的专业发展提供了坚实的基础。当然,任何事物都不可能是完美的,数字化备课平台的出现,克服了集体备课时间冲突和语言霸权等问题。但是,另一些问题又摆在我们面前,如老教师不适应电子备课等。为此,学校不断地宣传电子备课的益处,真所谓:"鼓而动之,存乎辞。"让青年教师居多的英语教研组"首当其冲"。同时,学校还专门为老教师进行网络技术培训,使他们逐渐消除对电子备课的"恐惧",最终使他们积极投身于集体备课的改革中。

3. 课堂展评平台

长期的教学管理实践告诉我们,"以评促建"是提高和保持教师课堂教学水准的重要手段。同时,这也符合上文所说的"实践共同体"的理论。教师在参与评选、评课的过程中,事实上结成了一个"实践共同体"。他们作为学习主体通过"课堂展评"这一"实践共同体"的活动,获得自己的专业发展。这也是一种教师专业发展很好的途径。当然,在课堂展评过程中,学校应该尽可能消除教师的心理压力,制订相对客观的评课标准。

学校的课堂展评活动与每年的"教学节"结合,课堂展评平台有两个功能,一是为教师提供课堂教学展示;二是让所有教师参与评课。每年的金秋 10 月,学校设置新进教师亮相课、青年教师评选课、骨干教师示范课,并要求所有教师参与评课。所以,在"教学节"中,没有观众,人人都是参与者。

(1) 新进教师亮相课

新进教师亮相课是学校新招聘的教师(含应届师范毕业生、非师范大学毕业生和其他学校调入的教师)到学校工作一个月后的展示课。新进教师的亮相课,主要考察以下几方面的专业素养:语言表达能力、课堂组织管理能力、信息技术与学科整合能力。

(2) 青年教师评选课

青年教师评选课是指教龄 5 年以内(含 5 年)教师的课堂教学评比。青年教师的课堂教学评选,不仅关注他们的学科功底和基本技能,还从教学目标、教学策略和方法、教师素养等众多方面对青年教师提出较高的要求。(具体要求如下表所示)

青年教师教学评价表

评价维度	具体指标框架	等级		
		好	一般	须努力
教学目标	教学目标明确具体,重点突出			
	学生知道这节课要做什么(目标)			
教学策略	所有课堂活动都围绕目标展开,具有科学性、趣味性			
	内容正确,由简入繁,知识点讲解正确			
	联系学生经验或已有知识,设计多样化的活动			
	教学步骤清楚,活动转换自如			
	阻止不当行为,鼓励正确行为,驾驭课堂能力			

（续表）

评价维度	具体指标框架	等级		
		好	一般	须努力
教师素养	语言、板书、教态等基本功,适当使用多种媒体			
	真诚、热情、民主、公平等专业品质,善于沟通			
学生学习	学生有兴趣,注意力集中			
	合作与互动气氛浓,目标达成程度高			
总体印象	好	一般		须努力
改进意见				

每次的教学评选对青年教师是有一定的心理压力的,虽然,青年教师还处于"输得起"阶段,但过分的甄别不利于青年教师的成长。所以,学校在评选过程中采用积极评价的理念。每次评奖不但设立综合奖,还专门设立单项奖,如进步最快奖、信息技术与学科整合奖、课堂教学用语幽默奖等,对每位青年教师在课堂教学中的成绩和特点进行肯定,从而让每次教学评选在提高他们心理承受能力的同时,让他们看到自己的长处,真正发挥教学评选"以评促教"的功能。

（3）骨干教师示范课

骨干教师是指获得区镇两级优教工程荣誉称号的教师（每年有30%左右的教师）,这部分教师年龄一般都在30岁以上,长期的教学实践使他们积累了丰富的教学经验,有的教师逐渐形成了自己的教学风格。对于这部分教师,学校除了鼓励他们的课堂教学"各显其才,各尽其能"之外,我们还要求他们的课堂能体现课程改革的新方向,为广大教师提供可供借鉴的课堂教学样本。

4. 专题(课题)研究平台

中小学教师一提起"科研"两字,就觉得它距自己太遥远,似乎是可望而不可及的事,作为一名中小学教师只要认真地教好书就行了,难以胜任如此复杂的工作,在心理上产生拒绝和恐惧的心态;如果上级有要求,就马马虎虎地写一篇似是而非的"科研论文"应付了事。

为了提升教师的科研意识,缩短教师与"科研"的距离。学校把教师的教学研究分为专题研究和课题研究。但不管是专题研究还是课题研究,研究的对象都是工作中碰到的问题。一般而言,专题研究大多数由教研组或备课组发起,全组成员共同参与。而课题研究可以是教师个体自主开展,也可以由备课组和教研组集体进行,如教师在学校新课程改革推进的过程中,把"合作学习""有效教学"等作为一个个研究的专题和课题,通过研究,促进教师队伍从经验型向研究型和学者型转变。

在实践过程中,我们发现研究方法的选择也非常重要。一种契合教学研究的方法不但能激励教师研究的热情,而且能切实提高教师的教学能力。学校根据上海市静安区教育学院附属学校张人利校长"循环实证"的教学研究方法,结合学校专题(课题)研究平台,用于改进课堂教学,取得了很好的效果。

采用"循环实证"的研究方法后,教师普遍认为听课评课更有针对性,对课堂改进更实际。在这样的循环过程中,教师的课堂教学能力普遍提高。

"循环实证"研究方法的引入,使教师的研究聚焦到他们熟悉的课堂,缩短了教师与研究的距离。每次课堂教学的改进,使教师看到研究的力量,也看到自己的专业成长。"循环实证"的研究方法从某种程度上提高了专题(课题)研究平台的效能,使专题(课题)研究平台不再是可有可无的摆设。由此可见,只要方法得当,研究主题适切,教师完全可以成为研究者。

另外,这一与课堂教学紧密结合的研究过程,可以通过前文所说的电子备课平台展示其研究的全过程,使其成为大家能共享的校本培训资源。

5. 校本(学校)课程开发平台

人们通常所说的校本课程开发包含两个方面的含义:一是校本化的课程开发;二是校本课程的开发。这是两种不同的理解,中间有很大的差异。前者是广义的校本课程开发,即对国家和地方课程的校本化适应性改造,这种类型校本课程开发实际上在绝大多数学校中每天都在发生,教师将课程专家编的课程转变为现实的课程传授给学生,就是这种类型的课程开发,其实质是对国家课程和地方课程进行校本化改造。后者是狭义的校本课程开发,其中心是"校本课程",它是指校本课程的开发。也有人把狭义的校本课程开发称为学校课程开发。目前这类课时大约占整个课程体系课时的15%。学校根据国家课程计划中预留的学校自主开发的时间和空间,进行基于学校实际的课程开发,学校课程是与国家课程、地方课程相并列的课程板块,它们共同构成基础教育课程体系的有机体。当前人们所谈论的多指这一类型的校本(学校)课程开发,本平台提供的也是这一类校本(学校)课程开发的舞台。

我国新一轮基础教育课程改革积极倡导教师与新课程一道成长,并要求各校开设各具特色的校本(学校)课程,作为国家课程和地方课程的补充。在学校课程建设的实践中,一大批教师的素质得到提高。学校根据"人文立校,科学育人"的办学理念,确立了"以琴棋书画,强人文素养"的学校课程建设目标,制订学校课程开发和实施的奖励条例,鼓励教师积极参与学校课程的建设。学校结合教师的能力、学生的需求和学校的课程建设目标的指向,把一门门学校课程的具体开发任务落实给教师或教师团队。在学校课程开发过程中,学校特别强调循序渐进的原则。学校课程的建设要经历几年的时间,在这过程中,第一阶段只要求教师写出校本课程的提纲和教案,第二阶段要求教师增加学生的学习材料,第三阶段才要求教师统整前两阶段的材料,形成比较完整的教材和相关的课程资源。校本课程的开发者大多数是校本课程的实施者,由于亲自编写教材等课程资料,对课程的理解非常透彻。所以,学校课程的课堂教学质量比较高。

历时几年的课程开发和实施,对参与者而言是一种高水准的校本培训。他们不但对课程的基本知识有所了解,自身的知识结构得到完善,写作和研究能力也有了很大的提高。

下面选择美术教研组组长和组员写的《我们与校本课程共成长》两篇心得体会,从中能够具体看到学校课程开发平台对教师专业成长带来的可喜变化。

我们与校本课程共成长
——兼谈"稻草画"校本课程的开发和设计

沈学文　倪国清

上海市实验学校附属光明学校地处农村。学校以"人文立校,科学育人"的办学理念为方向,以琴棋书画为特色项目,积极推进以创新精神、实践能力为重点的素质教育,最终达成学校的和谐发展。

美术学科如何发挥自身的优势和特点,顺应和推进学校的发展,需要突破口。经过美术教研组全体教师的反复探讨,我们逐渐确立以"发挥农村地区的资源优势,探究地方美术资源的开发和应用"为主攻方向。

学校地处农村,金秋时节,学校周边肥沃的土地上种有金灿灿的稻田。然而秋收时节,脱粒晒干后的稻草就被付之一炬。既污染了空气,又浪费了资源。然而在美术教师看来,稻草可塑性较强,具有乡土性、实践性、探究性和独创性,将其作为美术资源具有得天独厚的优势。因此,从2005年起,我校美术教研组成员本着因地制宜、就地取材的原则,从农村学生的学习情趣出发,从教师的自我发展需要出发,从农村学校美术特色教育项目的创建与发展出发,发挥农村地区的资源优势,将当地最熟悉的稻草这一乡土自然资源引入美术课堂。

2008年,学校搭建了校本课程开发平台,在学校领导的牵头下,区美术教研员、特级教师、学科带头人齐集光明学校,带领我们开展"稻草画"校本课程的开发与实践。

第一阶段,分析课程资源,设计课程内容。美术教研组成员充分研究解析稻草材料在美术教学中的作用,上网收集稻草工艺制作的相关资料。将"稻草画"校本课程的内容分为"我们来发现""我们来探究""我们来创造""我们来收获"四个单元。课程内容的设计从简单到复杂,从体验到研究,从习得到创造,由浅入深,层层推进。使学生在"稻草画"校本课程的单元化研究性学习活动中获得直接体验,促进学生的创新意识和实践能力。

第二阶段,设计单元化研究型教案。"稻草画"课程容量较大,学生需要更长的学习和研究过程。因此,教研组在正确理解和设计三维目标,确立"单元意识"的基础上,设计单元化研究型教案。

第三阶段,开展"稻草画"课堂教学实践,探索制作的基本技能和创作技法的特点。通过自主学习、合作学习和研究性学习的方式开展稻草画教学,激发学生探究造型的新技法,利用稻草这一造型材料进行综合创意。学生需要实地考察、搜集资料、构思创作、制作完善、展示成果。经过多年的教学实践和探索,总结稻草画制作的基本技能,如因点造型、因线造型、因面造型、肌理造型、综合造型等,同时归纳多种稻草画创作技法特点。

第四阶段,举办师生稻草工艺作品展。以班级为单位进行稻草画作品展示与评比,激励学生主动参与学校的人文环境建设,树立主人翁意识。

第五阶段,编写"稻草画"校本课程教材。为进一步完善和提升"稻草画"课题研究的成果,我们美术教研组在深入研读美术课程标准的基础上精心编写一套融知识性、趣味性、人文性、乡土性为一体的,便于实际操作的"稻草画"校本课程教材。教研组长确定教材编写的基本原则和要求,统一编写思路,其他成员则承担各课题的编写任务,包括课题、课文、图片、活动、作业、相关资料、拓展研究等栏目的内容。为提高校本教材质量,教研组长经常召集成员召开交流会,就教材的编写思路、编写特点、学习活动的设计、材料的使用、版式的效果等方面进行探讨。对一线教师来说起初感到教材编写比较陌生,但通过协作学习,最后出色地完成了一本具有乡土艺术特点,适合农村学生使用的稻草画校本课程教材。在校本课程教材的编写过程中,我们课程研究的意识和课程建设的能力得到提高,真正实现了"课程与教学一体化"。我们编写的校本课程"稻草画"在全区校本课程评选中荣获一等奖。

第六阶段。撰写总结性文章。《以乡土美术资源为载体,培养学生原创力》获全国美术教育论文评选二等奖;《稻草——创造心中的美》教学设计获全国美术教案评选二等奖;《趣味稻草,让美术课堂教学更精彩》获"黄浦杯"长三角地区"教育中的创意"论文比赛二等奖。

效果评析:

1. 学校方面

2001年,教育部《基础教育课程改革纲要(试行)》指出要"改变课程管理过于集中的状况,实行国家、地方、学校三级课程管理,增强课程对地方、学校及学生的适应性",鼓励各地学校和教师积极开发具有地方特色的课程和校本课程,使课程更加多元化、个性化。

自然界中有着大量可以开发和利用的美术课程资源,我们从农村学校的美术造型资源优势出发,通过研究、取舍、开发、利用稻草资源,拓展农村美术课程的空间,丰富现行农村美术教学的内容和形式,为农村地区学校美术教学模式的探索提供了有力的依据。"稻草画"校本课程教学的实践和探索,为学校被评为区艺术教育特色项目学校和落实"两纲"教育特色项目一等奖立下汗马功劳。

2. 教师方面

在传统的教学中,课程与教学分离,教学计划和教学大纲由国家规定,教材和教学参考书由专家编写,教师只是按照教科书、教学参考资料进行教学。在新课程背景下,教师必须发挥主体作用,不仅是课程的实施者,还应是课程的建设者、开发者和研究者,即"研究型教师",从而实现"课程与教学一体化"。"研究"是教师走向"智慧"的基本途径。教研组成员在专家的参与指导和引领下,通过"稻草画"校本课程的设计和开发,使我校一线教师迅速学会和掌握"研究",学会研制课程并创造性地研究和开发校本课程。通过开发校本课程,设计单元化研究型教案,开展稻草画课堂教学,编写"稻草画"校本课程教材,经历这样一个真实的研究活动,使教师拥有课程开发和设计的权利,改变以往被动执行课程的状态。树立课程开发和设计意识,形成课程开发和设计能力,具备课程研究能力。在校本课程中,教研组成员以研究者的心态置身于教学情境中,反思自身的教学行为,把教学与研究融为一体,创造性地进行教学,逐渐形成自己的教学风格,从而促进自身的专业化发展。

3. 学生方面

本课程可谓是"土洋结合",稻草是一种原生态的乡土材料,经过艺术创作,再加上现代化装潢:镶边、装框,就变成一种既有泥土芬芳,又有现代气息的时尚工艺品。将稻草画引入美术课堂,通过学生的构想、起稿、剪贴,构成集思想性与艺术性于一体的美术作品,有效培养农村学生的创新意识和动手实践能力,让学生在创造美的同时,享受"做中学"的乐趣,引导学生探索乡土美术的内涵,激发学生对家乡的热爱。

我们与校本课程共成长

——兼谈"书法"校本课程的开发和设计

倪国清　徐奕

中国书法是东方文明的骄傲。对学生而言,能习得一手好字,不仅能得到审美训练,养成对中国传统艺术的初步欣赏能力,使自己的性情受到良好的陶冶,也会积极影响他们治学办事的能力,有利于身心健康。因此,"书法"校本课程的开发和设计对培养学生良好的习惯,激发学生的创造潜能,具有十分重要的意义。

"书法"校本课程经历了两个阶段:一是建立社团,重点培育。

2001年,我校为学生配备书法专用教室,成立"星光书法社"。每学年,学校选拔一批对书法有浓厚兴趣、有一定悟性的学生加入"星光书法社",进行重点培育。由全国书法教育先进教师倪国清老师授课,每星期四下午都有一小时的固定活动时间。在社团活动中,师生进行书法技艺切磋,适时举行书法比赛和作品展示。春华秋实,在师生的共同努力下,该社团取得了骄人的成绩,有超过80%社团成员在国内、国际比赛中获奖。二是融入课程,面向全体。学校分层有序地开设书法课,安排专职书法教师上课,使每位学生得到正规系统的书法教育。按不同学段学生的学习规律,设置不同的教学内容:一、二年级为硬笔正楷,三至六年级学习毛笔正楷,初中开始增加硬笔行书的教学内容。在课堂上,我校书法教师注重对学生进行三方面的培养。一是学生书法基本技能的培养。二是学生书法情感和意志的培养。三是学生书法审美能力的培养。2008年,学校的书法教育又有了新的突破,我校美术教研组成员在全国书法教育先进教师倪国清老师的指导下,在学校校本课程开发平台的支撑下,开始编写书法校本课程,其中"硬笔书法的学与习"课程目前已在全区30多所学校试用。

校本课程的开发赋予学校和教师更大的选择权和决策权,极大地调动教师能动性,并在一定程度上促进教师的专业技能、专业知识、专业情意的发展。首先,校本课程开发既是教育改革的需要,也是教师专业发展的需要。而教师的创新与个性是实施校本课程的基础,是教学活动的必备修养。课程开发的实践帮助教师增强现代课程意识,使他们深刻体会新课程改革的精神和宗旨。其次,教师在不断学习中拥有较为深厚的专业知识,在课程开发中主动搜索新知识、新信息,开阔眼界,勤奋地练习技能,提高自己的专业水平,从教书者转变为课程开发者。

校本课程的开发使教师们真正领悟到作为一名教师,要设身处地地为学生的全面发展、健康快乐成长着想,要用全身心的教育热情投入教书育人中,奉献自己的才华、智慧。新课程改革给广大教师搭建了一个全新的施展才华的舞台,也为教师发展不断创造新机遇、新环境。

(二) 针对特殊群体的个性平台

1. 案例培训平台

案例,是指围绕教育教学实践中已经解决或有待解决的各种实际问题而进行的完整、真实和具体的情景描述。案例培训,是指新教师所在学校根据新教师成长规律和培训目的,通过引导新教师对各种教育教学案例进行阅读、分析、讨论,将解决问题的方法和策略运用到相应的教育教学实际情境中解决实际问题的一种培训形式。案例培训是从具体特殊到一般概括的培训形式,在对新教师的校本培训中,案例培训能有效地将理论与实践结合起来,充分激发新教师的学习兴趣和思维积极性,能培养新教师在教育科学理论指导下学会全面认识和分析教育教学现象,增强解决教育教学实际问题的能力,从而获得更快更好的成长或专业发展。因此,案例培训在新教师校本培训中是一种针对性强、收效显著的培训形式。

学校对新招聘的大学生在暑期进行上岗前的培训,主要采取案例培训的方式。学校会选取一些比较典型的教学案例,如《如何应对课堂中的突发事件》等案例供新教师进行讨论,以提高新教师的教学素养。当然,在选择案例时,我们还大量使用我校在课堂展评中的案例,从而增强案例的针对性和实效性,也能使新教师以最快速度了解学校整体的教学水平。除此之外,学校还有意识地介绍一些专题(课题)研究案例和校本课程开发的案例,目的是让青年教师了解今后发展的方向。

2. 团队带教平台

团队带教主要针对教龄在 1～5 年的青年教师。这是对传统师徒带教模式的完善,从一对一带教发展到团队带教,再由外校专家带教。学校的具体做法是:第一年由备课组内经验丰富的老教师一对一带教;第二年由备课组内骨干教师团队带教;第三年由教研组内骨干教师团队带教;第四年,由学校联合体内校际教研组的骨干教师带教;第五年,由区名师工作室或者请教育发展研究院相关专家带教。这对青年教师快速成长非常有效,同时,教学相长,也有利于带教老师自身的完善。学校逐渐形成了团队带教的特点:(1)系统性。团队带教工程一般在五年左右,是一个长期、持续的工程。(2)集团队智慧于一体。传统的师徒带教是一对一的带教。俗话说:"谁的孩子像谁。"可取性是"继承了其衣钵",但难逃近亲繁殖的桎梏,同时,难免组内其他教师袖手旁观,教学壁垒不竖而立,而且代代相传,而这样的做法则避免这一弊端,徒弟是大家的,组内成员会倾心呵护其成长,而且可以起到调和作用,可以调动组内教师的向心力。(3)师徒双方交互性。徒弟可以汲取不同师傅的精华,同时,师傅也可以从徒弟身上间接领略其他优秀教师的风采。师徒交互学习,教学相长,相得益彰。(4)打破时空界限。每位青年教师必须经过一轮的带教,一般为五年,但可根据具体情况缩短或延长带教期。光明学校的师徒结对,起步于学校内最小的学科组织——备课组,终结点可以是区级,也可以是市级层面……只要教师有带教的需求,学校就会尽力满足,使青年教师得到更多优秀教师的指点,更快成长。

而师徒带教的内容则更为丰富,除了备课、上课、课堂教学、批改作业等一些基本的专业素养的带教之外,还要求老教师能根据徒弟的具体成长情况,在专题(课题)研究和课程开发等方面进行必要的指导。当然,师傅的人格魅力也会在无形中对徒弟产生影响。

下面是我校一位参加区级带教的教师的体会,生动地反映在导师带教中成长的收获与进步。

在读书中进步　在研究中登攀

倪建红

做教师久了,很多时候会生出倦怠的感觉:从教之初的豪言壮志逐渐消失了;桃李满天下的希翼慢慢淡漠了;安于现状、不思进取、得过且过的日子增多了;学生不再那么可爱了;上课不再那么激情了……

我曾经无数次地拷问自己:怎么会是这样的呢?是什么令我对太阳底下最光辉的职业激情消失而甘为平庸呢?如何才能穿越心中的这道"迷墙"?这份职业的倦怠感在过去的几年中一直缠绕着我。

认识黄老师(原南汇区教师进修学院科研室主任),是缘;拜黄老师为师,是幸。一份缘分,一份幸运,改变了我的人生观。黄老师说:"没有建立山峰的坐标,教师的生活往往是平庸的;没有树立品位的追求,教师的生活往往是乏味的。"原来,我的苦闷在于:我只是平庸地忙碌、乏味地生活着。黄老师的教育科研名师工作室,带我走进了一个新天地。在这里,我像呼吸一样自由地阅读,让心随火车渐远行,走进孙明霞的生命化课堂,听梁卫星讲述凌月、樊强、郁青青的故事,感受张文质先生的生命化教育,聆听许锡良教授"不追求成功追求有价值"的谆谆教诲,也尝试走进课堂学做研究……原来,读书可以这样美好;研究,也可以这么轻松!

1. 读书品味真知

著名画家张大千先生曾说:"作画如欲脱俗气、洗浮气、去匠气,第一是读书,第二是多读书,第三是有系统、有选择地读书。"教师何尝不是如此!在这个喧哗、浮躁的年代,许多教师沾染了俗气、浮气、匠气,变得躁动不安。只有每天不间断地读书,跟书籍结下终身的友谊,如潺潺小溪,每日不断注入思想的大河,才能洗脱俗气与浮气,变匠气为才气。在工作室的熏陶下,我养成了读书的习惯。饭后茶余,工作日以外的闲暇时光,手捧书籍,慢慢品味。有时,甚至是无序的、漫无目的地随手翻阅,从繁杂的思绪中挣脱,从任何一页中进入,再缓缓地沉浸到那些文字的深处。于是,工作、名利、人际、琐事,这些随手可见的名词,不再烦扰我心,沉寂如同一个句号,深深的烙印在文字的深处。也许这就是周国平先生所说的"人生最好的境界是丰富的安静"的最好体验吧!

吴非说,教育是"慢"的事业,无论是学校,教师,还是家庭,都不要揠苗助长,急于求成。读罢陷入沉思:是啊,作为教师的我为什么总那么急呢?四十分钟的时间恨不得把备课的内容全讲完,不去理睬课堂的意外发生,对学生预设之外的精彩妙答敷衍了事,像赶路一样把学生赶到终点;学生解题犯了错误,第一遍能耐心讲解,第二遍开始心浮气躁,第三遍……印象中讲过第三遍吗?好像很少;我主张今日事今日毕,作业中今天的错误不能留到明天,于是,课间,把玩闹的学生往教室里赶,把所谓的副科侵占掉……反思我的教学,总是那么匆忙;我的学生,像陀螺一样围着各科教师转!我警觉了,这不是我要的课堂!这不是我要的师生关系!我尝试着改变,现在,我的课堂变得温情了:学生因紧张而回答结巴,"别急,慢慢说,老师和同学愿意等你";学生发现了一种新的解题方法,"让我们一起来讨论它的可行性";订正作业总是出错,"没关系,回去好好想想,明天我们再交流";把学生的时间还给学生,你们该学什么就学什么,未完成的问题回家再思考,下一节课再看你有什么新的发现。学生学得轻松了,学会思考了,这不是我要的吗?读书不仅洗去我的浮气,更增长了我的见识,从容了我的心态。

2. 研究历练成长

苏霍姆林斯基曾说:"如果你想让教师的劳动能够给教师一些乐趣,使天天上课不致成为一种单调乏味的义务,那你就应当引导每位教师走上从事一些研究的这条幸福道路上来!"黄老师鼓励工作室学员做些研究,黄老师说:"教师要透过教育教学问题的表象看到其深层的根源,这需要一定的研究功力,不做研究,不通过研究来蓄积这种能力,教师的成长会缓慢,甚至一直走在'复制'的道路上。"在黄老师的指引下,我确立了自己的研究课题《合作共建背景下,不同版本教材的应用性研究》。我把课堂作为研究的平台和土壤,我要在这里开辟我的教学新天地。

万事开头难。我的孤军奋战和经验不足都使我备受挫折。因为是首届合作共建(2007年开始,我校与上海市实验学校合作共建,引进上海市实验学校的数学教材),所以我找不到一个可以合作交流的同行;整合全新改版的二期课改新教材和实验学校自编教材对我来说也是一个不小的挑战。面对种种不利因素,想到校长的信任,导师的教诲,我只有化情绪为力量,变压力为动力,不断地尝试改变教学模式,不断地研究教学方法。在刘校长的建议下,我们将传统的课堂桌椅摆放模式改成马蹄形和圆桌形,我发现学生非常喜欢这种方式,上课气氛活跃了,也更有利于互动与交流。学校还开设思维拓展课,专门针对实验教材进行能力与专项辅导。在黄老师的牵线搭桥下,2007年5月1日前夕,在上海市教育科学研究院杨玉东博士亲临现场的"走进课堂做研究",课堂教学"观察技术与诊断"的实践研究活动中,我开设了一节教学研讨课。专家的现场指导,使我不仅对课堂诊断有了全新的认识,也对一堂成功的公开教学有了新的诠释。值得欣慰的是,两年多的研究与实践,不仅锻炼了我,也成长了一批莘莘学子。学生学得轻松了,喜欢上数学课了,原来成绩不冒尖的现在总能得高分了,在历次区质量检测中,两个班的平均分一直保持在90分以上,家长满意了,领导放心了。在六七年级参加的两届全国华罗庚杯数学赛中,捷报频传。十三届全国华罗庚杯数学竞赛中有7人获奖,其中一等奖2人,二等奖2人,三等奖3人;十四届全国华罗庚杯数学竞赛中有14人获奖,其中一等奖5人,二等奖3人,三等奖6人。我有信心,在明年的数学竞赛中再创佳绩。

  通过短短两年多的研究与实践,我发现,正是在研究中不断发现问题、正视问题,并积极地寻求解决问题的策略与方法,才能使我迅速成长。研究使我更能理性地分析问题和解决问题。如今的我已成为区、镇的学科骨干教师,区优秀园丁奖获得者,荣誉的取得又将我推向了新的起点,激励我继续在工作中深入探索、积极思考。到目前为止,我仍有许多困惑,如学生的合作、探究、交流要在一节课内完成,有限的时间与完成任务之间的矛盾如何解决?如何将深奥的初中数学思想方法演绎成通俗易懂的文字让更多学生领悟并运用?我相信,只要理想不变,研究的信念不变,这些问题定会迎刃而解,我的教学也定会迈向新的台阶!

在读书中细细品味,在研究中慢慢成长,我的人生因此而丰富起来,课堂诗意化起来,那长久困扰的懵懂也日益清晰,我的教学之路也就走得愈加舒坦!

3. 领导磨课平台

领导磨课主要针对教师群体中的两类人,一类是正在形成自己教学风格的骨干教师;另一类是课堂教学能力有待提高的教师。学校领导磨课的简易流程是这样的:提前一节课通知被磨课的教师,请被磨课的教师提供教学设计;召集备课组长、教研组长、年级组长和所有行政听课;听完课后,先请上课的教师说课,接着是备课组长、教研组长从学科专业的角度评课,教务处从教育学层面进行评课,其他行政"友情"评课。事后,教研组长要综合评课的内容写出诊断意见,被听课教师要写出上课小结,主要是总结本节课的成功和不足及课堂教学的改进设想。整个听课评课过程全程摄像。所有影像资料和书面材料全部存入教师发展档案。

另外,学校还会不定时邀请校内外教师和专家,针对某一学科某位教师进行发展性评课式的磨课,具体见《以合作推进课堂教学改进》。

磨课不但要磨掉上课教师的缺点,也要磨出上课教师的优点,通过磨课让上课教师更加清晰地认识自身的优势与不足。同时,领导磨课也磨练了备课组长、教研组长和行政管理人员,他们在磨课中提高了课堂教学的评价能力。

(三) 校本发展平台的运行机制

1. 分类培养,因人而异

教师的专业成熟是一个长期发展的过程,需要经历一系列的发展阶段。针对不同发展阶段的教师,搭建不同的发展平台,效果会更理想,但要考虑实际操作中的可行性和成本问题。同时,综合分析从美国学者费朗斯·富勒的教师关注阶段论至现代的五大类教师发展阶段论(关注阶段论、职业生命周期阶段论、心里发展阶段论、教师社会化发展阶段论和综合阶段论)。我们发现任何阶段论所划分的"教师专业发展阶段"只是概念框架,并不是清晰的边界。任何阶段理论都是描述性,不能充分解释说明从一个阶段向另一个阶段的过渡。有些研究者试图把教师专业发展的周期划分得十分具体、详尽,却背离了教师真实的成长状态。因为实际生活中教师的成长过程是渐进的,阶段与阶段之间的划分以及阶段之内的稳定都是相对的。教师成长过程中受到很多复杂的相互联系的因素作用和影响,使教师的成长过程充满艰辛和困难,有停滞和低潮,甚至有倒退和反复。"将复杂问题简单化地划分教师专业发展阶段的做法,实质上不过是一种理论层面的努力,或是研究之便利所作的描述。"所以,学校的校本平台把重心放在适合不同阶段教师发展的公共平台上。也许,这些平台很难分出"你高我低",但教师的精力是有限的,在一段时间内聚焦于某一平台是可行的,在一个周期内经历一系列平台提供的历练是有效的。学校试图根据教师的专业素养要求建构校本平台,如从集体备课平台到校本课程开发平台,就是注重教师课堂教学、课程开发等不同能力的培养。教师发展的公共平台除了前面介绍的职业生涯规划平台、集体备课平台等,还可以根据不同学校的特点,增加适合教师发展的平台,如读书平台、教学基本功展示平台等。

另外，因人而异的教师专业发展校本平台应该是我们努力追求的。教师专业发展阶段理论还告诉我们：不同发展阶段的教师有不同的专业水平、需求、心态、信念等。学校虽然没有对教师进行明确的分期，但根据教师发展阶段理论的精神，把处于专业发展特殊阶段的教师（青年教师、骨干教师等）作为一个特殊的群体单列开来，为他们有针对性地搭设一些平台，也是希望在公共平台的基础上，为教师提供更多帮助。

2. 任务驱动，学分管理

任何教师专业发展校本平台的运作都应该有内驱力和外驱力，如果说内驱力是教师自身专业发展的需求，那么任务驱动，学分管理就应该是校本平台运作的外驱力。学校要求每位教师都要在平台上表现，如参与集体备课、课堂教学展评等，这就是任务驱动。这些任务是必须完成的，在完成任务的过程中，教师的专业得到发展。那么，如何检验教师是否完成任务呢？学校选择学分制管理。根据上海市教师职务培训的总体部署，每位教师要在五年中完成一轮的职务培训，修满24个学分。其中12个学分，下放到学校，由学校通过校本培训完成。这样，每位教师校本培训平均每年要完成2.4个学分。另外，高级教师在完成24个学分的基础上，还需再完成30个学分。于是，学校把校本平台提供的培训项目成果与上海市"十一五"教师职务培训的学分挂钩。

在赋予校本平台提供培训项目成果学分时，学校有这样原则：教师都能比较好地完成的项目，其成果基本不给学分，教师平时不太重视的项目，通过对其成果附加一定的学分给予鼓励。具体如下表所示。

级别\项目\学分	备课组	教研组（校级）	教育署（实验集团、联合体）	区级	市级	全国
个人规划	——	1.0	——			
公开教学	0.2	0.3	0.4	0.6	1.0	2.0
听课评课	0.1	0.2	——			
参与命题	0.2	0.3	0.6	0.8		
发表文章	0.3	0.4	0.6	0.8	1.5	2.5
开设讲座	0.4	0.5	1.0	1.5		
课题研究	——	1.0	2.0	3.0	4.0	5.0
课程开发	——	2.0	3.0	5.0	6.0	
带教徒弟	0.5	1.0	2.0	3.0		

说明：1.个人规划与学校规划同步，在每一轮教师职务培训（5年）中只算一次学分。2.每学期结束时，教师个人进行申报，学校相关部门审核材料后，由考核委员会认定学分。3.同一项目重复使用，不累计积分，如文章在不同等级书刊发表等，以最高级别算分。4.在一轮职务培训中，除高级教师外，其他教师的同一项目累积分不超过6分。

3. 专家导引，同伴互助

学校为教师搭建的任何一个校本平台的运行中，都应该有专家的导引。光明学校强调平台的校本性，只是提倡以学校为主，主要在学校中，并不排斥外部的支持。专家的加盟使校本培训能更具有引领性，提升培训的层次。同时，校本平台主要解决教师实践中问题，所以，学校要求专家不但要开阔教师的眼界，还要解决教师的急需，要在具体做法上多加指导。任何先进的教育理念只有解决操作层面上的问题，才能为教师接受，也才能得以落实。专家可以是外请的，也可以是本土的。特别是本土专家（区教研员、骨干教师），有着丰富的教育教学经验，他们与教师朝夕相处，因而更容易相互勾通，最终达成目标。

校本平台中的专家要成为教师专业的"同伴",那么教师身边的真正同伴(同事)的作用一定要充分发挥。校本平台的搭建从某种程度上就是为教师提供交流的平台,从而加强教师之间的专业切磋、协调和合作,共同分享经验、互相学习、彼此支持、共同成长。教师通过彼此间信息的交换,以促进信息的流动与互动,从而扩大和丰富教师的信息储量,提升和修正各种认识;教师通过讨论,以促使知识的变更和扩张;教师通过协作,以聚集起群策群力的团队精神;教师通过帮助,以防止和克服各自为战和孤立无助的现象;教师通过经验分享,以借鉴和吸收他人的经验,反思和提升自己的见解,获取教育的智慧。同时,把吸收借鉴和创造生成结合起来,实现自我改进。

教师专业发展校本平台的构建为教师、专家和同伴间的沟通搭建了一个舞台。专家导引、同伴互助是校本平台运行的主要形式之一。

4. 确立标准,循序渐进

任何平台的运作,学校都确立了相应的底线标准,即要求所有教师达到的标准。下有保底,上不封顶是制订平台运行标准的原则。

当然,这些校本平台在学校发展的不同时期,其运行的标准应该有所不同。在平台建构初期,学校还没有形成完整的教师专业发展促进体系,教师专业发展水平整体不高,这些平台运行的标准可以相对低一些,如学校在第一次要求教师制订教师专业发展规划时,重心主要放在教师对自身的分析上,然后针对自身的优缺点进行一些改进即可。经过几年努力,学校师资水平整体提升了,相应的教师规划要求就应提高。就目前学校推行的教师规划模板(见前文)中,已经要求教师在理解学校发展规划的基础上,根据学校规划和自己的特点制订专业发展规划,并有明确的可测性指标的约束。还有,光明学校的校本课程开发平台,也比较好地体现了底线标准不断提升的这一校本平台运行机制。由于校本课程开发对大多数教师而言是新生事物,大家都缺乏开发校本课程的能力和勇气。所以,在平台运行之初,学校只要求教师根据自身的可能,上报开设课程的名称,只要基本符合学校和学生的需求,学校就支持教师进入校本课程开发程序……于是,一批从来没有开发过任何课程的教师开始在校本课程开发领域中"摸着石头过河"。至今,学校已有几十门校本课程可供学生选择,学校也制订校本课程开发的相关规定。校本课程开发从几乎没有标准到逐渐规范,这是一个循序渐进的过程。这样的平台运作机制符合学校发展的实际,也给教师专业发展应有的时间和空间。

五、以"三化"指导学校课程建设

我国最早使用"课程"一词,是唐代《五经正义》的作者孔颖达,他在注解《诗经》中的"奕奕寝庙,君子作之"诗句时,曾道"教护课程,必君子监之,乃得依法制"。其意思是"教育活动的管理与保护,必须由有德行有学问的人来监督,才能实现法治"。显然这里的"课程",指的是教育活动。《辞海》中的"课程"词条是:课程即教学的科目,也可以指学校的或一个专业的全部科目,或指一组教学科目。如我国古代的"六艺"礼、乐、射、御、书、数。西方"课程""curriculum"一词,源于拉丁语"currere"。"currere",意为"跑道""路径"。因此西方近代教育史上最为常见的"课程"定义,是"学习的路径与进程"。它既可以指一个学科的学程,也可以指学校提供的所有学科的学程。

当代学者对"课程"也有众多定义,如布卢姆等人认为,课程是"预期的学习结果的构造系列"。这一解释将课程说成"系列",比较准确、简洁、有新意。不过"预期的学习结果的构造",仍较含糊,没有表述课程的实质性含义。顾明远先生主编的《教育大辞典》,给课程下的定义是:课程是"为实现学校教育目标而选择的教育内容的总和。包括学校所教的各门学科和有目的、有计划、有组织的课外活动"。这一定义,符合中国人的思维与表达习惯,也符合中国的国情;特别阐明了课程的出发点。不过,这一定义是静态的,它不含动态的"进程"要素。

课程定义的纷繁复杂,既反映了课程内涵的丰富多彩与不确定性,又折射教育理念的巨大差异,隐含有关学者的教育理念及相应的价值取向,一定程度上反映特定社会历史条件下课程改革的价值追求。

因此,笔者认为,课程是为实现特定学校的培养目标而制订的具有一定学科知能范围的教学序列,其主要文本表现形式是课程计划、课程标准和教科书,其主要活动形式是逐步推进的"课"。它是学校育人的核心,是学生成长和发展的平台。

随着我国教育改革发展,国家明确提出教育要培养学生的素质,从20世纪80年代开始的上海一期课改,打破长期以来以文化课程为主、全部是必修课的单一课程体系,建立起由必修课、选修课和活动课三大板块课程组成的多元化课程体系。二期课改,进一步发展为包括基础型、拓展型、研究型三个维度的课程体系,使中小学课程结构进一步多样化,有利于学生素质的全面发展。在上海市课程改革总目标和大框架下,21世纪初,光明学校开始结合学校自身历史和地域条件,逐步形成了自己的课程方案。从21世纪第一个十年起,光明学校课程方案开始有了明确的主题:2010学年,主题是"琴棋书画·彰显素质";2011学年,主题是"渊博学识·文雅气质";2012学年,主题是"灵动个性·创新品质";2013学年,主题是"崇尚道德·通达事理";2014学年,主题是"尚美·向善·求真"。主题的确定实际上考虑了光明学校的特点,凝聚了一所农村学校向城镇化学校转型的思考。"琴棋书画·彰显素质",当时的光明学校向时间要质量,重视考试分数,学校管理层认为有必要在显性的物质条件上昭示学校办学的导向,提高学生的个人基本素养;经过几年探索,管理层认为主题要有外显转向内涵发展,光明学校的学生要扩大知识面,具备渊博的知识,同时以"琴棋书画"为主线,不断拓展可行的领域,从而由内而外涵养学生的气质。于是,"崇尚道德·通达事理"一度成为光明学校课程建设的主题。当然,这也是校训的要求。古人云:"见贤思齐,见智思学,见美思从。"经过实践、思索,学校把"尚美·向善·求真"作为学生的培养目标,并渗透到课程建设中,希望学生从自己做起,从小事做起,把心中的道德准则内化为自己的道德素养,外化为自己日常的行为,能发现生活中的美,并具有一定创造美的能力;与人为善,能帮助他人;与人真诚相待,处事坚持真理。在2014学年,为了强化"尚美·向善·求真"的学生培养目标,学校把学生培养目标作为课程方案的主题。

　　光明学校正对学生进行"美"的感染、"善"的引导、"真"的培育,希望通过多元化、特色化、个性化的课程使光明学校的学生有更多学习经历的同时,探求其个性的发展,使课程更好地呈现文化育人功能,使师生能够美好生活,拥有幸福人生。

(一) 课程建设的多元化

为了实现发展学生综合素质的教育目标,课程的多元化是核心。一期课改提出了以素质培养为核心的课程理念,明确提出必修课程、选修课程和活动课程三大板块。建立在一期课改基础上的二期课改,把"以学生发展为本"作为核心的课程理念,这是对素质教育认识的深化,并建立起"形态""要求""功能"的三维课程结构,如下图所示。

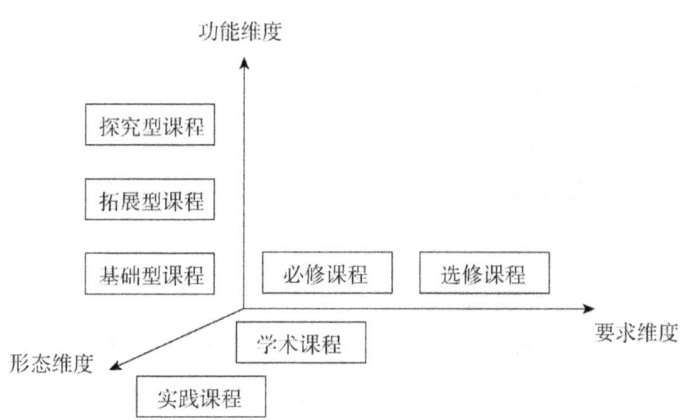

从上述示意图中可以看出,着眼于课程组织和课程实施形态,有学术课程与实践课程;着眼于学生的课程学习要求,有必修课程与选修课程;着眼于学生素质发展所起的功能,有基础型课程、拓展型课程、探究型课程。通过上述多维课程结构,比较全面地改变了我国传统的单一课程体系,形成有利于学生素质发展的多元化课程体系。

此外,在二期课改方案中,从课程开发与管理的角度,还提出了国家课程、地方课程和学校课程的概念,为学生全面发展与个性发展,为人才培养的国家要求与地方要求,为学校课程资源开发和学校特色发展提供了保障。

国家课程由政府和教育行政部门组织编制,供学校统一实施。基础型课程是国家课程,部分拓展型课程也可列入国家课程。国家课程在九年义务教育的小学阶段占75%～85%;在初中阶段占70%～80%;在高中阶段占60%～70%。地方课程是根据地方经济、文化等发展特点而在一定区域内开发和实施的课程,体现充分开发利用和盘活地区教育资源的存量来发展学生的素质,以克服当前教育资源短缺的矛盾,并为发展当地教育事业和发展当地经济服务。地方教育部门可以规定某些拓展型课程作为地方课程,所占比例一般不宜超过5%。学校课程是由学校按课程计划规定而自主开设的课程。学校可将某些拓展型课程和探究型课程作为学校课程,按课程计划结合本校学生发展的实际水平与趋向,自主设置科目,实行校本课程管理,以利于办出学校特色。但开发学校课程应按指导性的管理文件执行。

有了地方课程和学校课程,课程的资源和结构更加多元化。光明学校严格执行上海市课程计划,在不折不扣落实国家和地方课程的基础上,结合学校特色和学生需要,建设一批能为培养"尚美·向善·求真"的阳光少年服务的学校课程;学校还借用上海市实验学校的优质课程资源,引进双脑学中文、STS等课程。目前,学校除基础型课程外,还为学生提供近100门拓展型课和探究型课程。

学校根据二期课改突出"功能"维度的新课程结构的特点,以"功能"维度统整所有课程,具体如下页图示。

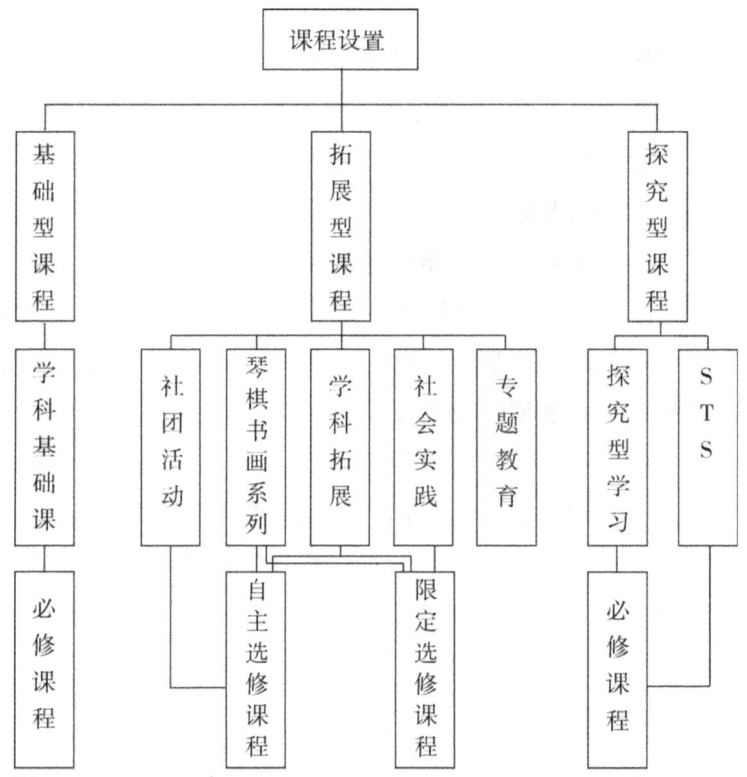

基础型课程是学校三类课程中最基本的课程,强调促进学生基本素质的形成和发展,体现国家对公民素质的最基本要求,由各学习领域体现共同基础要求的学科课程组成,是全体学生必修的课程,满足学生共性需求。光明学校的基础型课程占全部课时的80%以上,小学占总课时的87.5%～88.8%,初中占总课时的83.3%～82.9%。在基础型课程中,八大领域课程的分布是全面的,各学科课时占比也作了科学合理的安排,可以说教学质量和效率的重点在基础型课程。基础性课程,夯实基础,提升学生实践能力,为学生升入高一级学校注入活力,为拓展型课程和探究型课程打下基础。

拓展型课程属于一种开放性的功能性课程,其主要功能是帮助学生进行知识、技能和能力的迁移,拓展视野,开阔思路,体验学习之乐。分为限定性拓展和非限定性拓展。限定性拓展有学生、课程限定性拓展,是对基础型课程的拓展延伸,目的在于深化基础学科的认知。目前,光明学校限定性拓展型课程主要由"琴棋书画"系列课程构成。非限定性拓展是学校根据教师潜能,为培养学生的创新精神和实践能力,使学生得到更为丰富的学习经历,促进学生个性的充分发展,拓展型课程设置了丰富多彩的学习内容,注重拓宽学生的视野,使学生广泛接触科学、技术、社会与人文等多方面的知识,更注重使课程内容与学生生活的联系,满足学生的需求,使每位学生能在原有基础上有不同程度的提高与发展,并逐步形成健康的个性,为学生发展拓宽空间。2014学年第一学期光明学校学生自主选修的拓展型课安排如下。

1. 总校拓展型课程

编号	教师姓名	课程名称	地点	招生年级	招生人数	备注
1	储跃忠	二胡	音乐室三楼	四年级	15	
2	史萌	围棋	围棋室	四、六年级	20	要有围棋基础
3	青年成就组织	我们的世界	四1、2、3	四年级	120	
4	卫黎敏	英文歌曲欣赏	四4	四年级	40	
5	傅明玉	趣味文学	四5	四年级	40	
6	张兰	经典电影	四6	四年级	40	

（续表）

编号	教师姓名	课程名称	地点	招生年级	招生人数	备注
7	张雯	环游世界	自然室（小学部三楼）	四年级	40	
8	任少妤	金融与理财	五1	五年级	45	
9	周琦	金融与理财	五2	五年级	45	
10	龚明霞	金融与理财	五3	五年级	45	
11	张红	金融与理财	五4	五年级	45	
12	周建兰	金融与理财	五5	五年级	45	
13	陈连华	金融与理财	五6	五年级	45	
14	六数	数学思维训练	六7	六年级	40	
15	六英	英语口语强化	六8	六年级	40	
16	七数	数学思维训练	七7	七年级	40	
17	七英	英语口语强化	七8	七年级	40	
18	苏闻奇	寰宇地理	六1	六七年级	40	
19	严佳洁	趣味日语	六2	六七年级	40	
20	桂耀良	安全教育	六3	六七年级	40	
21	陈桂忠	英文电影欣赏	六4	六七年级	40	
22	王婷婷	十字绣	三楼多媒体室	六七年级	30	仅限女生
23	桂燕英	不纺布创意DIY	劳技室（中学部四楼）	六七年级	20	仅限女生
24	华林荣	头脑OM	生命科学实验室	六七年级	20	
25	朱顗	网页的制作	电脑房三楼南	六七年级	40	
26	叶佳琦	外国名曲欣赏	四楼语音室	六七年级	40	
27	张欢	旧丝袜工艺制作	美术室1	六七年级	20	
28	王天铭	五子棋	劳技室2（小学部三楼）	六七年级	30	
29	徐奕	书法	书法室	六七年级	20	

（续表）

编号	教师姓名	课程名称	地点	招生年级	招生人数	备注
30	王春燕	稻草画	稻草画室	六七年级	20	
31	张永林	象棋	悦读室	六七年级	25	
32	陆伟阳	电子梦工场	三楼多媒体室旁	六七年级	10	
33	沈学文	艺术梦工场	梦工场	六七年级	10	
34	陈学智、里程	六七年级合唱队	音乐室二楼	六七年级	30	
35	姜威、顾正德	乒乓(A队、B队)	乒乓房	六七年级	30	
36	陆利华	足球	操场（北）	六七年级	30	
37	樊春华	羽毛球	操场（羽毛球场）	六七年级	30	
38	桂涛	篮球	操场（篮球场）	六七年级	30	
39	张丹涛	自行车	操场	六七年级	20	

2. 东校拓展型课程(快乐活动日)

编号	年级	教师姓名	课程名称	地点	备注
1		王兰军	动画欣赏	一(1)	
2		严凤琴	故事会	一(2)	
3		朱莉丹	文明礼仪	一(3)	
4		瞿磊	电影欣赏	一(6)	
5	1	连晓岚	讲故事	一(4)	
6		邱芹仙	趣味数学	一(5)	
7		范其文	英语儿歌	二楼语音室	
8		陆晓丹	美术欣赏	自然室	
9		史萌	围棋	围棋室	

（续表）

编号	年级	教师姓名	课程名称	地点	备注
10	2	陆爱红	音乐欣赏	音乐室	
11		陈亚萍	讲故事	二(4)	
12		尹建风	动画欣赏	二(5)	
13		王燕萍	卫生教育	二(6)	
14		陆阳	英语电影欣赏	二(1)	
15		邵静	动画欣赏	二(7)	
16		倪爱霞	趣味数学	二(2)	
17		龚华	动画欣赏	二(3)	
18		周丽华	踢跳	操场	每班4人
19	2	朱卫华	心理健康	三(1)	
20		朱丽英	安全教育	三(4)	
21		丁乙乃	英语歌曲	三(5)	
22		杨爱明	少儿口语交际	三(6)	
23		蔡莹	古筝	古筝室(三楼)	
24		张昭君	水墨画	美术室	
25		徐虹	趣味信息	信息教室	
26		陆军	乒乓	室内体育室	每班5人
27		姚素英	数学兴趣	三(2)	

开展"快乐活动日"的拓展活动,学生劲头高,兴趣浓。整个校园充满了热闹的景象。操场上,足球队员,生龙活虎;篮球队员,龙腾虎跃;武术队员,叱咤风云;太极拳队员,柔中有刚。围棋室,黑白对弈;音乐室,歌声悠扬;古筝室,琴声时而高亢激昂,时而委婉深沉;教室里,英语歌声,古诗诵读声,动画片里的小动物声……校园里一片活泼快乐的景象。从学生的脸上,从学生的笑声里透射出快乐,在快乐中学到本领,在快乐中得到能力的培养。

探究型课程属于一种开放性的功能性课程,其主要功能是给学生方法论教育,以培养学生科学探究的方法,提高学生科学探究能力为主要目的,它是提高学生科学素养、科学态度、科学方法、科学精神的一个重要途径。探究型课程承载的不是具体的知识,而是有助于学生"终身发展"的能力的培养。课程的内容体系应充分考虑学生的身心发展特点,遵循适合性、趣味性、安全性等原则;此外,课程的内容体系还应当充分考虑课程实施中的可操作性,以及如何更好地利用区域、校本资源,如何充分地体现地域、校本特点等因素。根据光明学校特点和学生兴趣,个性化选择问题和课题。学校开设生活中的物理、生活中的化学、探究试验等学科探究型课程。在探究型课程中,做中学,学中做,协作完成,提高学生自主创新精神和研究能力。

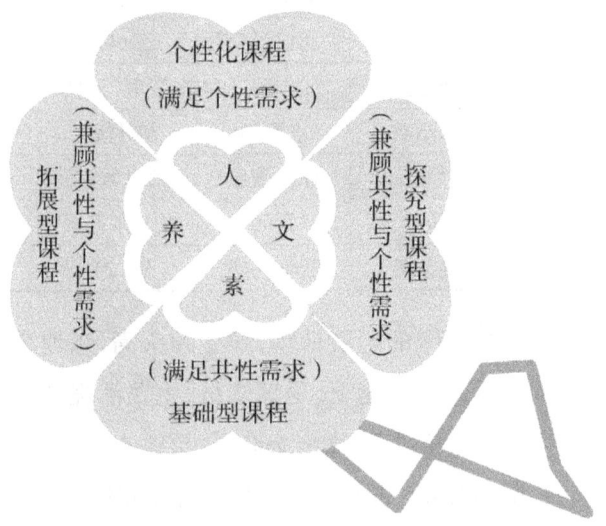

光明学校"幸运四叶草"课程体系

多年来,光明学校不断加强课程管理,以构建适合学生发展的多元化、特色化、个性化的课程体系为突破口,统整国家课程、地方课程、学校课程，使之融为一体，并通过基础型课程满足学生基本素养和能力培养的共性需求，通过拓展型、探究型课程关注学生共性需求的同时兼顾学生的个性需求，通过个性化课程强化学生个性的需求。学校形成了以培养人文素养为核心的"幸运四叶草"课程体系（如上页图示），整合各类课程，更为有效地实现课程的整体育人功能和教育价值。

（二） 课程建设的特色化

课程是学校培养人才的核心。人才培养不仅有统一性要求，也需要具有地方性特色和个性化要求。因此，开发与建设具有地方和学校特色的课程是课程改革的一项重要任务。光明学校坚持在执行国家课程标准的前提下，通过学校自行开发的学校课程，进一步凸显学校的办学特色，培养具有特色的学生。

经过深入研究和长期实践，光明学校选定了学校特色课程的开发主题——"琴棋书画"。不但因为"琴棋书画"符合"人文立校，科学育人"的办学理念，而且因为"琴棋书画"是中国古代艺术的重要门类，是中华民族的文化结晶，同时也是培养具有民族传统文化素养学生的集中载体。经多年开发建设，光明学校的"琴棋书画"特色课程已经形成较完整的课程内容和课程载体，对学生传统文化素养的培养起到重要作用。

古筝课程。学校特地引进古筝专业的教师，并出资建立了"琴心阁"（古筝教室）。古筝课程面向二三年级学生，采取自愿报名原则，每周一课时。在古筝老师的辅导下，经过一学年的训练，学生就能弹得有模有样，人人学会了《剪靛花》《撼天雷》《纺织忙》等基本曲目。到了古筝课时间，侧耳倾听，动人的旋律在学生指尖流淌，悠扬声余音绕梁。

围棋、象棋课。学校在周四开设"围棋""象棋"等拓展型课型,任课教师从校外聘请,教学深入浅出、通俗易懂,学生听得津津有味。有了课上的学习就有课后的跃跃欲试,校园里的木富亭、乐弈轩、棋妙园,一到下课就有学生跑来下棋,弈者,全神贯注;观者,里外三层,其乐无穷。

书法课程。学校开设的书法课程,根据受众的不同,分两个层面进行。一是融入课程,面向全体。学校分层次有序列地开设书法课,使每位学生得到正规系统的书法教育。根据不同学段的学习规律,设置教学内容:一二三五年级为硬笔正楷,四六年级起学习毛笔正楷,七八年级学习行书。在课堂上,书法老师注重对学生进行三方面的培养:书法基本技能的培养;书法情感和意志的培养;书法审美能力的培养。二是建立社团,重点培养。星光书法社成立于2001年,是学校一个实力雄厚的社团,配备书法专用室,由全国书法教育先进教师倪国清老师授课,每星期四下午都有一小时的固定活动时间。每学年,学校会选拔一批对书法有浓厚兴趣、有一定悟性的学生加入星光书法社,进行重点培养。在社团中,师生进行书法技艺切磋,适时举行书法比赛和作品展示。春华秋实,在师生的共同努力下,该社团取得了骄人的成绩,逾80%的社团成员在国内、国际比赛中获奖。

阅读课程。学校结合语文教学的需要,开设阅读课程。低年级在阅读中强调"读",高年级强调"读"后的"讲",核心是培养学生的阅读能力。学校还利用午会时间为学生开设阅读讲座,特别是结合"三味书屋"的开放,培养了一批喜欢阅读的爱好者,并以他们为骨干成立悦读社。校园内读书的氛围越来浓郁。

"稻草画"课。学校地处农村，每逢秋收时节，乡间到处都是脱粒晒干后的稻草、麦秆及各类说不上名的草本植物，不仅种类繁多，而且各具形态。学校着力开发"稻草画"校本课程，正是立足于这些乡土美术造型资源，其简便易得，且具有乡土性、探究性、独创性和挑战性，将其引入美术教学课堂，能有效激发学生探究新技法，培养新思维。自2005年以来，学校本着因地制宜、就地取材的原则，积极开展"稻草画"校本课程的开发与应用，经过多年的实践和研究探索出了稻草工艺制作的方法和步骤。在已取得的教学成果的基础上，美术教研组还尝试了基于建构主义的教学设计，利用情境、协作、会话等要素充分发挥学生的积极性、主动性和首创精神，使学生有效地实现对当前所学知识的意义建构，体现了建构主义教学设计的优越性。"稻草画"课程的教学设计给学生创设了一个有利于建构意义的真实情境。金秋十月，稻田飘香。美术教研组抓住金秋这一美好时机带领学生走进稻田，开展了"走近稻田，亲近自然"的实践活动。组织学生到稻田间观察、写生、摄影及记录文字资料。学生通过田间观察了解水稻的结构组成、各部位的造型及色彩。通过聆听老农讲述水稻的育苗、插秧、施肥、杀虫、收割、加工等过程，使学生对水稻的种植过程有直接的感性认识。另外，组织学生上网调查，查询资料。最后用PPT展示交流小组的研究成果。学生通过实地考察，在真实的教学情境中，认识水稻，对水稻的构成理解得更加深刻。真实情景的设计有利于促进学生对所学内容的意义建构，也有利于学生个性的发挥和再创造，很多学生纷纷表示："这样的课很有趣，也很有学问。"

类别	年级及课程	课时/周	授课教师	备注
琴	二、三(古筝)	1	蔡莹	古筝二年级与国家课程融合,三年级拓展型课型
棋	一~七(围棋)	1	吴亮、史萌	围棋一年级限定选修,其余年级拓展型课型
书	一~三、五(硬笔书法学与习),四、六(毛笔),六~八(写字课)	1	倪国清、徐奕、王春燕、语文教师	一~三、五以随文写字为主;书法教学与语文写字课相结合;四、六毛笔;七~八市教委统编写字教材
画	三(儿童国画)、六(电脑绘画)、七(稻草画)	1	奚君、沈学文、王春燕	三年级与国家课程融合;六、七年级拓展型课程

这些体现浓郁民族文化的"琴棋书画"课程,能让学生听"琴中韵味",见"棋中天地",学"书中精神",懂"画中意境"。这样的特色课程不仅给每位学生烙上光明的印记,同时也烙上中国的印记。

附:光明学校"琴棋书画"系列课程方案

以"琴棋书画"育人文素养

——"琴棋书画"系列课程方案

一、课程概况

"素质教育是充分发挥每个人潜能的教育,是注重学生创新精神和实践能力培养的教育,是注重学生个性健康发展的教育,是着眼于人的可持续发展的教育……"(《党中央、国务院关于深化教育改革全面推进素质教育的决定》）。显然，实施素质教育是学校教育的根本任务。

我们的教育假如少了人文素养的培养，就少了一种对真、善、美的认同和追求，少了一份对社会、对人类、对自然的关怀和责任，也降低了人生的格调。"琴棋书画"作为高雅艺术教育，在陶冶、激活学生的情怀意趣以及人文意识的形成、人文精神的滋长、人文品格的培育等方面的积极作用是显而易见的。对学生而言，传统教育是其人格健全发展的基石，假如我们平时多给学生一点人文营养，那么其生命信念的树立和情感态度与价值观的内化，就会得到很好落实。

教育要有理想，我们正在追求理想中的教育，努力唤醒广袤的农村家庭，让农村的学生接受文化的熏陶，让农村的学生也能享受优质教育。这是一种教育的价值，寻找一种促进学生和谐发展的能力，一种把人类文明中的真、善、美传递给学生的能力。为了推进我校素质教育的进一步开展，根据我校的办学现状，我们开展"以'琴棋书画'育人文素养"的素质教育实验项目，推出"琴棋书画"系列课程。

"琴棋书画"作为优秀传统文化教育，让其走进校园，使学生长期耳濡目染，并在他们的心灵深处根植下来，成为他们健康成长的必要"养分"。"鸟儿已经飞过，天空未留痕迹"，但鸟儿确实飞过，这是无痕德育有效的载体。基于此，我校审时度势，结合校情，借助已有的书法教育优势，充分发挥"琴棋书画"在"育人文素养"方面的独特作用，以"琴棋书画"为主线，通过学生的实践体验，让校园处处彰显艺术、渗透人文，在潜移默化中，给人以美的享受、智的启迪、德的涵养，从而构建起和谐、共融、温馨的校园文化，建设充满活力的人文情态,让校园生活洒满七色阳光。

【课程内涵界定】

"琴棋书画":即古筝、围棋及象棋、书法、稻草画(现又开发了水墨山水画、木屑画、电脑绘画、立体纸艺)。

这里的"人文":是对人存在意义上的思考,强调的是对人的关怀,对理想信念、神圣使命等价值理性的关注。表现为对学生进行"美"的感染,"善"的引导,"真"的培育,"理"的教育,"智"的启迪,"德"的涵养。

这里的"人文素养":即人文意识,人文精神,人文品格。

1. 以"琴棋书画"为载体,建构人文意识,铸造人文精神,提升人文品格,让学生的个性得到发展。

2. **完善学习方式。**倡导自主、创新、合作的学习方式与接受性学习方式有机结合;倡导"做""想""唱"有机统一,利用各种课程资源进行学习,实现学习方式多样化,并通过多种途径,满足学生的需求;重视学校课程与社会实践有机结合,形成丰富多彩的学习环境。

3. 施行校本课程,发挥课程的自主权。在实现课程基本思想的前提下,设计有个性的校本课程,重视理念的培养,鼓励教师的创意,提高课程研究、课程实践、课程实施和课程评价的能力及课程领导力。

二、课程目标

(一) 总目标

通过本项目的实践研究,建构具有"琴棋书画"特质的物质环境和人文氛围,在普及"琴棋书画"教育,使每位学生知晓"琴棋书画"的基本知识,掌握基本技能的基础上,培养一批有一定造诣的特长生,形成"以琴棋书画,育人文素养"的办学特色,为学生的个性发展、全面发展打下基础。

(二) 分目标

1. 建设物化的"琴棋书画"设施,建构具有"琴棋书画"特质的物质环境和人文氛围。

2. 构建统整"琴棋书画"校本课程框架,提升学生的人格品质、团队意识、审美情趣等人文素养。

3. 通过本项目的实践研究,探索"以琴棋书画,育人文素养"的基本内容、基本途径、基本方法,形成良性的教育机制。

4. 建设一支比较稳定的、有素养的"琴棋书画"教师团队。

三、课程内容

(一) 巧置"琴棋书画"景观与设施,陶冶学生品性(环境建设)

漫步校园,"琴棋书画"以各种物化的形式展现在师生面前。

1. 布置"古筝台、古筝室",让学生展示古筝技艺。

2. "木富亭"的大理石桌刻上围棋棋盘,摆放棋子,供师生闲暇时来此执棋对弈。

3. "乐弈轩"供学生课余娱乐。

4. "棋妙园"既丰富学生课余生活,又让学生放松身心。

5. "石碑廊"——中国传统书法的集萃。为学生创建一个与古代书法家对话的平台,领略中国书法长河中的优秀碑帖,体会书法的深厚积淀。

6."精品壁"——与名家名作的对话之处。在学校教学大楼的休息平台、走廊墙壁上,布置古代著名书法家的精品之作(写真放大),如王羲之的《兰亭序》、苏轼的《寒食帖》等。让学生能与"天下第一行书"等惊世杰作对话,体会"书为心画""字如其人"的含义。

7."景观石"——让学生的书法在校园中"流芳百世"。在校园的小路边及绿化丛中,散落一些形态不一的石块,上面镌刻学生的书法作品,其诗句与绿化相吻,达到书法与环境的和谐统一。

8."墨趣堂"——任你自由挥毫。学校把小学部的底楼门厅加以改造,以青砖为纸,以清水为墨,让学生在课余任意挥写,感受以水代墨,在青石板上提笔挥毫的潇洒、恣意,对书法的亲近感油然而生。

9.书法墙——介绍汉字的演进发展,不同时期书法的特点。汉字和书法文化作为传承中华文明的载体,以其独特的形态,深刻的内涵,是我们祖先智慧的结晶,是我们中华民族的骄傲。让学生感悟传统文化的魅力、熏陶其灵魂、体会写好汉字的荣耀与尊严,这是素质教育的重要组成部分。

10."三味书屋"——是全天候对学生开放的阅览处,也是学校"悦读社"活动的主要场所,里面各类书籍实现无人(学生自我)管理。

11.展览大厅——学校书法教育的重要窗口。学校每学期举行专题展览。如西安碑林拓片展、星光书法社学生获奖作品展、百瑞老年书法协会作品展等。

(二)课时设置

学校着力打造以书法教育为核心的"琴棋书画"拓展型校本课

程。在1~4年级开设围棋、古筝、书法、少儿绘画等校本课程;6~7年级开设"立体纸艺""稻草画"等校本课程。

琴:让学生学习古筝,并了解其文化内涵,使学生在修身养性、礼仪、美学素养等方面有所发展。学习古筝的过程是艰辛的,需要毅力,这正是培养学习意志力的很好载体。

棋:古人云:"天下有大勇者,猝然临之而不惊,无故加之而不怒。"棋场就是战场,需要机智与勇敢;棋与棋之间要相互配合,需要团队意识;弈棋过程要有平常心,讲究的是镇定自若;面对结果,要做到"胜不骄,败不馁"。其实,人生亦如棋局,它会让我们领悟许多人生哲理,给人以启迪。

书:练习书法是培养学生个性,启迪学生智慧,陶冶学生情操,提高学生素养的有效途径之一。优美的字形造型,把学生置身于一个直观的视觉环境中,接受美的教育,训练审美情怀。我们提出了"认认真真写字,堂堂正正做人"的目标,让学生在学习书法的同时学习如何做人,这不仅是写字的锻炼,也是人格意志的铸造。

画:这里的"画",与传统的绘画截然不同。不用画笔,不用油彩,用的是稻草。"稻草画"作为美术课程的拓展,取材自然,样式多变,通过学生的构想、起稿、剪贴,构成集思想性与艺术性于一体的美术作品,让学生在创造美的同时,享受"做中学"的乐趣。

(三) 进行"琴棋书画"培训,提高师生素养(师生培训)

不仅对学生,而且要对教师做好"琴棋书画"方面知识的培训,让师生共同具备一定的鉴赏能力,从而提高师生在"琴棋书画"方面的整体素养。

四、课程实施

学校着力打造以书法教育为核心的"琴棋书画"拓展型校本课程。在1~5年级开设围棋、古筝、书法、少儿绘画等校本课程;6~8年级开设电脑绘画、稻草画、立体纸艺等校本课程。

(一)琴棋书画课程设置

类别	年级及课程	课时/周	授课教师	备注
琴	二、三(古筝)	1	蔡莹	古筝二年级与国家课程融合,三年级拓展课
棋	一、二~七(围棋)	1	吴亮、史萌	围棋一年级限定选修,其余年级拓展课
书	一~三、五(硬笔书法学与习),四、六(毛笔),六~八(写字课)	1	倪国清、徐奕、王春燕、语文教师	一~三、五以随文写字为主;书法教学与语文写字课相结合;四、六毛笔;七、八市教委统编写字教材
画	三(儿童国画)、六(电脑绘画)、七(稻草画)	1	奚君、沈学文、王春燕	三年级与国家课程融合;六、七年级拓展课

(二)琴棋书画环境设置

1. 悬挂的名人字画、校园活动画、各行规标语等,能体现浓浓的文化氛围。

2. 巧妙设计校园各景点。

3. 创设各种文化设施,让学校的每一块石头、每一面墙壁都会说话。

4. 按照"琴棋书画"四个主题进行校园布置,使光明校园更具灵气,形成真正具有文化底蕴的校园风貌。

5. 发挥我校"上海市书法教育实验学校""原南汇区艺术教育特色项目(书法)学校"的优势,及时展示学生书画作品。

(三) 实施步骤

1. 硬件设施方面

完善各类设施,建70平方米左右的书法墙。

2. 校本课程建设方面

(1) 契合地域特色,建构具有光明特色的校本课程。整体设计九年义务教育书法校本课程。按1～2年级、3～4年级、5～6年级、7～9年级四个学段,分别提出"阶段目标",使四个学段坡度明显,增强可操作性。

(2) 借上海市信息化实验学校的建设之机,开设一个书法教育网站,并开发书法微型课程(2～5分钟一节,每节讲清一个书法知识点,如"横"的写法,有示范,有讲解,通俗易懂)。让学生在课余时间,在校园的触摸屏上随意点击,轻松学习,使书法老师"随叫随到",使优质的教育资源得到共享。

第一阶段(2006年9月～2010年8月)①建设物化的"琴棋书画"设施,营造"和谐、共融、温馨"的校园环境,为学生参与活动构筑坚实的平台。②对师生做好"琴棋书画"培训,让师生共同具备一定的鉴赏能力。③开设"琴棋书画"课程,提升学生修养。

第二阶段(2010年9月~2010年12月)①开设书法教育网站。②丰富"琴棋书画"文化特色内涵,提升校园文化底蕴。

第三阶段(2011年1月~2012年6月)"琴棋书画"有显性成果。

五、课程研究方法

(一)文献研究法。收集各类与本实验项目相关,并有启发性的经验资料,特别关注新的可以为我所用的研究成果。

(二)个案分析法。通过具体案例的分析、比较,从中提出一种或几种可行的、有效的思路和方法。

(三)经验总结法。在理论指导下,通过进一步分析归纳与筛选,保存和传播宝贵的经验,及时概括可供他人借鉴的规律性的理性认识,并把经验转化为可操作的程序。

(四)实践参与法。本项目的开展,是学生参与的过程,因此强调学生的实践性。

(五)指导提升法。通过相关教师及校外专业工作者的指导,提升学生"琴棋书画"的素养。

(六)现场诊断法。这是案例的变式,采取专家(有经验的教师)的指点(现场诊断),最终提出改进的策略。

(七)校本培训法。"琴棋书画"有其自身的专业特点,必须做好两方面的培训,即教师层面的培训与学生层面的辅导。让师生建立起"琴棋书画"方面的基本知识,这样有利于实验项目的有序推进。

(八)设置课程。开设"琴棋书画"课程,提升学生在这方面的修养。

（九）开设网站。凭借上海市信息化实验学校的优势,开设书法教育网站。

六、课程评价

课程评价是课程的基本组成部分,在实验过程中,起到激励、导向、质量监控的作用。

1. 对教材的评价。主要是评价其适切性与可操作性,因为教材的切实可行性,将有利于实验项目(课程)的有效实施。

2. 对教师的评价。教师必须具备其所承担项目(课程)的专业知识,并有一定的实施项目(课程的能力,包括组织、管理、协调、传授)的技能。

3. 对学生的评价。保障学生专业技能的建立,促进学生的自主发展。

4. 单一评价与群体评价相结合。考虑到学生参与的不同状态,因此,既要考量学生个体的成就,也要考查学生集体的荣誉。

5. 评价方式。(1)隐性评价与显性评价相结合。以"琴棋书画"育人文素养,这与学生情感态度与价值观紧密相关。因此,重在过程的体验,离开了过程不可能有真正的内化。"琴棋书画"只是载体,离开了它,情感态度与价值观便没有载体;而离开了情感态度与价值观,"琴棋书画"只能是信息,无法实现人文素养的培育。实践中,我们往往偏重于显性的评价机制建设,使日常教育作用的发挥受到阻碍。在人的素质中,情感态度与价值观的变化缓慢而内隐,没有办法让其立刻外显出来,如果我们只用外显的办法来评价,就显得不太科学。考虑到本项目具有隐性特质,具有重要的人格孕育作用。因此,其评价需要将隐性评价与显性评价相结合。

(2)以学生自评、互评、项目教师评以及学校项目组统一考查相结合。

"以琴棋书画,育人文素养"实践课评价

项目	年级	授课人	地点	形式	时间	内容科学性 10分	形式合理性 10分	教师专业素养 20分	学生参与度 30分	学生实践效果 30分	备注
琴											
棋											
书											
画											

七、课程保障

1. 组织保障(实验项目工作责任)设立项目(课程)组。成立项目(课程)领导小组与工作小组。领导小组承担指导、协调、管理等工作;工作小组负责项目的具体实施。

成立项目领导小组

组长:刘玉华

成员:张正华　朱金琚　金耀华　朱春蓉　施海华

成立工作小组:张正华　朱金琚　金耀华　朱春蓉　施海华　倪立国　陆宝琦　陈杰　倪国清

子项目一:"琴棋书画"设施建设

负责人：金耀华　陈杰

子项目二："琴棋书画"培训工作

负责人：张正华　朱春蓉　倪立国　倪国清

子项目三："琴棋书画"课程建设

负责人：施海华　陆宝琦

2. 建立网络。"琴棋书画，育人文素养"实验项目涉及设施建设、课程开发、网站设置，需要各部门的通力合作，整体联动。因此，我们将总务、德育、教务、科研等部门的负责人，参与项目工作小组的具体活动。

3. 专业保障

（1）专家的指导。我们聘请专家参与项目建设与推进，让专家走进我们的实验项目，提供情报支持。事实证明，由于专家的介入，我们可少走或不走弯路。

（2）项目的牵引。以项目为牵引，并形成一种向心力，这样，逐步凝聚师生的热情，推进实验项目。

（3）专业的发挥。让在"琴棋书画"方面具有专业特长的教师，在实验项目中，承担起指导与示范作用，引领大家朝着既定的目标前行。

（4）技术支持平台的运转。以校园网络为平台，由相关专业教师做好设备的检查、维护与使用，碰到问题能及时帮助解决。

4. 经费保障

（1）学校将投入约10万元，建70平方米左右的书法墙。

（2）统筹安排好专家指导劳务费、项目资料费、差旅费、会务费、印刷费等相关开支。

（3）为提高实验项目的质量，突出实验项目的地位，保证专项经费及时、足额投入实验项目中。

（4）学校每年投入一定的资金,完善各类设施,保证实验项目的运转与推进。

5. 资源保障

（1）人力资源保障。一方面依托学校已有的专业人才,并发动全体师生,集团队智慧。另一方面,借助社会资源,使实验项目有序、有效地推进。

（2）物质资源。学校积极投入资金,不断建设与完善"琴棋书画"方面的硬件设施。

八、课程成果

1. 有一批较高水准的学生书画作品。
2. 建设一批精品校本课程。
3. 开设一个让学生能直接学习的书法教育网站。
4. 有完善并显性的"琴棋书画"设施,按照"琴棋书画"四个主题进行校园布置。
5. 形成阶段性成果和最终成果报告,争取实验项目和成果在区内具有较强的推广和应用价值,能在周边地区或同类学校中产生一定的辐射作用。

（三）课程建设的个性化

学校教育不仅要关注学生的共性发展,开设统一的必修的文化课程,给学生共同的基础知识和基本能力,也必须给不同学生的特殊发展需要提供个性化的课程,这不仅是学生本身发展的需要,也是国家和社会发展的需要。

　　基础教育阶段课程主要任务是为学生的终身发展奠定基础,但是也应该给在某方面具有特殊爱好的学生创造发展机会。光明学校通过校本课程开发,特别是通过拓展型课程和探究型课程,为在某方面具有兴趣的学生发展提供机会。学校开发的拓展课和探究课有几十门之多,如围棋、古筝、太极、硬笔书法学与习、儿童中国画、电脑绘画等。通过这些课程的学习,使一大批学生得以比较全面的发展。

[案例1]

转变学习方式　　实现自主创作

　　我国著名教育家叶圣陶先生曾说过:"凡为教,目的在达到不需要教。"美术教育的根本是要学生在学习美术知识与技能的基础上,习得学习的过程与方法,最终获取正确的情感态度与价值观的认同。"数字绘画"教学的信息技术优势有效地满足了学生围绕创作主题自主上网搜索所需图片、视频等相关资料,在教师的授课之余,有效建构和完善知识结构,有助于学生真正成为学习的主人,学会自主学习,进而提升自我。

　　以我校六(5)班桂忆琛同学创作的《简单》这幅画为例,造型虽然简单,却以雅致的色彩和巧妙的肌理运用取胜。本节课,教师先对器皿的结构组成、创作步骤和绘画要点进行讲解和示范,之后学生自主上网搜索关于器皿的相关资料,在对各类器皿的造型、色彩、装饰内容、技法等全面而深入的认识中,确定自己中意的器皿,再进行实践和创作,有效地做到意在笔先。桂忆琛同学给这幅画取名为《简单》,她曾说:"我喜欢的花瓶,外表看似简单,内在却丰富多彩。

这样的人生也是我所向往的!"看着熠熠生辉的花瓶,指导教师心中不禁暗生欢喜:拥有如此美丽心灵的学生,相信她将来的人生也一定会无比精彩!可见,通过"数字绘画"的学习创作体验,是可以让学生敞开心扉,纵情表达,塑造自我的有效途径。

(此案例由奚君提供)

[案例2]

创意稻草　让学生享受"做中学"的乐趣

光明学校地处农村,稻草随手可得。稻草可塑性较强,具有乡土性、实践性、探究性和独创性,将其作为美术资源具有得天独厚的优势。因此,我校本着因地制宜、就地取材的原则,从农村学生的学习情趣出发,从教师的自我发展需要出发,从农村学校美术特色教育项目的创建与发展出发,发挥农村地区的资源优势,将当地人最熟悉的稻草这一乡土自然资源引入美术课堂,积极开展"稻草画"校本课程的开发与实践,引导学生探索乡土美术的内涵,激发学生对家乡的热爱。

"稻草画"校本课程的内容分为"我们来发现""我们来探究""我们来创造""我们来收获"四个单元。课程内容的设计从简单到复杂,从体验到研究,从习得到创造,由浅到深,层层推进。使学生在"稻草画"课程单元化研究性学习活动中获得直接体验,促进学生的创新意识和实践能力。让农村学生通过乡间随处可见、随手可得的稻草,实现思维的创新,个性的凸显,梦想的放飞。

在稻草画教学中,教师鼓励学生大胆想象,激发学生探究造型的新技法,利用稻草这一造型材料进行综合创意,创作富有浓浓乡土气息的稻草工艺品。经过多年的实践和探索,总结了稻草画制作的基本技能,如因点造型、因线造型、因面造型、肌理造型、综合造型等,同时归纳了多种稻草画创作技法的特点:(1)排或摆——速度较慢,可反复推敲画面效果。(2)撒——速度较快,画面效果轻松随意,肌理效果强烈,但画面不易调整。(3)叠——面上加面,层层添加,画面厚实紧致,有层次感。(4)拼——画面块面效果明显,有一种看似随意却有序的美。(5)嵌——与"点"的效果相似,可弥补不足,点缀修整。(6)剪、刻——剪轮廓,刻内部,用于制作较精细的作品。(7)揉——细线揉合,营造蓬松质感。(8)编——经、纬线编织,立体感较强……古朴的色彩,较强的可塑性,增加了学生对稻草的探究性和创造性,有效培养学生创新意识和实践能力。学生多次参加市区级的各类比赛,硕果累累。我校张洁轶同学的作品《上海·浦东》荣获2013年上海市青少年"超级景观秀"比赛一等奖;陈苏安同学的作品《建设中的家乡》荣获2013年上海市青少年"超级景观秀"比赛一等奖;陈佳颖《欢乐时光》荣获上海市浦东新区第九届艺术节——"彩虹心动计划"工艺类中学组一等奖;李思雨同学的作品《积蓄力量》在浦东新区中小学生"中国梦·我们与梦想同行"系列主题实践活动——"我心中的美丽中国"儿童画创作比赛中获二等奖……

"稻草画"可谓是"土洋结合",稻草是一种原生态的乡土材料,经过艺术创作,再加上现代装潢——镶边、装框,就变成了一种既有泥土芬芳,又有现代气息的时尚工艺品。将稻草画引入美术课堂,通过学生的构想、起稿、剪贴,构成集思想性与艺术性于一体的美术作品,有效培养了农村学生的创新意识和动手实践能力,让学生在创造美的同时,享受"做中学"的乐趣。

(此案例由沈学文老师提供)

拓展型和探究型课程为特长学生提供选择的空间,那么社团和乡村少年宫活动则为学生提供更加个性化的活动和课程,正是这些个性化的活动和课程,为光明学校培养了一个个各具特色的学生。

[案例1]

小小书法家　金中哲

光明学校教学楼一层大厅里陈列的书法作品,吸引着师生的目光。展览作品的作者不是书法大师,而是本校八(1)班学生金中哲。在光明学校第四届科艺节闭幕式上,金中哲同学获得了校长颁发的"书法作品母校收藏奖"证书。

楷书雄健稳重,行书飘逸潇洒,金中哲同学的一幅幅书法作品各具特色,惹人喜爱。他学习书法已有八年,是光明学校星光书法社里的佼佼者。这个社团集聚了全校学生中的"书法高手",定期开展活动,临摹经典,切磋技艺。学校为他们安排专门的活动场地,桌椅都是定制的。专业书法教师的指导让他们的书法水平不断提高,星光书法社成了一片育人的高地,一批小书法家脱颖而出。在举办个人展览、作品被学校收藏之际,金中哲同学感慨地说:"光明学校带给同学们书法技艺的提高和书法艺术的感染,值得永远铭记!"

光明学校书法教师倪国清表示:"书法教学让农村学生享受到城里学校那样的优质教育,带动了光明学校良好校风的形成,提高了学生的品德修养。"近年来,光明学校被评为上海市书法实验学校、浦东新区艺术特色学校(书法),星光书法社被评为区级明星社团,赢得了良好的社会盛誉。

(此案例由倪国清老师提供)

[案例2]

一个骑手的故事

朱杰同学是光明学校六年级学生,是学校独轮车队(乡村少年宫项目)队员。虽说是个男孩,可显得文静、秀气。眼镜男,内向文静,动作缓慢,不爱多说话,这是他刚进队时给人的印象。

他是球队中可有可无的人物。我想他自己也权当是来充数的。我都忘了当初是谁把他介绍进来的,琢磨哪天找个机会请他离开队伍。机会来了!训练时,他经常摔倒,可他不服,摔倒了又爬起来,咬咬牙说:"我终有一天会成功的!"我被他这股子劲打动了,决定让他再试一试。我把我的想法告诉了他。他有点惊讶,兴奋之情油然而生。

后来的训练很艰苦,可他从没再流过一滴泪。流了很多的汗,甚至流过血。他戴着头盔的样子俨然像一名运动健将那么神气。重要的是,他成为了运动队的重要一员。两年后,他成为运动队里的主力队员——是运动队里最顽强的队员之一!

是的,他依然是眼镜男,依然内向文静,依然动作缓慢,依然不爱多说……但他的努力让大家刮目相看。他说:"我试了99次,让第100次成功了!"他成为运动队中最棒的队员之一。他用他的拼搏精神感染着其他队友。他和他的队员们还一起参加了浦东新区艺术表演。

成功源于付出。当运动与学业双赢时,他更信心满满。他以挑战自我的精神给队员以极大的鼓励。是的,就是这个眼镜男,他从32名队员中脱颖而出,成为一名优秀的独轮车骑手。谁能想到他能获得学习运动双佳绩?下一个双佳会是谁呢?相信"他"!相信每位学生都有可能成功!教育是基于生命的事业,要创设条件,促进每位学生富有个性的发展。

(此案例由朱金琯老师提供)

光明学校还关注学生中智力超常的孩子,学校从上海市实验学校引进特需课程的概念,为这些超常学生提供更多的选择和帮助。学校为一些超常学生提供了"视觉艺术""数学思维训练"等课程,并尝试给少数超常学生提供个性化的课表。

[案例]

开设"视觉艺术"课程　适应学生个性化需求

学生的天赋各有不同,在课堂中无法得到满足,难免有个性化的需要。如何给艺术方面具有天赋的学生提供合适的课程?2012年和2013年,我校有两批教师赴芬兰库奥皮奥市的汉特萨拉古典学校访问与交流。我校借鉴芬兰艺术课程经验,将学校原图书馆进行改建,建立了光明学校"梦工场",打造视觉艺术课堂。整个"梦工场"的建设由版画室、陶艺室、木工制作室、创意DIY、作品展示区等几大功能区域构成。

光明学校为在视觉艺术方面具有一定天赋的学生安排开设了"视觉艺术"课程,学生可自主选择自己感兴趣的或擅长的课程内容。学校为学生的艺术活动提供特殊材料,允许学生利用拓展课时间在"梦工场"从事艺术创作活动。个别学生在研究过程中遇到问题或困难可随时向指导教师请教,教师则给这些具有艺术天赋的学生提供及时的帮助和指导。

由于每个学生在艺术方面的兴趣点或擅长的方面不同,我为每位学生制定了个性化的课程计划,鼓励学生在某方面深钻下去,然后用不同材料解决问题。比如,对雕塑感兴趣的学生,我引导他们对雕塑展开研究性学习,请学生通过书籍或网络搜集有关雕塑的相关资料,对未知的领域进行探索。让学生通过自主探究,了解什么是雕塑,知道雕塑可以是具象的,也可以是抽象的,每件雕塑作品的背后都有艺术家要表达的一种思想或情感。我向这位学生提供有关雕塑的网址,让其观看艺术家是如何勾勒草图,选择概念,然后把需要的制作材料搜集在一起制成表达这一概念的视频。也让学生对国内外艺术家的雕塑作品有所了解,打开学生的视野。同时,我为他制定了雕塑系列课程,包括泥塑、石膏雕刻、纸雕、木雕等,让这位学生尽情发挥自己的才能。而对绘画能力较强的学生,我引导学生尝试新的画风,这对学生来说具有一定的挑战性,学生也愿意尝试。

我经常鼓励学生独自进行艺术创作,设计属于自己的艺术作品。在创作作品时学生需要设计草图,考虑用什么材料、如何制作,我鼓励学生做出与众不同的艺术作品。在制作台上,你会发现鸡蛋壳、废旧报纸、瓦楞纸、铅笔屑、易拉罐等废旧物品,经过学生一双双巧手的艺术加工,把它变废为宝,成为一件具有审美性、实用性或创造性的艺术作品。学生通过动手创作视觉艺术作品,分享创意,享受低碳生活。体验视觉艺术在生活中所扮演的角色,培养学生的视觉概念与思维习惯及对美感的了解和认识。培养学生的个性与创新精神,使学生思维的流畅性、灵活性和独特性得到发展,最大限度地开发艺术特长学生的创造潜能。

(此案例由沈学文提供)

中小学阶段是儿童身体和心理发展变化最迅速的时期,在这个时期,由于各种原因会造成学生发展的不平衡。光明学校有两千七百多名学生,部分学生会因主观或客观原因,存在行为习惯差、学习态度差的情况,他们在知识基础、学习习惯、学习方法、学习能力、心理品德等方面可能存在缺陷,以至于在能力目标与知识目标方面不能达到课程标准的基本要求。对这些学生,学校不是放弃,而是尽最大可能补救,使他们能够完成国家规定的学业,实现教育的均衡发展。这不仅是教育的责任,也是教育公平的要求。为此,学校注重心理健康课程建设,分别在五、九年级开设心理健康课。学校专门培养专业的心理教师,配备专门的心理咨询室,根据学生的成长经历和成长环境,进行个别化的心理健康教育和辅导,为他们提供有效的帮助。

[案例]

我是一只蜗牛
——危机干预心理辅导案例

伴着急促的脚步声,门外在叫喊:"张老师,快一点,快来。"我应声出门,一看原来是六(3)班班主任孙老师。我问道:"怎么啦?一清早的,什么事使你这么着急啊?""我们还是边走边聊,我班的小帆(化名)同学这几个星期老是肚子痛要回家,医生都检查过了说没病,你说是怎么回事啊。这不,今早她居然连校门都不肯进了,这可咋办啊?"我回应道:"先别急,让我去看看再说吧。"

我俩奔到校门口。眼前的一幕令我至今难忘:一中年男子拖拽着衣衫有些不整的女孩进校,而女孩哭泣着拼命往外跑,这一场景引来了不少学生和家长的围观、议论。我让门卫和保安疏散了人群,中年男子带着浓重的四川口音无奈地说:"老师,我女儿现在怎么越来越不懂事了,我上班要迟到了,我把她交给你,先走了。"望着远去的父亲,小帆同学有些失望。

我把小帆同学带到咨询室,第一次走进咨询室的小帆同学有些胆怯和不安,谈话也是我问她答,以下是我和小帆同学的对话(节选)。

我关切地问道:"孩子,你是不是身体不舒服?"

小帆:"嗯。"

我:"哪里不舒服?"

小帆:"肚子痛。"说完,还捂了捂肚子。

我:"能形容一下吗?"

小帆:"就是肚子痛。"

我:"有没有去医院看过?医生是怎么说的?"

小帆:"都检查过,医生说没什么问题。"

我看着小帆说:"那你是不相信医生的诊断?"

小帆:"不是,我只是……"

我:"我们的谈话仅限于我们两人之间,绝不出这间屋子。把你的想法说出来,看看老师有什么办法来帮助你。"

小帆:"其实,我知道自己没病。我只是……"

我:"你知道自己没病吗?"

小帆:"我不想上学,生病了就不用上学了。不上学也就不需要面对那么多的压力。"

……

通过和小帆同学的交流,我发现她虽然说话轻声细语,有点内向,但思路清晰,是个优秀学生。后面的谈话基本围绕小帆同学的学习压力展开,迫于家人的期望、学校中激烈的竞争使小帆同学感到有些受不了,想逃避学业,像蜗牛一样躲进自己的世界。"蜗牛"这个词是小帆同学对自己的评价。在和小帆同学约定了每天都要来学校上课后,结束了第一次咨询。我心中也有了初步的辅导目标和方案,可我始终觉得小帆同学对学习并不是那么反感,甚至在讲到学业时,她显出自信的神情,语气也没有先前那么低沉,使我产生些许疑惑。

为了更了解小帆同学,事后,我向班主任孙老师了解情况。在孙老师的印象中,小帆同学是个文静乖巧的女孩,这和我对她的第一印象也十分吻合。对于早上发生的一幕孙老师实在不敢相信,小帆同学居然还会有这么倔强和执拗的一面。我试探性地提到学习压力,孙老师感到不解,因为小帆同学很聪明,接受能力又特别强,她的成绩在班级里总是名列前茅。课后,其他同学都在钻研书本和作业,她还能轻松地看一些课外书籍,可能比同龄人看得多,所以,她显得比较成熟和内敛。我又向孙老师了解小帆同学的家庭情况,小帆同学的家庭条件还是比较困难的。爸爸是四川来沪的打工者,妈妈是本地人,但一直生病在家只能做些简单的家务活,经济来源全靠爸爸的微薄工资。孙老师回忆说:"这学期学校中有申请助学券的机会,当着全班学生的面,小帆同学一口回绝,我很吃惊,可能是她比较要强吧。在和小帆同学爸爸协调后,还是帮她拿到了助学券。"孙老师的这句话触动了我,我认为小帆同学是在拿学习压力的话题来掩盖她内心真正脆弱的东西。

　　第二次咨询,小帆同学如期而至,显得比上次自如许多。在轻松的氛围中,我让小帆同学谈谈自己的家庭,可她有些排斥,不愿提及。我说道:"是不是家庭条件不是很好,所以不想让别人知道。"小帆同学轻声地哭泣起来,我知道这才是小帆同学真正的心结。我静静地等待,关注着小帆同学,她哭诉道:"老师让我申请助学券,这下可好了,大家都知道我家条件困难,我觉得同学们看不起我,我在班中都抬不起头了,还不如做一只蜗牛躲进自己的壳里,也不用管别人的眼光。"这是一个因家庭条件困难而产生自卑情绪的学生,她试图用优异的成绩来掩饰自身的脆弱,一张小小的助学券把她建立的坚实堡垒瞬间击垮,所以她不愿上学这种异常的举动,我完全能理解。

　　找到了问题的症结,我的辅导工作就顺利很多。我采用理性情绪疗法来改变小帆同学的一些不合理认知,即人的情绪不是由某一诱发性事件的本身所引起的,而是由经历了这一事件的人对这一事件的解释和评价所引起的。也就是指因我们常有的一些不合理的信念才使我们产生情绪困扰。比如,小帆同学认为家庭条件差就会被同学看不起,家庭条件原因引起对自我评价过低,强烈的自尊心与自卑感的尖锐矛盾冲突,导致了心理失衡。通过放松状态下的提问,使她认识到,周围绝大多数人并不会把家庭条件当成评价一个人的标准,引导小帆同学学会正确看待他人的评价,放下心理包袱。我鼓励她多和同学交流沟通,在和同学的实际交往中,小帆同学发现同学们根本没有看不起她,反而认为她很了不起,小帆同学也渐渐变得开朗许多。其实,她原先的种种顾虑完全是自卑心理在作祟。我教会小帆同学用积极的自我暗示法,通过寻找自身的优点,树立起自信心。同时,我还与小帆同学的班主任老师沟通,希望她在帮助小帆同学的时候注意方式方法,保护好小帆同学的自尊心。因为小帆同学自比一只小小的蜗牛,我找到《蜗牛》这首歌鼓励她,在寂静的咨询室里,飘出了小帆同学高亢的歌声:

> 我要一步一步往上爬,
> 等待阳光静静看着它的脸。
> 小小的天有大大的梦想,
> 重重的壳裹着轻轻的愿望。
> 我要一步一步往上爬,
> 在最高点乘着叶片往前飞。
> 让风吹干流过的泪痕,
> 总有一天我有属于我的天。
> 让风吹干流过的泪和汗,

总有一天我有属于我的天。

在本案例中,我所学到的最宝贵的东西就是:不要随便给来访者扣帽子、贴标签,要谨慎地对待每一位来访者。我们的来访者在经历痛苦的心理折磨时,往往会对自己最真实的内心加以掩饰和遮盖。本案中的小帆同学用生病、不想上学的异常行为和用学习压力为借口来掩饰她真正的心理问题——自卑。如果咨询师不够细心和谨慎,随便扣以"疑病症"的帽子或贴上"因学习压力而造成的焦虑情绪"的标签,也就捕捉不到来访者内心最真实的想法,咨询效果就犹如隔靴搔痒没有作用。所谓"一把钥匙开一把锁",本案中咨询师只有全面了解来访者的情况,真正走进来访者的内心,才会很好地理解"我是一只蜗牛"这句话所蕴含的真正含义。我希望本案中的小帆同学,不要因生活不够慷慨,就回报以吝啬。我相信背着房子走路的"蜗牛",带着很多的自信,任何地方都是阳光灿烂的家园。

(此案例由张欢提供)

不可回避的是,我校还有 16 位随班就读学生(智力障碍),为了使这些学生也能够得到发展,学校专门研究为他们开发课程或调整课程,并从学生自身情况出发,强调这些学生的所有任课教师的协同教育,制订针对这部分学生的工作方案。根据部分学生的身心发展特点和疾病给他们带来的困扰,精心设计,科学组织,认真实施教学或其他活动,以发展他们的社会适应能力。建设随班就读学生的专用教室——资源教室。教学处专门派教师参加特教培训,并顺利获得特教证书,给这部分学生特定辅导,进行学科和生活上的指导;组织随班就读学生进行体检,参加才艺表演等活动,使他们健康得到保障,能力得到培养,智力得到发展,为未来融入社会奠定基础。

[案例]

随班就读学生的个别化指导

学校为了使随班就读学生能更好地获得个别化的训练,更有效地进行强化各种素质的训练,包括逻辑思维、身体协调、是非判断和综合能力等,能最大限度地让这些学生获得自信心,树立正确的人生观、世界观,专门寻求相关机构,引进一套具有针对性的训练器具和软件——"木脑袋"和中易学习能力训练系统。"木脑袋"系列中的每一件教具都具有促进学生能力发展的功能:触觉、听觉、嗅觉、空间感知、眼手协调、思维能力、逻辑推理等,它还有助于学生形成顺序、时间、空间等抽象概念,有助于学生发展社会认知,并为他们的创造力发展提供广阔的空间,它让随班就读学生在动手游戏中进行五感能力的训练和手脑配合的训练,这对于促进学生身体机能、提高综合能力有很大帮助。学校也派专人定时定点定量地安排这些特殊学生进行个别化训练和学习,让他们在学习和游戏中提高自身能力、掌握生活技巧。在平时,这些学生是放在普通班级中的,这也是为了让他们自始自终地感觉自己就是一名普通学生,没有"特殊"的帽子,有利于他们将来能更好地融入社会。另外学校也会经常安排、组织一些游戏或活动,有朗诵、小型运动会、拼图比赛等,让随班就读学生全员参与,以鼓励为主,发现并发扬这些学生的闪光点和特长,树立他们的自信心。在日常教学过程中,学校也要求这些学生的各科任课教师,以爱心为基础,以不影响其他学生为前提,适当调整课程,更改教学任务,做到"不放弃、不嫌弃",尽可能地在日常教学过程中,潜移默化地指导随班就读学生完成学习任务。

(此案例由薛刚提供)

六、以合作推进课堂教学改进

　　教学改革历来是教育改革中的核心问题,而教学改革的关键在于课堂教学的转型。课堂教学是学校教学的主要形式,或者说课堂教学是学校教学质量提高的主阵地。但是,课堂教学至今还是一个难以攻克的堡垒。新课程改革的重点之一就是要转变学生的学习方式,提倡合作学习。然而长期以来,我们的课堂教学并没有发生实质性的变化。我们的教学方法单一,依旧停留于传统的教师讲,学生听;教师问,学生答;教师写,学生抄的状态,学生始终处于被动接受学习,缺少合作学习的意识。培养出来的学生可能拥有扎实的理论知识,但却缺乏在真实情境中解决问题的能力,更没有发现问题的意识。我们很多教师在自己的教学岗位上兢兢业业,但往往仅依靠个人的努力或自我反思,却很少借助同伴的力量,开展合作性的课堂教学研究。但是,我们的课堂教学并不是一无是处;今天我们不是简单地否定课堂,而要研究课堂;不是取消课堂教学,而要改进课堂教学。这既是我们的现实任务,也是我们的历史责任。

　　因此,光明学校提出了以合作为核心的课堂教学改进。关于合作,21世纪的人们生活在全球化的、互相依赖的社团中,生活在需要成员间高度合作的复杂的社会组织中,合作就显得尤为重要。《心理学大辞典》给合作的定义为:"合作是为了共同的目标,由两个以上的个体共同完成某一行为,是个体间协调作用的最高水平的行为。"为了改进我们的课堂教学,光明学校提出以合作为核心的课堂教学改进。这里的合作包括师师合作、师生合作和生生合作。师师合作是指教师与教师之间的合作。教师之间同伴互助,营造合作的教研文化。师生合作是教师与学生之间的合作。教师由原来知识的权威者转向学生学习的支持者、帮助者和引导者的角色,创建和谐、民主的师生关。生生合作是指学生与学生之间的合作。学校通过开展小组合作学习,在班级授课制下,关注学生各方面的差异,利用学生的差异资源,引导学生的差异发展,让学生在小组合作学习中实现个性化和社会化的协调发展。

光明学校以合作为核心的课堂教学改进,通过师师合作、师生合作和生生合作,不断更新教师的教育教学理念,促进教师的专业发展。让学生在小组合作学习中,实现个性化和社会化的协调发展,让光明的课堂教学焕激发生命活力!

(一)师师合作——同伴互助,营造合作的教研文化

一所学校只有形成一定的教研文化,才能真正解决学校自身在教育教学中的问题,才能改进我们的课堂教学。教研组是从事学校教学和研究的组织,在学校教学中起着举足轻重的作用。教育又是一项合作的事业,合作是教师的专业品性。教师如果仅仅依靠自我反思来开展教学研究是远远不够的,这就需要教师间的合作。

只有教师集体参与的研究,才能形成一种研究的氛围,成为一种研究的文化,成为学校教师共同的职业生活方式。近年来,光明学校将合作文化作为教研组建设的重要内容,通过教师之间同伴互助,积极构建合作教研文化。这里的教师合作是教师之间以专业发展为指向,借助同伴的力量,通过开展多样化的合作方式,如集体备课、观课评课、教学研讨、课例研究等教学研究活动,彼此分享知识和经验,改进教学,共同解决教育教学中的问题,提高教学质量,有效促进教师的专业化发展。

1. 开设教研活动室,为合作提供环境

光明学校建立了学科教研组,在同年级建立了学科备课组,每个学科各个不同年级的备课组共同组成该学科的教研组,形成了一个纵(学科教研组)、横(年级备课组)结合的合作教研与管理系统。

学校专门设立了各学科教研活动室,还为每个教研活动室门口设立了信箱,放置学校为各学科教研组征订的学科教学类期刊,供教师阅读和学习,让教师了解学科教学方面的最新动态和前沿的教育教学理念。教研室内还陈列了历年资深教师的优秀教案,供教师学习和借鉴。同时,每个教研活动室还配备一台电脑、一台电视显示屏,便于各教研组开展各类学习研讨活动。学校教研活动室的建立,为教师开展同伴合作研究提供了硬件上的支持和保障。

2. 坚持集体备课,实现资源共建共享

课堂的精彩生成离不开课前的精心预设。这就需要教师在备课时精心预设,在教学时才能自然生成。备课是教师根据课程标准分析教材的基础上,在先进的理念指导下,对教学活动进行系统策划、组织和安排,使教学达到最优化。备课体现的是教师的教学观念、理论素养,包含教师的"创造性",是教师教学智慧的闪现。集体备课是我国中小学教育中相当普遍的现象。集体备课能发挥集体的智慧。大家在集体讨论过程中,取长补短,互通有无,在比较的基础上扬长避短,有利于形成一个较为完善的教案。同时,集体备课有利于更好地开展教学研究。备课组教师在讨论、研究教材的同时,还共同学习一些有关教育教学的理论知识,对不同的教学观点和教学方法加以讨论和比较,分析一些教师的教学特点,探讨教学中的各种问题及提高教学质量的途径,集他人之长为我所用。集体备课还有利于提高整个教学水平,特别有利于青年教师的成长,使他们少走弯路。在老教师的传、帮、带下,新教师能较快地学会分析和处理教材,挖掘教材内部的联系,围绕教学目的进行讲和练,处理教学重点与难点的关系,巧妙地激发学生的兴趣并调动他们的学习积极性。老教师从青年教师热情高、反应快的特点中也可以学到不少新知识,使他们更努力地学习和钻研。

鉴于光明学校年轻教师比较多,整体水平不强的现状,为保证课堂教学质量,学校在几年前就提出"集团队智慧,提高备课质量"的口号,要求教师充分发挥团队合作的力量,努力做到教研组集体备课。具体流程及集体备课的"八步五稿备课法"在前文已有赘述。

3. 开展师徒带教,缩短青年成长过程

师徒带教制度是我校优秀青年教师队伍形成的一个重要因素,是学校一直以来坚持开展的一整套行之有效的新教师培训的策略和方法,并采用理论与实践相结合的办法进行全程培训。学校给每位新教师选配一名"师德好、业务精、素质佳"的教师做师傅,师傅对徒弟的成长全面负责。学校要求徒弟:"一年入门,二年顺路,三年出徒,五年出成果,十年成名家",使近几年入校的新教师迅速成长起来,推动学校青年教师队伍的健康、稳定、高素质发展。

为实现青年教师的"跨越式"发展,学校建设了"师徒结对"组织管理平台及运行机制。每学年,学校还选送部分青年教师与区级资深专家和教研员结对。通过师徒带教,光明学校的青年教师不断走向成熟,硕果累累:六名青年教师被评为浦东新区学科骨干教师;多人次学科职称顺利晋级;多人次论文区级、市级获奖或发表;两名教师市级课题立项;多人次教学评比获奖;多人次获得"农村职初骨干培训"机会……

2010年1月参加初中语文组区级结对的姚华妹老师说:"我们怀着满腔热情和教育理想跨入光明学校这个大家庭,开始我们的教育之旅。我们有激情有理想,但缺少课堂教学的经验,缺少对学生心理的把握,缺少参加大赛的经历,缺少教育教学科研的能力,这就减缓了我们前行的步伐。感谢学校让我们进入各位师傅的门下,提供向师傅学习的机会。师傅在教坛上耕耘了十几年甚至几十年,积累了丰富的教学经验,拥有精湛的教学艺术,并形成了自己独特、鲜明的教学风格。可以毫不逊色地说,每一位师傅都是一个丰富的资源库,都有许多值得我们青年教师学习和借鉴的地方。我要感谢学校给我们创造这个机会,更感谢各位师傅对我们的倾心相助。今后我们将追寻你们的脚步,做一名有思想、有个性、有原则、有品位的教师,努力创造教育教学的美好境界,让自己的教育之路越走越宽,越走越稳!"

"成就教师、发展学生、打造品牌",光明学校一直遵循这一轨迹运行。我们深知教师的发展维系学校的发展。所以,在教师培养方面我们一直在不懈地努力。经过探索,光明学校师徒带教已经形成自身特色:一、由纯"个体带教"转向集体带教;二、打破"近亲繁殖";三、由纯"校本带教"转向"校际带教";四、由纯"学科带教"转向"教科研带教"。相信,通过建立"师徒结对"组织管理平台及运行机制,学校青年教师队伍必将呈现新的活力,成为学校发展的又一生长点。

4. 举办主题教学节,聚焦课堂教学改革

为了更新教师的教育教学理念,深化课堂教学改革,每年金秋10月,光明学校开展主题性教学节,围绕某一专题开展教学的实践与探索。学校设置了新进教师亮相课、青年教师评选课、骨干教师示范课,并要求所有教师参与评课。课堂展评平台有两个功能,一是为教师提供课堂教学展示,二是让所有教师参与评课。所以,在"教学节"中,没有观众,人人都是参与者。

怎样教才是有效的?如何关注学生的学?这是我们一直以来思考的问题。顾泠沅教授在日前举行的"坚守与创新——上海市教科院普教科研三十周年"庆祝大会中提出,课堂的改革是"鼓励学生自己学习,教会学生如何学习,今后不教也能学习"。那么,面对"如何将先进的教学理念转化为具体的课堂教学行为?""教师自身的教学观、学生观应怎样体现?""课堂教学中出现的问题该如何应对?"等密切关系新课程实施成败的问题,光明学校改进课堂教学,在光明学校第五届教学节之"中年教师攻关课"活动中,不仅全体中年教师开展公开教学，刘玉华校长也身体力行，亲自上课。刘校长的一堂历史公开课为我们的一线教师打开了思路。

动态生成　让课堂教学更精彩
——由校长的一堂历史公开课引发的感悟

沈学文

一堂朴实、真实、扎实的历史公开课

近期学校正举办第五届教学节之"中年教师攻关课"，一听说校长也要开课，很多教师特地从东校赶过来，想领略一下特级教师的风采。2013年12月5日中午，学校录播室近100多位教师济济一堂。

上课伊始，校长问学生："今天在我们身后坐了很多老师，他们来干嘛？"学生异口同声回答："听课！""没错，那是来听谁的课啊？"有的学生说："听你的课！""不对。"有位学生灵机一动说："听校长的课！"校长摇摇头说："还是不对，是听你们的课。"

这节课的教学内容是八年级历史第22课"美国南北战争"。导入阶段，校长以奥巴马连任新闻及2008年当选总统的旧闻引发学生思考。"他是谁？为什么他的当选标志着南北战争真正结束？"从而激发学生的学习兴趣。校长又问学生："你们预习了没有？"学生摇摇头。于是校长请学生根据PPT上呈现的提纲快速浏览课文内容，并交流通过阅读课文知道的与本课主题相关的历史信息，从而了解学生的已有知识。校长又以板书呈现了学生归纳的重要内容。

然后校长请学生对文中看不懂的地方及需要进一步了解的内容进行提问。学生现场提出了很多自己想了解的问题。有学生问："林肯怎么会被刺杀？"有学生问："奴隶制的存废为什么会是焦点？"还有学生问："南北战争为什么会爆发？"……学生在课堂上所表现出的自主提问、质疑能力令现场听课教师赞叹不已。校长现场将这些生成的问题进行归纳后汇总成"问题超市"。根据学生的认知结构、学科的知识结构，对学生生成的问题进行概括、调整和编排。

为了催化教学生成,校长在进行教案设计时,预设了一些能供学生研讨的问题,如①美国内战的原因是什么?②什么是废奴运动?③为什么林肯当选为总统?④林肯政府采取了什么措施?并且在这些环节加大备课量,搜集了大量与问题相关的文字、图片等史料供学生选择和学习。课的最后,还向学生归纳本课的核心知识点。

为了进一步了解上课学生的真实感受和体会,浦东教育发展研究院黄建初老师课后对学生做了问卷调查。学生在谈到自己的收获与体会时,甲学生说:"这节课逻辑顺序很符合我们的认知规律,我们能很直观地了解到课堂的主要知识。老师通过提问,引导我们进入本课,关于美国南北战争的问题一一解答,脉络理得很清晰,对教材有了进一步的说明和发挥。"乙学生说:"师生互动,令我深深地融入其中。内容生动,活跃了我们的思维。开放提问,解答了我们的疑问。"丙学生说:"我认为,刘校长为我们上的那堂历史课是十分活跃自由的,这堂课让我们发表自己的意见,提出自己心中的疑问,这种学习效率十分高,希望刘校长能将这种上课方式传递给每一位任课教师。"丁学生说:"上完了校长的课,先前因老师来得太多而产生的紧张感也不复存在了。自然而然随着老师沉浸在历史的海洋中。使我收获了知识,而那不仅仅是书上的。"

感悟一:把课堂的主动权还给学生

当校长问学生"今天听谁的课?"时,他的答案是"听你们的课",从教育理念上真正把学生当作"主人"。有位学生在谈到自己的感受和体会时说:"刘老师首先问了一个问题,这节课是属于谁的?我们都齐答'这是刘老师您的。'但是您却说这节课是属于我们大家的。让我感到您是一位非常优秀的教师!"

叶澜教授说过:"把课堂还给学生,让课堂充满生命活力。"随着新课改的深入,面对新世纪教育的挑战,作为教师也应努力把课堂学习的主动权交还给学生。但是我们经常会看到这样的现象：教师是课堂的主宰者，学生是教师意志的服从者，他们会要求学生积极主动地学习，理解规定的和现成的知识，但很少会让学生自己寻求知识，发现问题，寻找解决困难的方法。教学是一个互动生成的过程，教师在课堂教学中会生成很多新的问题，教师不知道课堂中会发生什么，这使教师对整堂课教学进度的把握也有一定的难度。在很多公开课上，我们往往要求一堂课必须达成预期的教学目标，但是我想，真实的课堂，应该是学生提出自己难以解决的问题，教师为学生提供"支架"，师生共同解决问题和难点的过程。建构主义"支架式"教学策略借用建筑行业中使用的"脚手架"作为形象化比喻。当学生在学习过程中遇到困难时，教师及时给学生一定的帮助和支持，让学生像沿着"脚手架"那样一步步向上攀登。

本节课中，教师根据学生的需要设计课堂上的一切。教师让学生带着问题阅读教材，自己读课文，教师还提示"要读出历史的信息"。学生提出在阅读教材后难以解决的问题，教师为学生提供知识链接，搜集大量与问题相关的文字、图片等学习资料，给学生提供帮助和指导，与学生共同解决问题。如果还不能解决问题，教师对难点进行重点指导，深入突破，为学生提供"支架"。鼓励学生多参与、多思考、多讨论，体现支架式教学的理念。

回顾我们的教学，学生死记硬背的学习方法依然盛行，他们很少对现实情况提出自己的问题。发现问题、解决问题的能力不强，创新意识不足。我想，课堂教学更重要的是要培养学生自主学习的能力和创新素质，这是学生发展也是教学发展的根本后劲。然而要改变学生这种被动、单一的学习方式，关键在于教师教学观念的转变。

感悟二：精心设计　动态生成

非线性动态的教学更需要教师的一种教学机智，即一种善于根据情况变化，创造性地进行教育的才能。它是构成教育艺术的主要因素之一,包括两个方面:在教育教学工作中,有高度的灵活性,能随机应变、敏捷、果断地处理问题;有高度的智慧,能巧妙地、精确地、发人深省地给人以指导、启发和教育。教育的技巧并不在于能预见到课堂的所有细节,而是在于根据当时的具体情况,巧妙地在学生不知不觉中做出相应的变动。

在"美国南北战争"一课中,刘校长把学生在课堂教学中生成的几个问题根据历史发展顺序准确、迅速、敏捷地进行了一个次序的调整。充分调动知识储备,发挥教学机智,巧妙运用动态生成资源,及时调整教学预设,深化教学目标,使课堂教学开放生动,产生了更精彩的教学效果。我想,新课程背景下的课堂教学已不再是一个封闭系统,也不再拘泥于预先设定的固定不变的程式。学生的解放,教材、过程、时空的开放,使课堂教学呈现丰富性、多样性和复杂性,充满了对教师智慧的挑战,焕发了师生的生命活力。

感悟三:让课堂回归"真实"

公开课或比赛课,往往经过千锤百炼,集聚众多人的智慧。上课就是严格按照预设的教案展开教学活动,不能"节外生枝"。若有学生超出教案预设的范围,教师就会努力"引导",使之"回"到预定的框架中。有的小组合作学习中,教师不是引导者,而是一个仲裁者,教师只是按照预定的教学计划,把学生往事先预设好的框架里赶。小组成员之间缺少深层次交流和碰撞,往往优秀学生的意见和想法代替了小组其他成员的意见,学习差的学生成了陪衬。有时学生还没进入合作学习状态,小组合作学习就在教师的要求下匆匆结束了。这种看似完整、流畅的教学过程,实际上是"死的"教案支配着"活生生的"师生;教案成了"剧本",课堂成了演出的"舞台",教师是"主角",优秀的学生是主要"配角",大多数学生只是"群众演员"或"观众"。这种看似"完美无瑕"的课让人觉得缺少一些灵动和生气。

真实的课堂教学过程是一个非线性的、非预期的、不断生成和演进的过程。教师应不断关注学生的需求,更加面向真实性、多样性与复杂性。教师的作用就在于使教学过程顺利进行,而教学过程的顺利进行,需要发挥教师的教学机智,在很大程度上取决于教师是否具有良好的教学策划、教学组织、教学管理等"课堂教学领导能力"。在此,我们呼吁朴实、真实、扎实的"原生态"课堂,让课堂教学充满个性和张力,相信,教出来的学生也会更具想象力和创造力!

除了课堂教学展评外,学术节活动中,教研组长、备课组长还需根据学校的教学节方案制订学科教研组计划,并组织开展教研组专题研讨等活动。学校安排行政进入教研组、备课组参与活动,从而使教研组、备课组活动的质量得到保证和进一步提高。

附　　　　刘玉华校长的课后反思
——以"美国南北战争"为例谈历史课的以学定教

在历史课堂教学中能"以学定教",按学生学习的逻辑组织教学,学生在课堂中的主体地位将会得到落实,历史学科也会起到较好的提升学生人文素养的作用。本文结合我上八年级第一学期"美国南北战争"的过程与课后反思,探讨如何在历史课中体现以学定教的教学思想。

一、先学后教,充分关注学生的基础

初中生已有了一定的历史知识储备(虽然有些历史知识可能是错误的),这些知识来自于网络、电视、电影、报刊等。在以往的历史教学中,我们往往忽略学生已有的基础。如何发现和利用好学生已有的学习历史的能力和相关的历史知识,这是新时期历史教学必须要思考的问题。

在"美国南北战争"的教学中,进行了这样的尝试。我先将课文的提纲用PPT呈现给学生,请学生根据提纲用两分钟的时间浏览课文。接着,我用七分钟让学生交流自己所知道的与本课主题"南北战争"相关的历史信息,根据学生的交流内容,我归纳整理初步的结构式板书。然后,又花了九分钟,让学生对看不懂的地方及需要进一步了解的内容进行提问,我将其归纳在"学生生成"问题中。

在事后的评课和交流中,学生肯定这种"先学"的过程,我也发现了值得探讨的问题。例如,通过阅读课文获得历史信息有比较浓的语文讲解课的痕迹;假如学生没有预习或预习不到位,仅仅依靠课堂上两分钟的快速阅读,要了解一篇约两千字的课文中与主题有关的历史信息,是不太可能的,而不深入读懂课文,自然也就不会产生什么有价值的问题,造成教学环节中的学生生成部分流于形式,最后只能按照教师预设的问题来教学。有的教师针对预习提出这样的对策:可以让学生准备一本本子,把每节课前预习中产生的问题写在本子上,教师课前提前收起来。这样一方面有利于督促学生进行预习工作,更重要的是可以让教师在课前掌握学生的问题,并把这些问题以及解答相关重点问题的资料制成课件。做到这一点,需要导学案的介入。如果教师事先准备好一份导学案,督促和引导学生在课前进行自学,课堂教学效果就会更好。

二、以教导学,合作破解学习的难点

在完成"先学"这一教学环节后,学生对本课的教学内容已经有了一定的了解,教师对学生的学习情况也有了一定的掌握,课堂进入"导学"环节,也就是教师如何为学生搭建阶梯解决课堂中生成的问题。经过归纳、整理、筛选和重新排序,"美国南北战争"一课学生的问题如下:南北战争为什么爆发?奴隶制的存废为什么是焦点?林肯怎样限制奴隶制?"解放黑奴宣言"和"宅地法"起到什么作用？林肯为什么被刺？在备课时，教师应该对学生可能会提出的问题有一个预测。所以，我在备课时就预测了下列问题：美国内战的原因是什么？什么是废奴运动？为什么林肯当选成为导火线？林肯政府采取什么措施扭转了战局？南北战争的历史意义？林肯留给世人什么？比较我的预测和学生实际提问，可以发现学生的提问基本没有超出我预设问题的范围。于是，我就用 PPT 呈现我准备的资料，引导学生结合我提供的材料——解决他们自学中碰到的问题。最后，我再对学生忽略的"废奴运动"这一知识点的情况进行简单的补充。"导学"这一过程用时约二十分钟。

在课后的反思中，我认为"导学"阶段最精彩的是"两部法令作用"一问的解答：学生提出问题——教师出具材料——学生利用材料解答问题，全部过程一气呵成，简约精准。但是，我发现在教学中出现了这样的一个问题：用我预设的问题"覆盖"学生的问题并展开教学，这样到底好不好？表面上看我是在依据学生的学习逻辑组织教学，可实质上我是"穿新鞋走老路"，还是回到了用预先挖好的"问题陷阱"来组织教学的老路。另外，学生的问题跟我预设的问题有些不同，而 PPT 上的材料都是根据我的问题预设的，所以在材料呈现的选择、顺序和匹配性上都有不足。

经过本堂课的实践，我对如何处理学生生成的问题，如何组织帮助学生解决生成问题的资料以及如何协调教师预设问题和学生生成的问题，都有了新的认识：

1. 对学生生成问题的归纳、整理、筛选和重新排序必不可少。特别是筛选和重新排序，因为学生的提问是散点和无序的，教师根据教学目标对学生问题进行必要的筛选（在筛选时尽可能尊重和保护学生的求知欲），根据历史事件发生的时间顺序或历史事件之间的逻辑关系进行排序，是教师发挥主导作用的重要体现。

2. 教师可以预设问题，但不能围绕预设的问题组织材料。因为即使我们使用教学案后,已经掌握学生要提的主要问题,但在实际课堂教学中,还会有新的生成性问题出现。既然教师预设和学生生成性问题的"不一致"不可避免,那么我们就"以不变应万变",我们应该根据课文主题设置若干个专题组织材料,如在"美国南北战争"一课中可以围绕南北战争(含原因、过程和结果)、废奴运动、林肯三个专题组织材料。这样,当学生"防不胜防"的生成性问题出现时,我们就可以比较自如地从相关专题中寻找某些资料帮助学生解决问题,也就能够避免用教师的问题"覆盖"学生生成性问题组织教学这一现象的发生。

3. 当学生有提问盲区时,教师必须要用预设的问题来弥补。因为,教学毕竟是有目标和有任务的。

4. 在解决问题时,教师要尽可能地用预先准备的资料,为学生提供解决问题的阶梯。即使是教师为了弥补学生提问的盲区而抛出预设的问题,也要给学生提供解决问题(含同学合作、师生合作)的时间和空间。

5. 教师在选择材料时,在保证材料真实性的前提下,尽可能选一些适合学生,能引起学生兴趣的材料,从而保证历史学科具有一定的生动性。

三、少教多学,正确把握教师的角色

"少教多学"并非是让教师投入更少,而是要求教师教得更好。教学不再是开始于教师的备课和讲课,结束于考试和评价的过程,而是开始于学生的预学准备以及教师了解他们知道什么和能做什么,评价则始终与教学过程平行;课堂教学总是在了解学生的基础上有针对性地进行设计与改进。于是课堂教学将从动机到形式均以学生学习为中心进行组织,而不是以教师为中心。在《美国南北战争》一课的准备时,我用很多时间和精力去"揣摩"学生会问哪些问题,并围绕这些问题准备材料,在课堂中我始终关注学生掌握了什么,进一步想知道什么,我努力为学生提供解决问题的材料,协调学生的需求和教学目标之间的关系……最后,我通过结构式板书,对本课进行总结。

"少教"是强调"精心、精致、精彩"的精教。充分掌握学情是精教的前提。在"导学"环节,少不了教师恰到好处的点拨和声情并茂的讲解。最后的知识梳理能帮助学生将新知识纳入自我认知结构,提高思维和创新能力的层次,实现个人意义上的知识再生产。在课后的学生问卷调查中,有学生这样写道:"在最后教师通过板书把课文的知识再梳理了一下,我觉得清楚多了。"

教是为了不教。许多教师一直不放手让学生自己学习,认为不是自己明明白白地讲一遍,学生就掌握得不好。根据美国学习专家爱德加·戴尔的"学习金字塔"理论,通过听讲获得知识在两周后的平均保持率只有5%。可以这样说,两周后,教师辛辛苦苦的讲解基本失效。也有的教师拘泥于每节课的"成败",他认为一节课如果采用"以学定教"的方式,万一完不成知识教学目标,就是浪费学生的时间。其实,他没有真正理解知识的学习只是能力培养和情感体验的载体,而不是学习的全部。判断一堂课成败的关键不是学生获得知识的量,更不是教师单向传输知识的量。从某种意义上看,一堂有计划的学生主动参与的课就是"成功"的课。因为知识是学不完的,并且是在不断更新的,而通过知识学习的过程中获得能力和养成的意志品质是可以滋养学生的一生。

5. 加强专业引领,建立领导磨课制

磨课是教师专业发展中"实践反思、同伴互助和专业引领"的综合体现,能有效改进和提升教师的课堂教学水平。为了改进教师的课堂教学,光明学校建立了课堂教学领导磨课制。

领导磨课,目的是建立一种学校领导深入课堂教学第一线的渠道,通过听课发现课堂教学的普遍问题,和教师共同分析讨论,寻找解决和改进的方法,再深入课堂实践。刘玉华校长和学校领导通过多年的磨课实践和分析研究,提出了一套完整的磨课方式。简易的领导磨课前文已作介绍,这里重点介绍比较复杂的发展性评课式磨课,就是特别强调对授课教师的课一定要给予发展性的评价。它具有长时段、多类型,汇聚校内外教师和专家资源,针对某一学科和某位教师进行专门的诊断。下面以历史学科的发展性评课为例,简要介绍领导磨课的操作流程与方法。

(1) 历史教学发展性评课的概念及特点

A. 历史教学发展性评课的概念

历史教学发展性评课的概念,目前还没有比较统一的说法。我们根据发展性评价理论和课堂教学评价的概念进行界定。

发展性评价是一种建立在评价双方互相信任的基础上,强调评价的双向性,以促进被评者的发展为目的的、新型的、面向未来的评价制度。它具有以下重要特征:(1)发展性评价以被评价者的素质全面发展为目标。(2)进行发展性评价时对被评价者的发展特征的描述和发展水平的认定必须是评价者和被评价者共同认可的。(3)发展性评价是注重过程的。(4)发展性评价关注个体差异。(5)发展性评价强调评价主体多元化。

课堂教学评价是依据现代教育评价理论,对课堂教学活动状态和价值所进行的判断。

根据上面两个概念,我们对历史教学发展性评课的概念界定为:历史教学发展性评课是在评价双方积极参与的前提下,以现代的历史教育评价观和价值观为依据,通过同伴互助、专家点评等方式,实现专业引领,促进教师专业成长的教学研究活动。

B. 历史教学发展性评课的特点

a. 评课的前提是民主协商

根据历史教学发展性评课,教师要改变过去的观念,把评课看作是指导自己专业成长的活动。这种评课易使教师在心理上产生认同感,促进教师的积极参与,从而以坦诚合作的态度参与评价工作。而教师积极主动的参与评价,则是进步和发展的基础,避免了过去教师在评价过程中产生的焦虑心理、防卫心理。在条件许可的情况下,可让教师参与评课方案的制订过程,使他们了解评课的意义和评课方案的依据,一旦教师了解了评价方案的科学依据,他们在心理上就能接受这一方案,在以后的行动上也就能积极配合评价者,并接受评价结论。

b. 评课的基础是坚持评价标准及角度的多元

课堂教学本身是多元的,教师的教学风格也是不一样的,从专业发展角度分析,在评价标准方面要体现全面性和多样性。即便使用同一标准,也应因时、因地、因人制宜。同时,评课不仅包括其外在的行为、态度,而且应包括其内在的精神气质和性格。

c. 评课的根本目的促进教师专业水平的发展

这种评课的根本目的是促进教师的发展,而不是应付各种检查和评比。通过分析在教学中的优点、缺点,提出改进意见,从而最终促进教师的专业成长。

d. 评课的过程是周期性的推进

教师在上完一节课后,评价者与教师共同讨论教学中的优点、缺点,提出修改意见后,使教师的教学行为不断改变,教学水平不断提高。这样经过多次循环,形成上升之势,从而使教师专业不断发展。这种方式的优点更加关注教师的行为跟进,更加关注通过评课促进教师的成长。

e. 评课的实质是形成性评价

为教师提供优缺点的信息,使学校能采取适当的措施帮助他们发展,这样就加强了学校和教师之间、教师和教师之间、教师和学生之间的双向和多向的交流与合作。这种评价为教师的课堂教学提供了反馈与矫正的系统,保证了课堂教学质量的改进和提高。

(2) 历史教学发展性评课流程

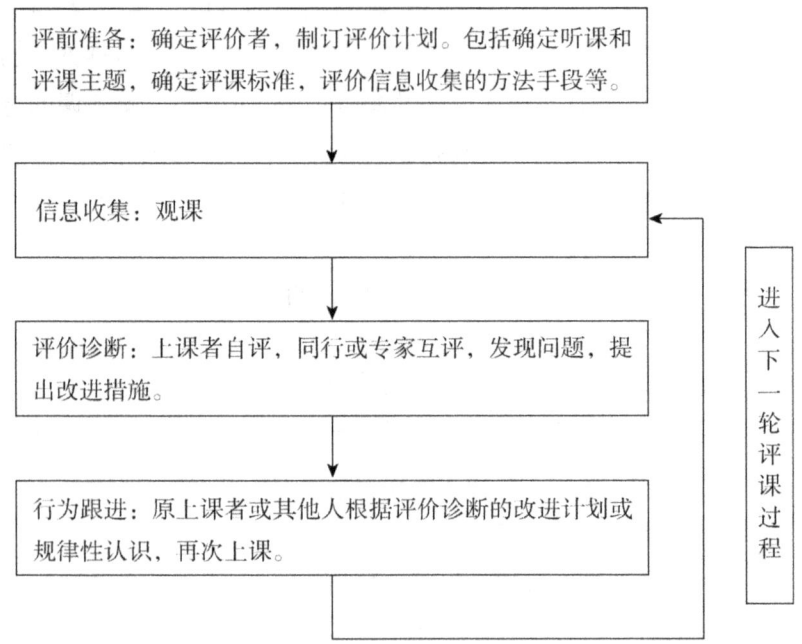

历史教学发展性评课流程图

从上面的示意图中可以看出,历史教学发展性评课分为四个阶段,下面分别加以阐述。

第一阶段:评前准备

1. 确定评价者

在发展性评课中,评价者的选择是非常重要的,评价者应该具备下列条件:

(1) 评价者专业水平深厚,是本专业中的佼佼者。这是因为,从事过教学的人在教学上有着深厚的经验积累,能够发现被评者教学中出现的低效行为。评价者出色的专业技能和评价技能,被评价教师才会相信评价者的教学水平或"医术",而不仅仅是把他当作一个好心人,故一般选择同行的优秀同事或同行的管理人员担任评价者。

（2）评价者善于交流。能够把被评者教学中出现的优点和缺点在评价面谈中巧妙地引导被评价者找出自己的不足。

（3）评价者引导教师向肯定的、积极的方向引导。评价既然是教育行为中不可或缺的,就必须发挥它的教育功能,即通过评价,激发教师的积极性,提高教学质量,促进教师教学向良性和个性化发展。

2. 制订评价计划

（1）确定主题:以往的评课,常常是眉毛、胡子一把抓,泛泛而评,结果被评的教师很茫然。评价要取得实效,必须针对教师教学中的问题,确定主题,制订详细的实现目标的计划,直到教师基本解决这个问题为止。

（2）制订评价标准

① 以教学行为的效益最大化作为标准。新课改中,教师面对诸多理念,使教师有些无所适从。归根结底,看教师的教学行为是不是有效,是不是高效。因此,对评价双方来说,以有效教学行为构建评价标准,使评价标准更为具体化、行为化和操作化,既有利于评价者和课堂观察,又有利于被评价教师的事后改进。

② 确定授课计划和听课计划

被评价教师根据评价标准,并根据自己的教学能力,设计一个教学方案和计划。然后,由教师和评价者共同商讨,根据评价标准将教学方案和计划规定为一些具体化、行为化和操作化的行为要求。同时,还应制订观课计划,如观课的方式、观课的重点等,使评价具有针对性,从而提高评价的质量。

第二阶段：评价信息收集

由于教学是一个复杂的系统工程,从实际情况分析,是不可能完全把课堂中发生的信息记录下来。但是,从评价角度分析,又需要尽可能把信息记录下来,以供评价参考。现代技术为此提供了条件。如利用录像、录音等。但是,一般更多采取的是课堂实录的方式。对课堂实录,上课开始后,根据评价的主题,选取教师和学生的某些行为加以记录,整个记录要尽可能完整,不要间断。

第三阶段：评价诊断

1. 自我评价

此过程中教师根据评价的主题,以事实和数据作基础描述,分析自己教学行为的优劣得失,以促进教学行为的不断改进,在此阶段,评价者不作具体评价,只负责提供有关的数据和事实,帮助被评教师完成自我评价的过程。

2. 作出评价结论

（1）资料分析

对评价信息的收集要进行分析处理,从中得出一些有意义的结论。根据评价的主题和标准,看看教师哪些行为是高效的并鼓励教师继续运用这些行为；哪些是低效甚至无效的,帮助教师改进。

（2）作出评价结论

在自我评价过程中,评价对象已经介绍了自己的优点和不足之处,作为评价者,这时可以站在自己的角度,进一步阐述被评教师的优点和不足,要积极肯定被评教师的优点,诚恳地指出不足,并帮助其分析原因,提出合理的改进建议,在双方取得共识的前提下作出评价结论。

（3）制订改进计划

在找出问题,分清原因后,提出切实可行的改进意见。因此,评价双方应以评价结论为依据,制订下一步的改进计划。评价结论和改进计划应一式两份,一份由评价者保管,另一份由被评教师自己保管。应当指出的是,这一循环中的改进计划会成为下一循环的观察和评价的重点,从而保证评价的连续性。

第四阶段:行为跟进

"行为跟进"是指教师在上完一节课后,评课者与授课者共同讨论教学中的优点、缺点,提出修改意见后,原授课者(或其他人)在修改的基础上重新进行教学,再进行评价和修改,反复几次,使教师的教学行为不断改变,教学水平不断提高。

历史教学发展性评课重视教育理论对教学实践的指导,更关注教师的行为跟进。

(3) 历史教学发展性评课案例

历史教学发展性评课从行为跟进的不同形式来区分,可以大体分为"同课再构式""同课异构式""异课同构式"三种评价法。

"同课再构式"评价法:教师围绕主题,针对同一教学内容,用不断改进的教学设计连续两次或多次上研究课,评价者参与始终,并不断提供改进计划。"同课异构式"评价法:教师围绕主题,针对同一教学内容,用不同的教学设计连续上两次或多次研究课,评价者参与始终,进行比对,提供改进意见,总结历史教学规律性的认识。"异课同构式"评价法:教师用相同或相近的教学方法处理同一主题的不同教学内容,评价者总结经验与教训。(具体例子略)

6. 教师分工合作,共同编撰导学案

课堂教学如何改进?课堂教学的改进需要遵循什么原则?上海市基础教育工作会议提出,我们要把教学的出发点和着力点从教师如何"教"转变为学生如何"学",做到以学定教。未来的课堂教学,无论是在教育观念上,还是在教学结构上,都将朝着以学生的学习为中心这一核心内容发生转型,也就是"以学定教"。

教育的最终目标是帮助学生成为独立的、自律的学习者,学生应该学习的是如何学习。那么,如何让学生学会学习?如何把课堂的主动权还给学生?在光明学校的课堂教学中,我们改变以往以教师为中心的课堂状态,在"以学定教"的理念下,做到先学后教、以教导学、少教多学。在考试学科中开始尝试"导学案"的设计与使用,关注学生的预学习。导学案是在新课程理念指导下,为达成一定学习目标而制订的,经过教师集体研究共同编写的,用于引导学生自主学习的学习方案。"导学案"在教师"导"的同时,关注学生的"学"。当然,导学案的编撰不是靠个人的力量就可以完全做到的,它需要借助团队的力量,需要集体的合作。因此,学校以学科教研组为单位,教研组内教师分工合作编撰每节课的导学案,制订每节课的学习目标,罗列主要的知识点,并根据教材制订学生能通过课前的独学可以接受的、应知应会的习题。经过几年努力,目前学校已在初中各学科中全面推进导学案的编撰工作。有些年级已在导学案的基础上,积极探索三单(课前预习单、课中检测单、课后巩固单)的建设。

光明学校六年级英语导学案

6A Module 1 Unit 1

【重点语法】
一、指示代词,e.g.this;these
二、家庭成员或亲戚的称呼
三、美好愿望的惯用表达,e.g. Happy birthday!
四、How question:(1)how many,e.g.How many brothers do you have?
五、What question:(1)what;(2)what else
六、用频率副词:(1)always;(2)often;(3)usually;(4)sometimes
七、时态:一般现在时。
八、go+doing,e.g.go swimming/go sightseeing/go boating/go fishing
九、从……得到:get...from sb.
十、有;拥有:(1)have(not)got;(2)has(not)got

（续表）

First Period (page2~3)

【自主探究】

I. Preview page 2~3, listen to the tape and read(预习P2~3,听录音熟读)

II. Write down the proper words according to the phonetic symbols(根据音标写出正确的单词):
1. Do you have any_____in Beijing?   /ˈrelətɪvz/
2. This is Alice's_____tree.   /ˈfæməlɪ/
3. Lucy is my daughter's daughter. She is my_____.   /ˈɡrænd ɔːtə/
4. Peter's aunt has one child. She is Peter's_____.   /ˈkʌzn/

III. Underline the following phrases while reading, then try to translate them into English(边读边在文中画出下列词组,并把它们翻译成英语):
1. 家人和亲戚_____
2. 我的家谱_____
3. 阿姨和叔叔_____
4. 爷爷和奶奶_____
5. 孙子和孙女_____
6. 姐姐和弟弟_____
7. (堂)表兄妹_____
8. 从……得到_____
9. 许多礼物和生日卡片_____
10. 为某人制作某物(两种)_____
11. ……家庭成员之一_____
12. 生日快乐_____

IV. Answer the following questions according to the text(根据课文内容回答下列问题):
1. How many people are there in Alice's family?
_____
2. Who are Alice's cousins?
_____
3. Who is Alice's brother?
_____

【学习留白】

（光明学校初中英语教研组集体编撰）

【分析】课前导学案的使用实际上是实现两个前置,即学习前置和问题前置。课前制定了"导学案",让学生通过自主预习解决"导学案"中的问题,使学生能够在"导学案"的引导下,通过课前的预学习,完成对学科知识点的理解。同时,让学生思考,提出质疑,主动参与课堂讨论。教师则根据学生"导学案"的预学习反馈,更好地把握教学难点,将预习和课堂教学有效衔接,达到"以学定教"的目的。实现教师可以"少教",学生可以"多学"的目的,真正达到"教是为了不教"的理想境界。导学案的编撰过程其实也是教师之间相互合作,共同研究教学,共享经验和理念的过程。在合作中实现优势互补,不断改进教师的教学理念和行为,达到改善和提升教学有效性的目的。教师间的合作带来了教师精神面貌和学校文化的改变。

7. 建立博客小组,共享教学智慧

作为一线教师,在日常工作中经常会遇到值得研究的教育现象、教育案例,同时会产生不少困惑和灵感。但往往会因种种原因,未能及时记录,更少了应有的反思和研究。如何解决这一问题,2012 年 2 月,光明学校建立了名为"美语美心 gm"博客小组,以博客小组的形式成立学习共同体,让小组成员以网络为平台记录、交流、分享彼此的教育故事和点滴感悟,从而提升教师的专业能力。本着自愿的原则,先后有 10 位教师加入这一团队。博客小组发挥以点带面的作用,推动学校学习型组织建设。

8. 成立青年教师研习社,分享教学经验

为进一步提升光明学校教师的素养,特别是为教师成长构建一个校内教学交流的平台,2011 年年初,学校移植上实集团青年教师研习社的经验,在 35 周岁以下青年教师自愿报名的基础上,正式成立青年教师研习社,目前已有 50 多名青年教师自愿参与。通过开展"评一节好课""写一篇反思""读一本好书"等系列富有特色的活动,促进青年教师的成长。学校行政、党支部、工会等各个方面都给与大力支持,希望青年教师在学校搭建的青年教师研习社平台上互帮互助,在教学领域中不断提高教师专业素养,不断完善自我。鼓励教师以研究者的心态,凭借理论的指导和教学经验,缜密地分析问题,反思自身的教学行为,提出假设并进行实验,总结经验,不断完善,实现"课程、教学与研究一体化",教师自身的专业也由此不断得到发展。青年教师研习社成为青年教师学习实践、锻炼成长的有效载体,成为青年教师交流经验、增进友谊的温暖之家。

(二) 师生合作——转变教师角色,创建民主的师生关系

"教师的责任不是进行'好的教学',而是要实现所有儿童的学习权力,尽可能提高儿童学习的质量"。因此,我们应转变教师角色,创建民主的师生关系,师生建立以倾听和对话为基础的学习共同体。我们的教学应以学生的"学"为中心,在整个教学过程中教师起组织者、指导者、帮助者和促进者的作用,尊重与信任每一位学生,教师和学生要形成一种合作伙伴关系。通过倾听与对话,合作与探究,充分发挥学生的主动性、积极性和首创精神,让我们的教学真正实现"为了每位学生的发展"的理念。

1. 倾听与对话

新课程改革把教学定位为"师生交往、积极互动、共同发展的过程"。因此,在课堂上,教师与学生应平等对话,一起分享彼此的思考、经验和知识,交流彼此的情感、体验和观念。课堂中的教师与学生更多的是进行一种交流、沟通、合作和互动。

佐藤学教授认为,倾听和对话是深入学习的必然途径。在学生中培育相互倾听关系的第一要件就是教师自身悉心倾听每位学生的心声。除了教师自身成为出色的倾听者之外,要培育相互倾听关系别无他法。同时,他认为学习是同新的世界的"相遇"与"对话",是师生基于对话的"冲刺"与"挑战"。在合作学习的课堂里,每位学生与教师一道奏响着同声相应、同气相求的交响曲。我们非常赞同佐藤学教授关于学习过程的解释,他认为学习是个体内部建构与外部建构相互作用的过程,更强调学生主动地与客观世界对话、与他人对话、与自身对话的过程。

"合作"应发生在学习过程的始终。而会话是合作过程中不可缺少的环节。学习小组成员之间必须通过会话商讨如何完成规定的学习任务。此外,合作学习过程也是会话过程,在此过程中,每位学生的思维成果为整个学习群体所共享,会话使学习群体通过相互交流、讨论、协商,共同建构问题的意义,因此对话是学生实现对当前所学知识意义建构的重要手段之一。

2. 合作与探究

合作学习环境的设计需要形成一个通过社会协商,在教师指导下进行意义建构的"学习共同体"。为完成真实的任务,学生与同伴之间需要相互依赖、相互探究、相互交流、相互协作。处于学习共同体中的所有成员拥有一个共同关注的点,共同致力于解决一组问题,或者为了一个主题共同投入热情。他们在这一共同追求的领域中通过持续不断地相互作用而发展自己的知识和专长。

回顾我们传统的课堂教学,教师往往只关注知识的传递,仅仅停留于对问题的"陈述",而没有机会抓住这些陈述所要回答的问题。因此,用传统教学模式培养出来的学生可能拥有扎实的理论知识，但缺乏在真实情境中解决新问题的能力，更没有发现问题的意识。新课程改革提倡学生自主学习、合作学习和探究性学习，提高学生解决问题的能力和创新意识。那么，如何让学生真正主动地去学习？如何让学生主动地解决问题？我们认为，一个好的问题可以帮助学生深入地理解主题，而为了达到持久性的理解，教师必须利用更具挑战性、深层次的问题来揭示一个学科内涵的丰富性和复杂性。在《英特尔^{R}未来教育》一书中，我们看到对"基本问题"这一概念的描述，"基本问题"是指"没有'正确'答案的，是指向高级思维技能的，是能够激励和维持学生学习兴趣的，是直接指向学科的核心思想和关键探究，更具广泛意义，更具穿透力和挑战性的问题"。因此，我们的教师在设计问题时要考虑很多因素。需要精心设计激发学生思维的问题在课堂中引起学生的思考和讨论，由问题为焦点启动课程。我们要为学生呈现真实的、有意义的问题情境，充分调动学生学习的积极性与主动性，组织学生围绕某一主题进行调查和探究，寻求解决实际问题的方法。在这一过程中学生必须分析问题、提出假设、收集信息，有时需要做实验，进行推论，得出结论。从而培养学生理解问题、分析问题和解决问题的能力，形成自主学习的意识和合作探究的能力。

秦志军老师试验合作型的教学，在教学中尝试小组合作学习，他的课堂改革体会具有代表性。

学生都合作了还需要教师吗
——对"整数指数幂及其运算"一课教学的思考

秦志军

时下，教师的课堂教学已成为每所学校工作中被关注的焦点，学生的知识、智慧、人格也在课堂中得以滋养和生长。2013 年 12 月

9日黄建初老师带领几位老师走进了我的课堂,听取了我执教的七年级数学"整数指数幂及其运算"一课。作为一线教师,我把亲历的每节课当作自己的一件"作品","作品"是需要同行点评的,但它更需要自己细细"回味",并及时修正和改进。下面,我想以我上的"整数指数幂及其运算"教学为例进行自我评析和反思。

"整数指数幂及其运算"这节课只有两个很简单的知识点:一个是将同底数幂的除法公式扩充到被除数的指数小于除数的指数的情况;另一个是给出负指数的意义。我认为采用传授式教学方式,只要三言两语告诉学生运算法则,然后进行例题讲解、学生巩固练习,教学效果可能也会不错。但是,这样违背了数学教学的初衷:要让学生在学习中经历数学知识形成的过程,在这个过程中让学生学会思考、善于认识、分析问题,善于解决问题。

借助小组合作学习我想给学生创设一个知识学习的平台,我力争让学生成为学习的主人,力争改变学生被动、机械、缺乏思考的学习状态,力争不再强加于人、不再抑制学生学习数学的热情。有听课教师记录了完成两个简单的知识点教学用时是28分钟。在这28分钟里学生在做什么?

场景1 "观察 $m<n$ 的情况。$2^2 \div 2^5$ 等于多少?$a^6 \div a^8$ 等于多少?"观察、假设、初步论证,这是新授内容的导入环节。学生先独立思考、再小组讨论、最后组长总结。于是,学生自然地围坐在一起,在短时的个体思考后,就开始交流。组员逐一交流,或大声或小声地说着自己的猜想,组长认真地做着记录。"我觉得,这个说法有些问题,我的观点是……"小组成员边说边和同伴在稿纸上做着演示。

场景2 小组合作后,是大组交流。学生呈现不同的答案:-2^3、$\dfrac{1}{8}$ 和 2^{-3},且不少学生都给出 -2^3 的结果。我邀请代表细说每一种计算结果的思考过程。学生以自己的理解进行讲述,经过点拨后一致认定-2^3不正确。

场景3　大部分学生提出了2^{-3}的猜想,之前他们从未接触过指数为负数的情况。于是我提出了两个问题"指数为负数可行吗?""2^{-3}和$\frac{1}{8}$相等吗?"于是又有了新一轮小组讨论。

场景4　学生说出2^{-3}表示的含义。

场景5　师生小结(1)$m<n$ 时,$a^m \div a^n = a^{m-n} = a^{-p} = \frac{1}{a^p}$($a \neq 0, p$是自然数)。(2)得出整数指数幂的概念。(3)指出以后还会学习分数指数幂。

在这28分钟里学生较多的想法是始料未及的,也让我更加清醒地认识到:看似简单的问题,学生的想法是各异的,每一个相异构想都有推敲的价值。作为一名教师对学生思想的尊重,才能让学生有智慧的迸发。一堂课的意义不是记住一个公式,不是追求一个结果,课堂教学的意义是要让学生在求知过程中实现倾听、交流、分享、辩析、归纳和总结。

小组间的交流、互助不经意间弥补了我们传统教学上的诸多不足。讨论中不同数学基础的学生围坐在一起,他们对同一个问题会有不同方向和程度的理解,并且在小组中与他人发生思想的交锋。同事张婧老师说:"组内互助确实发生着,交流中学生的表现是自然和自信的,每个人的脸上都透着参与的热情与光彩。在小组中学生敢于'试错',也有同学之间的点拨。陆同学是位基础较差的学生,在小组展示中他勇敢地来到讲台前,他精彩的解题展示赢得了同学们的阵阵掌声……"

当然,在小组交流中部分学生还是存在一些没有弄明白的问题,但是,我想这又何妨? 就像教师讲解习题也不能保证所有学生都能听明白一样。

我这节课的最后一次小组讨论是在课堂练习阶段学生独立完成第2组练习后,我要求组长主持讲评。其间,组内成员之间对不同答案进行了分析、探讨,最后达成共识。在我没有参与讨论的情况下,学生也完成了学习任务。这个环节说明通过之前的学习,学生在某种程度上完成了知识的迁移、方法运用及形成了解决问题的基本能力。同时,我也在思考一个问题,学生都合作了还需要教师吗? 叶圣陶先生的教育思想中讲到"教是为了不教",吕叔湘先生在文章中是这样阐述这几个字的:这就触及教育学上的根本问题,就是在教学活动中,教师起什么作用? 圣陶先生的看法是,"各种学科的教学都一样,无非教师帮着学生学习的一串过程"。换句话说,教学教学,就是"教"学生"学",主要不是把现成的知识交给学生,而是把学习的方法教给学生,学生就可以受用一辈子。

"教是为了不教",那么在课堂教学中,教师的角色怎样定位? 从学生视角分析:学生解决问题靠的是知识和方法的迁移,没有先前的经验作前提,学生是不能完全实现新知识和数学思想方法的提炼、归纳及总结(一些小组合作教学的教师喜欢上复习课,原因是复习课学生有先前经验的储备);小组成员之间能力、基础等因素的差异客观存在,即使能力再强的学生手里没有像教师一样的"标准答案",同学之间对问题的分析不可能像教师那样分析得深入浅出,较难的问题始终在小组中找不到解决的方法。因此,在教学中,当学生思维受阻、方法无法提炼到位时需要教师的"引"和"导"。其中,教师就扮演着支持者、帮助者和引导者的角色。在课堂教学中,师生形成了学习共同体,师生合作,共同探究,学生在教师的引导下,实现对所学知识的意义建构。

(三) 生生合作——开展小组合作学习,打造光明合作课堂

光明学校以"人文立校,科学育人"为办学理念。多年前,光明学校开始走上特色学校创建之路——人文探究学校的探索。所谓人文探究学校,就是拥有人文的校园环境,宽松、愉悦的教育氛围,尊重学生的个性发展,鼓励、培养、发展师生的探究性和创造力的学校。为此,学校建设了充满人文气息的校园环境,构建了"琴棋书画"特色课程。当然,要打造人文探究的学校,除了人文的校园环境、多样化的课程外,还需要有个性化教学的课堂,这才是人文的学校! 于是,学校开始探索与研究在班级授课制下如何关注学生方方面面的差异,实施个性化教学。

新课改的目标是"为了每位学生的发展",新课改的焦点是转变学生的学习方式,提出"改变课程实施过于强调接受学习、死记硬背、机械训练的现状,提倡自主、探究与合作的学习方式"。新课程所倡导的三大学习方式中就有合作学习。上海正在进行教育的转型。教育转型中最难转型的就是课堂教学的转型,课堂教学转型的根本目的还是学生发展。就是要充分激发学生学习的主动性,让个体生命自由、充分、全面、个性化地发展。

独立学习和小组合作学习是学生个性化学习的主要方式,当独立学习和小组合作学习完美结合时,学习就能取得更好的效果。然而传统的班级授课制强调"一起学习",而这种"一起学习"更多的是在时间上的同步,很少有真正的合作。传统的教学虽然也强调预习,关注学生的独立学习,但教学并不因预习而改变,依旧按照学科的知识结构进行课堂教学,而忽视了学生个体

的认知结构(思维逻辑结构)。因此,在刘玉华校长的领衔下,我们对班级授课制这一教学组织形式进行改造和突破,提出了"以小组合作为载体的个性化教学"研究项目。这里的"小组合作"是通过班级内有效的组内异质,组间同质的编组原则,将学生分成若干个小组,每组4~6人。让学生通过合作、交流、展示等学习活动,培养学生合作能力、社交能力和团队精神。让每位学生在原有基础上实现共同提高、共同发展、共同进步!这里的"个性化"是在了解学生背景、兴趣爱好、学习能力、学习风格等方面差异的基础上,我们采用小组合作的教学组织形式,通过互帮互助,使每位学生能最大限度地发挥其自身的潜能,充分发挥每个学生的个性,使每个学生都能获得成功。让学生在合作中富有个性地发展,实现个性化和社会化的协调发展。近年来,我们在不同学科教学中进行积极的尝试,总结归纳不同学科开展小组合作为载体的个性化教学的具体方法与步骤,探索符合光明学校自身特点的小组合作为载体的个性化教学的有效路径,构建一种和谐民主的师生关系,让光明的课堂充满尊重与信任、合作与倾听,真正打造光明学校个性化学习的人文课堂!

1. 创设小组合作学习环境

(1) 设立小组合作学习专用室,为合作学习创设条件

美国教育家杜威曾说过:"想要改变一个人,必先改变他的环境,环境改变了,他就被改变了。"教室是学生学习的主要场所,也是师生情感交流的心灵家园。为了给开展小组合作学习创设条件,我们设立了小组合作学习专用教室。在专用室的墙面张贴了"光明学校小组合作学习教改实践"的宣传展板。展板内容如下:

展板之一:小组

"小组"是通过班级内有效的组内异质,组间同质的编组原则,根据学生的性别、学习能力、学习风格、学习需求等把学生分成若干个合作学习小组,每组4~6人。组长:发挥领导作用,分配任务,组织协调组内各项学习活动。组员:服从组长指挥,互帮互助,为学习困难的组员解惑答疑。发言有序,善于倾听,要有团队合作精神。

展板之二:合作

主动询问:积极主动向其他组员提出问题或质疑。

互相解答:充分发表自己的见解,并对别人的意见进行评价和补充。

循序渐进:合作需解决的问题应由浅入深、由易到难,呈循序渐进之势。

展板之三:学习

课堂上,学习真正发生了吗?这是需要通过观察,收集证据后才能作出回答的。

学习是由三种对话实践——同客观世界的对话、同伙伴的对话、同自己的对话构成的。

——佐藤学教授

教重要的在于听,学重要的在于说。

——美国功勋教师德·鲍拉

以学定教的课堂转型旨在追求:鼓励学生自己学习,教会学生如何学习,今后不教也能学习。 ——顾泠沅研究员

展板之四:学生在不同学习方式下,24小时后的平均保持率

"教别人"或"马上应用",可以记住90%的学习内容。

"做中学"或"实际演练",可以达到75%。

"小组讨论",可以记住50%的内容。

宣传展板的布置一方面,潜移默化地向前来听课的教师传达有关小组合作学习的理念及开展实践研究的进展情况,另一方面,也为开展小组合作学习营造良好的氛围。小组合作宣传展板的呈现具有一种无形的教育力量,往往会起到"随风潜入夜,润物细无声"的作用。

另外,我们改变传统秧田式的桌椅摆放方式,将桌椅摆成4~6人的适合小组合作学习的教学组织形式——"凸"字形小组合作学习座位排列方式。"凸"字形座位的排列拉近了学生之间的距离,更有利于小组内的讨论和交流。在环境上建构了小组合作学习的形式。

(2) 建立合作学习小组,明确职责和任务

小组合作学习的成功与否,一定程度上取决于合理的分组。而分组的重要前提是要了解学生各方面的"差异"。包括文化背景、先行知识与经验、优势智能、学习需求、学习风格等。我们将通过调查问卷、访谈等形式,由学生自我认知、教师的沟通和家长参与三方面,共同了解学生的差异。我们在了解学生"差异"的基础上,按"组内异质,组间同质"的原则进行分组,让不同特质,不同层次的学生实现优化组合,使小组内学生之间形成差异互补。便于学生之间相互学习、互相帮助,充分发挥小组作用。为了让小组之间进行公平竞争,各小组应是同质的,使各小组站在同一起跑线上,便于小组间展开公平的竞争。每小组人数一般为4~6人,各学科可根据学科特点作相应调整。

为了让小组合作有序地开展,教师还要帮助小组进行合理的人员分工,明确每位小组成员各自的任务和职责。每个小组要设一名

学生担任组长——负责活动的组织,分配任务,沟通协调(组长轮换制);设一名监督员——监督和督促小组成员积极参与学习活动;一名记录员——记录小组学习情况和汇总小组学习的问题;一名学科代表——负责收发作业等事务(每组的学科代表由小组成员共同推荐,每组可能有多名不同学科的学科代表)。

(3) 制订"游戏规则",确保合作学习有序开展

"游戏规则"是小组合作学习的软环境。"游戏规则"既要给学生提供合作、交流、讨论和探究所必要的自由,也要给学生制订合作学习的规章制度。例如,"课前自主预习,主动、认真、投入地完成预习单中要求的内容,并记下自己不能解决的问题,在课中讨论;组内分工明确,能积极讨论,发言有序;能积极展示,主动分享好的学习收获或精彩部分。发言响亮清晰,条理清楚,见解独特,有新意;当别人发言或表达观点时要善于倾听,及时补充自己的想法;善于思考,能主动发现和提出问题,向他人寻求帮助;组内成员互帮互助,主动为学习困难的组员解惑答疑,共同进步;组长发挥领导作用,安排并协调组内各项学习活动,组内成员服从组长的指挥。"游戏规则"的制订确保小组合作学习有效、有序开展。

2. 优化课堂结构,构建"串"字形小组合作学习流程

经过在不同学科中开展以小组合作为载体的个性化教学实践与研究,我们探索了符合光明学校自身特点的"串"字形小组合作学习流程。该流程的原理如下页图示,图中三段之间代表三次独学,中间两个"口"代表学生与学生之间的两次小组合作。即指"三次独学、两次合作、五度生成"的"串"字形小组合作学习流程。

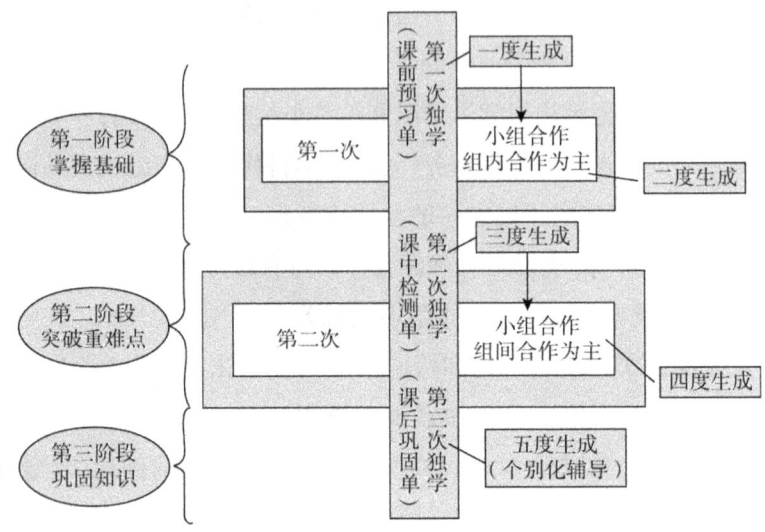

"串"字形小组合作学习流程图

"串"字形小组合作学习模式的实施步骤:(1)课前,学生利用"自主预习单"、微视频等先导性材料完成第一次独学,并记录下独学中自己不能解决的问题及进一步想了解的问题(一度生成)。学生通过第一次独学,掌握应知应会的基础知识。其中,"课前预习单"具有导学、导思、导练的作用。学什么、怎样学、学到什么程度在"课前预习单"中有明确表述。(2)第一次小组合作。第一次独学中小组成员个体遇到的问题,通过组内讨论和交流,学生互教互学,解决问题。组内有不能解决的问题可向全班求助(二度生成)。有独特学习收获的小组分享学习收获。(3)课中,学生利用"课中检测单"进行第二次独学。并记下第二次独学中不能解决的问题及进一步想了解的问题(三度生成)。(4)第二次小组合作学习(更深层的合作学习)。解决第二次独学中的问题或分享第二次独学中的收获。有不能解决问题的小组向全班求助(四度生成)。通过组间讨论交流,进行思维碰撞,互相分析难点。教师则启发、引导和点拨，帮助大家一起解决面向全体性的问题，突破重点和难点。（5）课后，学生利用"巩固单"，通过分层练习、实践运用，融会贯通所学的知识与技能，在原有基础上有所拓展和提升。记下练习中不能解决的问题或想进一步了解的问题（五度生成）。由于学生间的个体差异，对基础较差的学生和学习能力较强的学生，仅靠课堂教学难以满足他们的需求。因此，教师可根据学生完成拓展单的情况进行课外个别化辅导，满足不同学生的需求。教师也可创建学习微视频，基础较差的学生在学习巩固过程中遇到问题时，可根据自己的学习需求选择性地观看微视频进行独学巩固，从而解决个别学习中的问题。对学习能力较强的学生如有进一步提升的需求，教师可面对面地对学生进行个别化辅导，使不同层次的学生在自己原有的基础上有所提高，从而实现个性化教学。

下面是两位教师针对同一堂课的教后感和观后感。

让每一位学生学得更好

——运用"小组合作学习"执教"羚羊木雕"的教后感

邵 晶

让每一位学生在语文课上学得更好是否可能？这绝对是一个见仁见智的话题。我们学校正在进行课堂教改的实验，旨在通过实践课研究来促进课堂的转型，把"以学定教"渗入课堂，实现"人文立校，科学育人"的办学思想。

我根据学校总课题研究计划，以小组合作学习的形式执教了预备年级的一堂语文课"羚羊木雕"。课文的内容是：我把贵重的羚羊木雕送给了自己最好的朋友万芳，父母发现后逼我去要回来。我被逼无奈，只得硬着头皮向万芳开口要回木雕。事后我非常伤心。一件围绕羚羊木雕而引发的平凡的家庭小事，反映了两代人不同的内心世界,一方面是少年世界珍爱无比珍贵的友情,另一方面是成人世界对财物的过分看重而忽略了对孩子情感上的尊重。

如何把握这篇微型小说中的人物个性以及作者想要表达的情感价值是本文学习的重点。我已经有了8年教龄。按照以往的教学,这样的课大概就是教师教、学生学,学生受我的主导,可能难以把自己对事情的看法、感受在课上与他人分享,也就难以实现知识、方法的习得和情感的丰富、思维的深刻同步发展。

叶澜教授说:"新的教学过程的形成,首先必须让学生的内在能量释放出来,让他们在课堂上'活'起来。如果没有学生的主动参与,就缺乏重建课堂教学过程的基质。而学生能不能'活'起来,则取决于教师愿不愿、敢不敢改变自己习惯的教学方式。"

我们学校践行小组合作学习的教改实验,就是希望让学生从被动走向主动,把学习的主动权还给学生,让每一位学生学得更好。我很推崇这种新理念。

用什么来证明学生的学习有了进步?我们课题组用的研究方法是课堂观察,用观察记录的事实来证明。每一位听课教师坐在学习小组旁边观察小组合作学习有没有发生?合作学习的状态和过程是否体现了我们的追求?

课后,各位观察员老师对我的这节课进行了分析研讨,使我看到了成绩和进步,不足与尚待完善的地方,为我和我的同伴以后的教学研究留下了"接口"。

一

小组合作学习带来了新变化,观课教师认为值得肯定的地方很多。

一是小组合作学习为学生的"言说"提供了条件。

小组合作学习的教改，首先在时间上为学生的"言说"提供了条件。如在整体感知课文时，我让学生说说对文章情节的概况。在传统的教学中，这个问题只会选一个或者少数学生来回答，因为课堂上有限的时间不允许每个学生来回答。而在小组合作学习中，对教师提出的问题，学生可以在同一时间一起思考，一起回答，这就为学生的"言说"提供了相对充裕的时间。

再者，在空间上为学生的"言说"提供了条件。在传统的课堂上，学生说话的主要对象是教师，学生的回答是说给教师听的。而在小组合作中，学生内心的想法可以和组内的其他成员一起交流分享。"言说"的对象由一个增加到几个，在我设计的几个讨论环节中，小组讨论的氛围很浓，许多观察员都看到了这一点。比如，对课文中人物的分析，学生小组都能畅所欲言，从文中找到相关的语句来谈自己对人物的理解。有的学生用文中的词来概括母亲的形象，基础较好的学生用自己的语言来概括。这样既充分体现了尊重每一位学生的理念，又给他们提升学习的空间。通过学生自己的揣摩分析，人物形象渐渐地清晰和饱满起来。

此外，小组合作学习还为学生的"言说"提供了安全的氛围。让学生说说课文中产生的矛盾的原因等问题，一般情况下学生不愿意在教师面前回答这种带有明显价值倾向的问题，怕说不好，更怕和教师想的不一样。所以常常会看到学生先揣摩教师的提问意图，再说"违心"话。小组合作学习为大多数学生扫清了这层心理障碍。因为他们交流的对象由教师变成了同学，相互之间是平等的，所以顾忌就少了，也就愿意发表自己的观点。在交流时，他们不仅能站在学生的角度去看问题，也能站在成人的角度去看问题，如有学生说："爸爸把贵重的木雕送给你，本身就表达了爸爸对你的爱，而你却随意地把木雕送给了别人，这不是同样伤了爸爸的心吗，忽视了爸爸的爱吗？"也有学生说："友情是无价的，大人应该尊重孩子的选择。"我认为这样的问题，答案是丰富多彩的，应该让学生说出自己的感受，而不是把学生框在教师希望得到的所谓"标准答案"上。其实情感问题也很难有"标准"予以统一。

二是课前预习单为教与学提供了学习的起点。

在课前预习单中，我设计了三块内容，有学习目标、知识链接和预习提纲。学习目标是希望学生初步了解在这节课中我们要掌握的学习方法和知识点。知识链接是希望学生自主学习了解课文的相关知识，如作者、写作背景等。预习提纲则是希望学生完成对基础知识的检测和积累以及对文本的整体感知。让学生通过自己的已有知识，去学习新知识。在旧知识和新知识之间找到"连接"。

陶行知先生说过，学生怎么学就怎么教，教的法子来自学的法子。那教师如何知道学生想学什么和可学什么呢？教师可以通过预习单了解学生的知识起点。比如，在给画线字注音这一知识点上，学生集中出错在"逮捕"的"逮"字上，应该读第四声，那么教师在这个知识点上强调一下就可以了，而对其他学生通过自学能够掌握的字词的读音就不必在课上再浪费时间去强调。

二

通过观课研讨，我的同伴发现了好多值得探讨的地方。

一是小组合作学习要以学生的独立学习为基础。

刘玉华校长对这节课提出了他的看法：在小组合作中我们要把握小组合作的时机，不要因为提到了合作，就要从头讨论到尾，课堂上应该是动静结合的，把握住"串"字形的节奏，先个别学习，不懂的问题小组合作解决，小组内不能解决的问题，组间讨论解决，组间讨论不能解决的问题,再由教师答疑解惑。这样,教师就不需要重复教学,从而提高课堂效率。反观我的教学,设计时过于注重"合作",而忽略了个别学习。比如,在整体感知课文环节,我直接让学生在小组内讨论完成课文结构的填空,有些学生还没来得及思考,已经被其他成员的想法所左右,没能好好地独立思考。如何把握小组合作的时机,这也是我们今后要继续研究的问题。

二是从知识到方法的指导是教师的职责。

"要让小组合作学习有效地展开,还要有方法上的指导",这是观课的秦老师给我提出的意见。确实,在再读课文,分析人物这一环节中,我一下子就在 PPT 上出示要求,让学生通过小组合作抓住文中的关键语句来分析人物的形象。有些反应慢的学生有点"丈二和尚摸不着头脑",不知道怎么办。在接下来的小组合作学习中,他们处于被动地位,被好学生"牵着鼻子走",这样的合作就有违"让每位学生学得更好"的初衷。

我想如果根据秦老师的看法,我先把其中的一个人物形象提出来,教学生寻找描写这个人物的语句,然后分析这是个怎么样的人,学生掌握了这一方法后,再分析其他人物,这样,对反应慢的学生来说有了方法支撑,缩小了学生之间的差距,他们的合作就会产生更好的效果。方法是可以举一反三的,我从这节课的问题对这句话有了更深的理解。正如叶圣陶先生所说的:"教是为了不教。"教不是目的,不教才是目的,比起机械式地对学生灌输知识,教会学生学习的方法,才是让学生学得更好的良方。

三

因为运用了课堂观察这种方法,听课的观察员给我提供了她们看到的真实一幕——一位学困生在课上的表现,足以令人欣喜。这说明小组合作学习为学困生提供了探求知识的更大可能,为学困生建立自信搭建了平台。

观察员朱教师在课后写了一篇观课有感的文章,里面写道:

我观察的第二小组由两个女生和两个男生组成。活动伊始,我很容易就分辨出谁是组长,因为担任组长的那位女生比较强势、角色意识明显。但小组中另一个女生的表现却差强人意。

在第一次小组合作活动中,他们要完成互相检查预习单的任务,其他几位组员的任务完成得很好,可是坐在我身边的那位女生,她的预习单一半都还没完成。因为有听课教师在旁边,组长觉得很没面子,于是就忍不住对她轻声指责了几句,女生显得格外沮丧。但她紧攥着手中的笔,一副想要努力完成学习任务单的样子。

第二次小组合作任务开始了,这是一次分角色朗读的任务。她领到了文中母亲角色的朗读任务,只有两三句话。她左手用尺,右手拿笔,认真地把这些语句工工整整地画下来。合作朗读开始了,她的声音很轻、很不自信。组长在一旁指导说:"你要用严厉的语气来朗读,再来一遍。"女生便重新读了一遍,虽然声音还是很轻,语气也并不明显,但是我们听得出她正努力去尝试。

临近下课,教师要求学生就最后一个问题进行交流发言。当我还在关注其他小组成员发言时,我却惊喜地发现我身边的这位女生,不知什么时候竟举起了手。在我看来,那只小心翼翼举起的、只比桌子高一点点的手,像一棵刚刚出土的嫩芽。

可惜,上课教师似乎没有关注到她。眼看马上要下课了,组员们焦急地示意她不要将手放下,一位男生轻声说:"这可能是我们小组最后一次发言的机会了,靠你了。"这时我也鼓励她把手举高一点,并帮忙托举了一把。终于,教师看到了这位女生,让她起来回答。她依然是怯生生的，回答也因紧张而不流畅，组员们着实为她捏了一把汗，争相帮忙提醒答案。当她回答完毕，得到教师肯定并坐下的一瞬间，她长吁了一口气，脸上呈现出腼腆、轻松而又灿烂的表情，小组成员也露出了快乐的微笑！（参见朱春蓉老师《精彩瞬间的背后——邵晶老师"羚羊木雕"研究课观后感》）

我不敢说自己是一个多么好的教师，但我内心是认同"教学要为每一位学生的发展服务"的理念的。朱老师的观察和分析给了我诸多启示：让很少有机会在同学面前展现自己的学生，有更多机会言说，以此提振自信，也应该是"让每一位学生学得更好"的题中应有之义。

因为学校开展《以小组合作为载体的个性化教学的实践研究》，我有幸得到了开课研究的机会，有了同伴走进我课堂做观察员看我的教学。感谢他们让我从这节课的研究中发现了许多有待深入思考、实践的问题。

研究或许就是对旧问题的寻策，在找到解决旧问题的方法时，又发现了更多有待研究的问题。所以，一次开课研究不是画一个"句号"，而是有更多"问号"留待我们去深入探究。

以上就是我由一堂小组合作学习的研讨课而引发的一些思考。

精彩瞬间的背后
——"羚羊木雕"研究课观后感

朱春蓉

今天上午第三节课，按学校的安排，我听了六（4）班的一堂语文课，课题为"羚羊木雕"，执教的是六年级语文学科邵晶老师。这节课是我校龙头课题《以小组合作为载体的个性化教学的实践研究》实施中的一节课。

课后的研讨中，听课教师各抒己见，十分热烈。我要说的是我观察的那个小组，一位弱势女生的瞬间转变令我惊喜不已，也让我看到了小组合作学习的意义所在。

经过一段时间的研究实践，我们已经习惯了每位听课教师各认领一个学习小组，在这个小组旁边做"观察员"的变革。观察员的任务是以看到的课堂里学生怎样展开学习的真实状况作为证据，研究教师怎样教才"适合"学生学。不是看教师的出彩与否，而是看教师是否"以学定教"，学生的学习有没有真正发生，学习的质量"是否具有挑战性的结果"（夏雪梅语）。

一

我观察的第二小组由两个女生和两个男生组成。活动伊始，我很容易就分辨出谁是组长，因为担任组长的那位女生比较强势，角色意识明显。她干练果断、组织能力很强。但小组中另一位女生的表现却差强人意。

在第一次小组合作活动中，他们要完成互相检查预习单的任务，其他几位组员的任务完成得很好，可是坐在我身边的那位女生，她的预习单只完成了一半。因为有听课教师在旁边，组长觉得很没面子，于是就忍不住对她轻声指责了几句，女生显得格外沮丧。但她紧攥着手中的笔，一副想要努力完成学习任务的样子。

第二次小组合作任务开始了，这是一次分角色朗读的任务。她领到了文中母亲角色的朗读任务，只有两三句话。她左手用尺，右手拿笔，认真地把这些语句工工整整地画下来。合作朗读开始了，她的声音很轻，也不自信。组长在一旁指导说："你要用严厉的语气来朗读，再来一遍。"女生便重新读了一遍，虽然声音还是很轻，语气也并不明显，但是我们听得出来她正努力地尝试。

第三次小组合作的任务开始了，这次是对一道开放题的讨论，其他三个组员讨论得很热烈,唯独这位女生只是静静地听。这时候组长又发话了:"你不能只听我讲,要自己动脑筋。"这次女生怯生生地看着组长和另两位组员,眼神闪烁不定,嘴唇嗫嚅,欲言又止。

临近下课,教师要求学生就最后一个问题交流发言。当我还在关注其他小组成员发言时,我却惊喜地发现我身边的这位女生,不知什么时候竟举起了手。在我看来,那只小心翼翼举起的、只比桌子高一点点的手,像一棵刚刚出土的嫩芽,又像一轮初生的太阳,更像一面预示着胜利的旗帜在教室里飘扬!可惜,上课教师似乎没有关注到她。眼看着马上要下课了,组员们焦急地示意她不要将手放下,一位男生轻声地说:"这可能是我们小组最后一次发言的机会了,靠你了。"这时我也鼓励她把手举高,并帮忙托举了一把。终于,教师看到了这位女生,让她起来回答。她依然是怯生生地回答因紧张而不流畅,下面的组员着实为她捏了一把汗,争相帮忙提醒答案。当她回答完毕,得到教师的肯定并坐下的一瞬间,她长吁了一口气,脸上呈现出腼腆、轻松而又灿烂的表情,小组成员也露出了快乐的微笑!

二

这精彩的一瞬间,无疑是这堂小组合作学习课上最亮丽的一幕,而在这精彩瞬间的背后有太多值得我们探讨的奥秘。

首先,教师对各小组的评价机制。上课时,教师为了鼓励学生回答问题的积极性,故在黑板上对每个小组成员的回答按小组编号打上标记,对回答正确或观点明确的学生奖励小组一颗"★"。这一举措,激发了小组成员的团队荣誉感,使各小组间形成了良性竞争。据上课教师介绍,奖励方法中还有一条,如果小组中比较弱的学生发言,那么该小组能获得两颗"★"。我想,也许正是有了这样的评价机制,小组成员才会不遗余力地帮助那位女生。

其次，组内成员间的互助。课后获悉，这位女生在班中学习成绩不太理想，处于弱势。而在这堂课上，她却得到了展示自我、证明能力的机会，这个机会是小组成员给她的。这是一个富有互助精神的小组！在整个课堂中，这个小组的另三位成员发言非常踊跃，回答准确率也较高，可是他们把一次宝贵的回答机会给了组里最弱的一位女生，表现出了他们极强的团队合作意识。这正是我们研究的小组合作学习的意义所在：有效地关注每一位学生的成长和发展。

在我们传统的教学中，教师受到时间和教学任务等因素的限制，很可能只关注了部分学生，使其他学生游离在课堂之外，而小组合作学习正好弥补了这一缺陷。组长的督促、同伴的帮助，有效地使弱势学生得到了关注，组内形成了一个成长共同体。成长共同体向心力的形成就是一股强大的无形力量，会对每一位学生的个体发展起着巨大的潜移默化的教育、激励和制约作用。

第三，学生自我发展的需要。从观察中，我发现那是一位内心有自我发展需要的学生，她需要得到教师的赞许、同伴间的认可，因此她虚心接受组长的批评、组员的帮助，努力融入小组，与其他成员团结一心，尤其是最后勇敢地举手的表现，让人为之动容。所以，课上她的进步也是她自己努力的结果。

"以学定教"的观念在这里得到了张扬，留给我们为师者的是诸多的思考，怎样使学生在课堂里得到更多的帮助？怎样使学生的"学习共同体"（佐藤学教授语）真正发挥合作带来的快乐和共同成长，成为学习的依托？我们还需要实践、感悟、再实践、再观察分析，从而发现隐藏在学生学习背后的秘密，打开学生学习的"黑匣子"。

教育的最终目标是帮助学生成为独立的、自律的学习者。学生应该学习的是如何学习。那么如何让我们的学生学会学习？如何把课堂的主动权还给学生?如何将"教的课堂"转向"学的课堂"?我们通过开展以小组合作为载体的个性化教学的实践研究,改变了以往以教师为中心的课堂状态,让学生体验合作学习的学习方式。"小组合作学习"充分激发了学生学习的积极性和主动性。学生在小组合作学习过程中,通过互帮互助,实现共同进步、共同提高、共同发展。充分发挥每位学生的潜能,使其特长得到最大限度发展,培养学生的团队精神和思维能力,使学生得到个性化和社会化的协调发展。

当然,我们提倡小组合作学习并不排斥独立学习和全班学习的学习方式,而是这两种学习方式的相互补充。我们通过开展以小组合作为载体的个性化教学的实践研究来改进光明学校自身的课堂教学,关注每位学生的个体差异,并利用学生的差异资源实现学生的差异发展,真正落实并贯彻新课程"为了每位学生的发展"的理念!

七、以选择促使学生个性张扬

就像"世界上没有两片相同的叶子"一样,世界上也没有两个完全相同的人,每个人由于先天禀赋、环境影响、个体主观能动性等方面的不同,会表现出不同的个性差异。人的个性差异不仅是普遍的客观存在,而且是学校教育必须加以高度重视的。因为没有个性的人是不存在的,而人的个性正是世界多样性的基础,也是人的创造性的基础。可以说没有个性就没有多样性;不注重个性发展的教育,是不完整的教育。我国著名教育家蔡元培先生曾说:"教育者,养成人性之事业也。"教育不应该也不可能抹杀人的个性和差异,相反,教育的最高境界恰恰是给每位学生的个性发展提供支持。正是基于这样的教育理念,近年来,光明学校一直在"促进学生个性发展"上锐意创新,为学生的个性发展张扬创造条件。

(一) 教育应在共性中融入个性

1. 共性发展与个性发展的辩证统一

教育的根本任务从大的方面看,可以概括为共性发展和个性发展两大主题。共性发展,也可以称为规范性发展。它是一个培养人"社会属性"的社会化过程,它要求学生具有遵守社会规范的能力,使他们成为适应社会生活的人。个性发展,也可以称为创新性发展。它以个体的差异性和独特性为基础,以充分发展学生个性为目的,使学生潜能得到发挥、激励学生的创新精神、培养学生的创新意识。进而使他们成为改造现实世界、推动社会发展的人。

在教育中,共性发展和个性发展应是辩证统一的。科学的教育必须既强调培养人的共性,又强调培养人的个性。因为共性是构成社会的基础,是社会稳定的前提;个性是社会发展的基础,是社会变革的前提。共性和个性共同构成人的素质,我们的教育应当培养学生具有共性的个性和具有个性的共性,并使两者和谐统一。

只重共性发展,忽视个性发展的教育就像工厂里的流水线,按照同一的模式、同一的标准、同一的评价体系培养学生,结果只能生产出高度划一的"标准件"。在这样的教育体制下,学生作为个体所拥有的主动性、创造性和能动性被完全忽视,要求学生听话、服从,被动接受既定的知识。学生提出的质疑被认为是反叛,学生拥有的爱好被看成不务正业,学生进行的每一次探索都被当成洪水猛兽。教育成了一种驯化的工具,学生个性的棱角被磨得无影无踪,所谓教出的只能是唯唯诺诺、墨守成规的人;选拔出的也只能是一个个适合此类教育的学生,所选其人,亦非其才。失去了个性化的教育,使创新的火花还未燃起就已浇灭,难以造就五彩缤纷的社会文明。

共性教育过于呆板固然不利于社会健康地向前发展,但没有共性基础的个性发展也如脱了缰的野马,可能给我们的教育带来另一种伤害。没有规范管理为前提的个性发展,将演变成对学生过度的放任。教育缺乏必要的控制,学生打着"个性"的幌子呈自由化发展趋势,多元化、个性化不能与统一性有机结合,必然导致伦理道德滑坡,社会责任意识减弱,人际关系冷淡,缺乏合作、理解、认同的精神,表现极端的个人主义和自由主义,这也不利于构建和谐的社会。

总而言之,共性发展就好像在一块画布上涂上底色,有了底色的烘托,整幅画卷才有"浓妆淡抹总相宜"的气质;而个性发展就像在底色上勾勒的不同图案,有了每个人的想象,整幅画卷才能彰显生命力的繁盛。为此,光明学校努力行走在"共性发展"和"个性发展"之间,追求在"共性"中融入"个性"的美好教育。

2. 学生个性发展的重要性

多元智能理论之父加德纳预言:"如果说过去的千年带来了更多的民主,下一个千年带来的就是人的个性化,个性化并不是意味着自私自利,而是意味着对每一个人更加理解和尊重。"学生个性发展不仅有着基于个体差异的"必然性",也有着适应当前社会对人才需求多样化的"必要性"。发展学生个性是从观念内化到行动外化的过程。因此,作为教育者必须先明确学生个性发展的重要性。

(1) 发展学生个性是实现学生全面发展的需要

我们的教育是要培养全面发展的人才,这种全面发展既包括学生个体德智体美劳等方面的和谐发展,也包括每位学生个性的充分发展。它是在个体充分发展基础上的群体的全面发展。因此,发展学生个性成为实现学生全面发展的充分必要条件。一方面,要达到个体德智体美劳等方面的和谐发展,就必须做到充分挖掘个体潜能、扬长避短。所谓"寸有所长,尺有所短",再优秀的人也有自己的短处。我们不能因跑步跑不快就断言其体育不好。例如,许多铅球运动员都属于力量型选手,能把铅球扔得很远,跑步却不一定跑得快,我们能说其体育不好吗?教育要做的就是发现每个人身上潜在的发光点,并且把它置于阳光下,使它闪耀最绚烂的光芒。只有这样,才能实现个体的全面发展。另一方面,只有每位学生的个性得到良好发展,才能造就整个群体的全面发展。"一枝独秀不是春,百花齐放满园春",正是无数个千姿百态的个体,造就了群体乃至整个人类的全面发展。

(2) 发展学生个性是落实"以学生发展为本"的需要

"以人为本"是时代发展的要求,而"以学生发展为本"则是教育进步的结论。所谓"以学生发展为本"就是把每位学生当作教育的目的,确立和尊重学生在教育活动中的主体地位,真正实现"一切为了学生,为了学生的一切,为了一切学生"的教育理念。这就要求学校的一切活动都围绕学生的成长和发展而展开,从课程体系的设置到培养模式的确立,每一个细微处都应该体现对学生个体的尊重,善于开发每位学生的个性特点。在教育的词典中应该"没有差生,只有差异",因为每一个人身上都有闪光点。在教育实践中发现成绩不理想的学生在运动会上屡获殊荣,平时上课不敢发言的学生能在航模比赛中崭露头角,这就是个性的力量!正因为有了这种力量,学生才能得以健康快乐成长。如果我们的教育还仅停留在重"教"不重"学",重"知"不重"能",重"绩"不重"德"的思维中,那么我们的教育理念离"以学生发展为本"还很远。

(3) 发展学生个性是培养创新型人才的需要

"国以才立,政以才治,业以才兴"。当今社会是一个科学技术高速发展的社会,国家需要越来越多的创新型人才来提高科技自主创新能力、提升国家的综合国力。创新是社会需要的产物,而个性是创新的土壤。没有自身独特、丰富多彩的个性就不可能有创新,因此,创新能力的培养依赖于个性的充分发展。首先,创新意识萌发的先决条件是求异思维。求异思维的产生需要学生有敢于质疑、敢于探索的勇气,这种勇气来自于个性的张扬。古希腊学者普罗塔戈曾大声疾呼:"头脑不是一个要被填满的容器,而是一把需要被点燃的火把。"教育的最终目的不是让每个人都循规蹈矩,而是要把作为人的独特本质的创新精神引发出来,使其成为能够自觉、自由创造的人。其次,创新精神和创新能力是有层次的。社会所需要的创新不是某个方面的,而是存在于方方面面。时代的发展不光需要一批高科技人才,也需要千千万万劳动者的创造和创新。而个性的差异、个体的不同成就恰恰形成了创新的多样性。

3. 选择——学生个性发展的前提

陶行知曾说:"你的皮鞭下有瓦特,你的冷眼里有牛顿,你的讥笑中有爱迪生。"这充分告诫所有的教育者:每位学生都是独特的,每位学生都可能成功,只是成功的方向不同罢了。今天,我们的学校要让每位学生充分地发展,就要给学生提供更多的选择,因为有选择才能够满足学生个性发展、创造性培养的需求。

(1) 给予选择,尊重差异

20世纪80年代,美国哈佛大学教授霍华德·加德纳提出多元智能理论。他认为人的智能至少可以分为七种,是一个多元的组合,不同的人具有不同的智能强项。一些在传统学校里表现优异的人通常拥有语言智能强项和逻辑数学强项,而在学校里学习困难的人可能会展现他不同的智能轮廓。多元智能理论的提出使人们认识到,每个人所拥有的智能特长是不同的,各种智能的组合模式也是不同的。这让人们重新认识了差异,并且学会尊重差异。当每个人了解了自己的智能强项时,就可以扬长避短,促进个体在自己最近发展区中得到充分发展。对学校来说,学会尊重个体的差异,就等于多了一把衡量人的尺子,也多了一条培养人才的途径。

在目前采用班级授课制的背景下,学校要照顾学生的个性差异,必须给孩子更多的选择权:让学生有选择课程的权利,让学生有选择适合自己学习方式的权利,让学生有选择参与不同活动的权利……

（2）学会选择,发展差异

有了选择的权利,并不意味着会选择。学会选择对学生成长而言是非常重要的。教育者要根据学生的差异,因势利导地帮助学生学会选择。因为差异,所以需要选择;因为选择,所以才能发展。正如苏霍姆林斯基所说:"最主要的是在每个孩子身上发现他最强的一面,找出他作为人发展根源的机灵点,做到使孩子能够最充分地显示和发展他的天赋素质,达到他的年龄可能达到的最卓越的成绩。"选择促进差异,差异也促进发展。正如水位差中蕴含水力资源、气压差中蕴含风力资源,学生之间的差异也蕴藏可供开发利用的教育资源。学生个体间的差异提供了合作的前提,而合作有利于缩小差异,从而有利于推动学生个性的发展。

（二）光明学校学生个性发展措施

光明学校作为一所仅有三十多年历史的学校,虽然尚显年轻,但在探索教育真谛的路上片刻不停。在教育改革的浪潮中,也始终勇立潮头,站在教育改革的第一线。多年来,光明学校追随素质教育的脚步,努力实践着有利于学生个性发展的教育。从"人文立校,科学育人"的办学理念到"尚美,向善,求真"的育人目标,从"树崇德之人,成达理之才"的课程方案到以"小组合作"为导向的课堂研究,都朝着"以学生发展为本"的方向前行,探索学生个性发展的路径;从校园文化、课堂教学、课程设计、社团组织和乡村少年宫等都为学生提供张扬个性的时空和多元的选择。

1. 营造别具一格的校园文化,为学生个性发展提供沃土

校园文化作为一种无形的教育,时时刻刻都在浸润着学生的心灵,对学生的个性发展起着潜移默化的作用。因此,光明学校始终在探寻适合自己的校园文化发展之路。从2006年明确"人文立校,科学育人"的办学理念后,学校又提出了"光德明理"的校训,并且把校训写进校歌,让一代代学生歌颂传唱,使光明精神根植于每一届光明学子的心中。

不仅如此,学校还致力于"琴棋书画"景观文化的打造,努力创设教育的场景。做到让每一堵墙、每一块石头都能说话,达到育人无痕的境界。学校大厅开放式的古筝台,让学生在轻拢慢捻之间体会心灵的纯净;"墨趣堂"里,青砖为纸,清水为墨,学生体会"闲来赏几眼碑帖,兴至练几笔书法"的惬意;"棋妙园"里楚河汉界弩拔剑张,让学生明白"落子无悔"的道理,并且学会通过"棋理"来领悟更多人生的哲理;操场边上,一块偌大的石头上稳稳地坐着一个"善"字,仿佛在无言地叙述中华几千年的美德。正所谓"蓬生麻中,不扶自直",这样的校园文化像雨露一般滋润着每位学生的心灵,陶冶他们的情操,使他们晓谕更多做人的道理,为学生个性的发展提供充足的养料。

更值得一提的是，校园里随处撒落的书法景观石、教学楼走廊里的书画作品、艺术广场上几个苍劲有力的题词、大厅橱窗里的稻草画作品等都出自光明学校小书画家之手。在这里，学生的智慧与才能，不用宣扬就已体现得淋漓尽致。在这里，学生找到自信的源泉，同时也构建了学生之间相互交流的平台。通过同伴的榜样力量激励更多学生热爱生活、热爱艺术。这就是光明想要传递给每位学生的思想，它不是通过硬生生的宣讲，也不是写成教条式的标语，而是通过实实在在的感悟，身临其境的体验。在这样的文化氛围中，学生的个性得到张扬，学生的可持续发展也有了更深厚的底蕴。

2. 探索"关注个性"的课堂教学，为学生个性发展创设磁场

课堂教学作为学校教育的主阵地，无疑对学生的发展起着举足轻重的作用。传统的教学虽然能够起到"传道、授业、解惑"的作用，但它往往是以压制学生个性为代价的。学生在传统的课堂上被迫扮演"录音笔"的角色，在教师"满堂灌"的教育模式下，比拼谁能记得多，谁能记得牢，所收获的也只是死记硬背的知识，而缺乏自主学习的能力。在这样的课堂教学中，学生创新意识和创新精神的培养无从谈起。"一刀切"的培养模式和单一的评价方式，使学生的个性发展被囿于樊篱中。

因此，教育改革呼唤构建全新的课堂教学模式。作为新课改核心的课堂教学改革旨在使课堂真正由"教师中心"转变为"学生中心"，倡导和促进学生的自主学习、合作学习和探究学习。以此来培养学生的探究精神和创新意识，做到以学生为本，实现学生全面发展。

新课改的提出触动了中国教育早已麻痹的末梢神经。一时之间，各种课堂改革实践遍地开花。它们之中既不乏值得借鉴的优秀经验，如上海市静安区教育学院附属学校校长张人利老师的后"茶

馆式"教学、杜郎口的"三三六"教学等。在轰轰烈烈的课堂教学改革大军中,光明学校既不落后,也不冒进;既不随意模仿,也不凭空想象,而是根据自己学校的实际情况选择适合校情、学情的改革措施。在改革过程中,学校始终以"学生"为主体,探索适合学生个性发展的教学模式,不断扩大"学生发展"的内涵与半径。

(1) 导学案研究——从"以教定学"到"以学定教"的支架

光明学校适应学生个性特长、发展学生个性的探索,直接从最顽固的课堂教学突破。通过导学案为抓手,使课堂教学从教师为主的统一教学,开始转向以学生为主体的个性化教学。

导学案研究在光明学校已历经数个年头,从一开始简单的一张张纸到如今一本本印刷成册的导学案,导学案的华丽转身见证光明学校课堂改革的历史。导学案,顾名思义是以"导"为主的学生自主学习的学案,它不仅改变了以往只有教案没有学案,即重教不重学的现象,而且它真正改变了课堂的形态,把课堂变成学生的"学堂"。它是课堂教学从"以教定学"到"以学定教"的支架。导学案提供了学生自主学习的路线图,并且通过课前的预习找到每个人不同于他人的学习难点。教师将根据每个学生所碰到的难点组织教学,从而使我们的课堂不仅开始于学生的"学",并且始终围绕每位学生的"学"展开。通过导学案的使用,学生的个性差异得到关注,学生的发展获得新的空间。

(2) "小组合作"的课堂教学——从"配角"到"主角"的飞跃

光明学校为了更充分地体现学生在学习中的主体地位,更有效地发展学生的个性特长,进一步实施"小组合作"的课堂教学,把课堂教学改革推向更深入阶段。

"小组合作"的课堂模式在光明学校处于起步阶段,它是对"以每位学生的发展为本"的课堂改革的进一步深化。所谓的"小组合作"不同于以往仅限于课堂上的、通过学生之间的两两讨论或多人讨论来解决问题的小组合作。这里的小组合作是一种模式,或者说是一种相对稳定的学习合作体。它不局限于课堂,可以延伸至自主学习的各个角落。

"小组合作"的课堂教学是基于"学生个体间存在差异"这个前提而展开的。在学习过程中,由于个体差异,有的学生学得快,有的学生学得慢,有的学生潜能开发得早,有的学生潜能开发得晚等。因此,我们经常会发现一部分学得慢的学生就成了课堂上的"配角",他们成了那些所谓的"好学生"的陪读。"小组合作"的出现就是要打破这种"配角"的定位,让每个学生都能充分参与学习过程,成为学习的"主角"。

这种教学模式把每个班的学生分成三至四人一组的若干学习小组,组内成员都是异质组合,他们来自不同学习基础与不同学习能力层次。从课前预习到课堂解疑,再到课后巩固,每个环节都是通过组内同伴互助进行的。小组内的合作不是为了减少差异,而是在尊重学生个性基础上,合理地利用差异。正如意大利诗人卢恰诺·德克雷·申佐所说:"我们都是只有一个翅膀的天使,我们只有互相拥抱才能飞翔。"通过小组合作学习的互助和互补,每位学生都在自己的强项上找到自信和优越感,也都在自己的弱项上得到了提升和改善,使每位学生的共性与个性得到同时发展。

3. 实施多元化的课程配置,为学生个性发展创建平台

如果说课堂教学是学校教育的"台前",那么课程无疑是学校教育的"幕后"。一个学校如果没有科学的课程体系作为保障,那么它实施的教育将成为空中楼阁,学生个性的发展也只能像"戴着

镣铐跳舞"，无法真正施展和实现。

课程是学校素质教育的先行者，同样，也应是学生个性发展的保障。要改变以往"课外轰轰烈烈搞素质教育，课上扎扎实实搞应试教育"的现象，真正实现尊重学生个性的和谐发展，就必须先对课程进行合理的配置。光明学校的领导和教师以其特有的教育使命感，敏锐地察觉到课程的独特地位，进行了一系列大刀阔斧的改革。

首先，学校对课程管理机构实行独立建制，把原先的教务处改组为课程教学处，不但突出了学校教育中课程的重要地位，也为深化课程改革建立组织保障。其次，在改组的基础上要求课程教学处立足学校实际与学生实际进行课程的研究和开发。

在这样有力的条件下，光明学校的课程改革飞速发展。学校的课程自主设置经历了从无到有、从单一到多元的变革，并且逐步从浅层次的"多元"向深层次的"多元"迈进。所谓浅层次的"多元"是指单纯追求数量的多元，而深层次的"多元"则是基于学生个性发展的需求。

为了达到深层次的"多元"，光明学校在实施课程的过程中始终以各年级学生的年龄特点、兴趣爱好、学习风格及认知规律等为出发点。学校对基础型课程、拓展型课程和探究型课程进行综合规划，在实施国家统一的基础型课程的基础上，开发设置兼顾学生个性发展差异化和学习需求多样化的多元的拓展型课程和探究型课程，并努力实现课程结构的多元和课程内容的多元相统一。

（1）课程结构的多元——满足每位学生个性的全面发展

光明学校按照《上海市中小学课程方案》的要求，积极开设基础型课程、拓展型课程和探究型课程三类课程。通过课程结构的多元化来满足学生各种能力全面发展的需求，使每位学生的个性在整体上获得和谐发展。

在拓展型课程的开发中,学校根据各年级学生不同的认知规律开设了相应的学科类拓展型课程。例如,为了提高农村学校学生的英语听说能力和改善普遍存在的"哑巴英语"现象,学校开设了英语口语交际课程。并且根据学生的年龄特点在不同的年级开设不同的课程,从六年级的英语歌曲、七年级的英语小品到八九年级的英语辅导报,层层递进,实现能力的逐步推进。

再如,数学的思维训练、语文的阅读、理化的拓展、生活中的物理、生活中的化学等,这些学科类拓展型课程有效地拓展基础型课程的内涵,加强了课程之间的整合和联系,帮助学生形成合理的认知结构。

与此同时,学校每学期还设有可供学生自主选课的综合类拓展型课程,不仅给学生更多的课程选择权,培育其主体意识,也从多方面开发学生的潜能,促进其能力的发展。

另外,学校还开设了做中学,引进上海市实验学校的 STS 等探究型课程,帮助学生运用研究性学习方式,发现问题、提出问题并在探究的基础上解决问题,培养学生自主创新精神和探究实践能力。

（2）课程内容的多元——满足不同学生个性的充分发展

为了满足不同学生的兴趣爱好,尊重不同学生的生活经验和能力差异,学校每学期开设几十门拓展型和探究型课程,实现课程内容的多元化。这些课程涉及人文、科技、体育、生活实践等大类,人文类中又分文学、语言、艺术等。

例如,世界文化博览、德语、艺术梦工场、二胡等属于人文类;电子梦工场、网页制作等属于科技类;围棋、武术、跳高、自行车等属于体育类;旧丝袜制作、拍卖理论与实践、金融与理财等属于生活实践类。学校已经摆脱以往只求数量、只依据本校教师所具备的资源来开发课程的状态,而是通过遵循学生发展的需要,努力开设多元化、层次化的课程。

为了使学校开设的课程更科学、更丰富,学校不惜重金外聘专业人才,如学校的围棋、武术、德语、太极、二胡等课程都是外聘的专业人士。课程内容的多元满足了不同学生选择的需求,也为每位学生的发展找到了能力增长点。

4. 开发彰显特色的学校课程,为学生个性发展拓展天地

"琴棋书画"作为中华文明的艺术载体,体现中国人的素质和修养。"琴棋书画"所散发的浓郁的人文气息和文化底蕴是其他技艺无法比拟的。作为一所以"人文立校,科学育人"为办学理念的学校,"琴棋书画"是培养学生人文素养、实现教育主张的最好选择。"善琴者通达从容,善棋者筹谋睿智,善书者至情至性,善画者至善至美。""琴棋书画"的育人魅力不在于说教,而在于熏陶和渗透。

因此在学校课程开发的过程中,光明学校紧紧抓住"琴棋书画"这条主线,形成了学校自己的办学特色。"让每个孩子在走出光明校门时,都能知晓琴棋书画,并精通其中一项。"这是光明学校的美好愿景。这个愿景里包含对学生终身发展的希翼。

为了实现这个愿景,光明学校在"琴棋书画"特色课程建设上下足工夫。一方面,学校着力打造"琴棋书画"景观文化,构建陶冶学生品性的无形"课程"。古筝台、古筝室、木富亭、乐弈轩、棋妙园、石碑廊、景观石、墨趣堂、草艺社……每一处都能让人驻足流连,忘情于"琴棋书画"之间无声的对话和心灵的交流。另一方面,学校积极开发"琴棋书画"学校课程和校本教材。在经过前期的大量论证,光明学校开始构建"琴棋书画"特色课程体系。学校组织专业教师和相关专家编写"琴棋书画"校本教材,古筝、围棋、稻草画、

水墨山水画、硬笔书法学与习……一本本印刷精美的教材新鲜出炉。这些教材系统而又不乏生动的叙述风格深得学生的喜爱。尤为值得一提的是,"硬笔书法学与习"课程的编写是与语文课程配套的,每一册每个单元的书法素材都与相应的语文课文的生词表匹配。这样,学生把传统的抄写生词变成了趣味盎然的书法练习,不仅寓教于乐,而且事半功倍,学生的特长也在不知不觉中培养出来了。随着学校教材的编写完成,学校的特色课程建设也步入正轨,一二年级的围棋课、二年级的古筝课、三年级的水墨山水画课、一～八年级的书法课……这些课程的实施使每一位学生都能接触到高雅艺术,接受艺术的熏陶。

"琴棋书画"让学生体验艺术的博大精深,激发学生未知的潜能,培养学生的特长,拓宽他们生命的宽度。诚如雨果所说:"科学是我们,艺术是我。"在艺术的殿堂里,"我"是自由的存在,"我"是个性的张扬。光明的学生在"琴棋书画"的艺术熏陶下,自由而个性地成长着。

5. 打造自主创新的社团组织,为学生个性发展开拓空间

为了进一步拓展学生个性发展的空间,光明学校鼓励和引导学生自主创建社团。目前,学校有朗诵社、文学社、古筝社、课本剧社、围棋社、自行车社、足球社、自主管理社等19个学生社团。本着以学生发展为本的教育理念,学校在社团建设中不断更新观念,优化方式。学校提倡社团由学生自己进行组织和管理,指导教师只起协助作用。并且在《光明学校社团建设方案》中明确规定:各社团每年度自主进行"募新"活动,补充新鲜血液;各社团自主进行社长和副社长的选举工作;各社团自主制订活动计划,决定活动内容,并做好相应的记录。

每学期末，学校的社团考核小组会针对各社团一学期以来的活动开展情况、学生参与情况、活动记录本以及最后的才艺展示等进行"多维度的考核"，在此基础上评选"最炫校园风"社团称号，最具Style社长，最佳社员等，并给获奖个人和团体一定的奖励。这一系列的举措意在使学生社团真正成为学生个性发展的舞台和自我教育的阵地。

首先，创建社团的过程本身就是一种能力的培养和个性的历练。学生在组建社团的过程中需要相互协商、群策群力，使他们学会倾听和沟通，学会必要的人际交往的方式；招募会员的过程对学生来说也是一种不一样的体验，如何"黄婆卖瓜，自卖自夸"？这不仅需要口才，更需要自信和胆量；推选谁做社长？要不要毛遂自荐？学生在作出决定的那一刻就是在成长！学校放手让学生自己去组建社团，也是让学生自己体验成功和挫折的过程。有的社团经过社员的共同努力得以顺利开展，而有的社团则因种种原因而中途流产。学生成长的道路不可能只有坦途，让他们自己去品尝成功的喜悦和失败的懊恼，并从中总结经验，这对学生的自我发展来说是一笔难能可贵的财富。

其次，社团活动的过程是个性特长发展和潜能挖掘的过程。学生往往是按照自己的兴趣爱好来选择社团的，社团打破了志趣相投者之间年龄、学段、班级的界限。在社团里，他们能找到很多知音。通过同伴之间的切磋和互助，学生的个性特长得以进一步的发展。不仅如此，学生在社团活动中的自主管理给了他们更多的想象空间。怎样制订社团活动计划和内容？如何让自己社团的活动常办常新保持活力？怎样在社团考核中胜人一筹？这不仅需要社长的领导力，更需要全体社员的创造力，还需要所有成员的同心协力。学生的潜能在社团组织里被充分激发出来。在社团活动中,学生既是学习者,又是活动的建设者、主导者。学生的主体地位在这里得到前所未有的尊重,学生的个性也在这里得到了充分的张扬。

6. 开展丰富多样的课外活动,为学生个性发展搭建舞台

"让每一个孩子都能接受优质的教育。"刘玉华校长的这句话时刻萦绕在每位教师的心头,激励着师生的共同进步和成长。优质的教育不应只有升学率,更应该为每位学生的幸福人生奠定基础。正是在这样理念的指导下,光明学校努力创造一切机会提高学生全方位的素养,丰富学生的课外活动,为每位学生搭建展示自己个性的舞台。

每周六的乡村少年宫,学校利用优质的教师资源面向全体学生免费开放各类丰富多彩的活动课。独轮车、跆拳道、自行车、五子棋……学生在这里接受专业的训练,体验一技之长给自己带来的乐趣,也在兴趣爱好中充实自己,为自己的课余生活画上浓墨重彩的一笔。

除此以外,学校每年还举办多样化的常规活动。每年 5 月举办的科艺节,对学生来说简直是一场盛宴。从各个班级的海选到最后的文艺汇演,学生参与的热情一浪高过一浪。在这里,没有"分数"的尴尬、没有"差生"的标签,有的只是众多的"super stars"。平时班级里调皮捣蛋的学生在课本剧表演中演得惟妙惟肖;平日里腼腆的女生居然在全校师生面前自信地展示拉丁;平常教师眼里文静的学生居然一身霸气地展示中华武术……这里有太多不一样的"他"或"她",这里是他们的舞台,他们尽情挥洒着自信、享受着别人崇拜的眼神。

每年 11 月到 12 月举行的健康节,又是一个符合学生好动天性的盛大节日。从个人项目到集体项目,从选拔赛到最后决赛,学生既锻炼了身体,又体会了团结和合作的重要性;既在比赛中学会了

拼搏,又在竞争中展现了"友谊第一、比赛第二"的王者风范。这里的健康节不仅倡导学生身体的健康,更是倡导学生心理的健康。身体和心理的健康是学生一切可持续发展的根本。

每年12月,学校定期举办"心相连·爱飞扬"义卖活动,鼓励学生为关心贫困学生而奉献自己的一份力量。义卖会上有的拿出自己心爱的玩具和学习用品,有的上淘宝批发来许多小商品,有的拿出自己亲手创作的书画、十字绣作品……他们在各自班级的摊位前摇旗呐喊,有的班级打出广告,发起传单……学生是整个活动的策划者和执行者,他们的智慧之光在这里交集,他们的博爱之心在这里跃动。

这就是光明的大舞台,它时刻以不同的面貌展现在学生的面前。同时,它也折射学生的多彩人生。这个舞台为学生提供了个性发展的无限空间,台上的灯光随时准备着为每一位学生亮起。而那盏灯也许会追随学生成长的脚步一直到远方。学生在舞台上练就的"自信"和"从容",学会的"求真,向善,尚美"也将伴随他们,使他们的人生道路走得更宽、更远。

(三) 光明学校学生个性发展成效

在"以人为本"的教育理念引领下,光明学校的教育改革与发展路始终以"学生的发展"为轴心,并且努力在学生共性发展和个性发展之间寻求平衡点,力求在共性发展中融入个性发展。从"文化的培育"到"课程的建设",从"课堂的改革"到"课外的实践",学校的发展之路始终贯穿"学生个性发展"的线索。当然,这样的发展道路并不是从一开始就一帆风顺的。历史证明,任何事物的发展都是在曲折中前进的,光明学校的发展之路也不例外。学校在刚开始探索"学生个性发展"的路径时,并没有得到太多教师和家长的认同,甚至还出现了个别质疑和担心。在学生社团创建初期,个别教师和家长并不支持,他们认为学校专门留出每周五下午第二节课后的时间给学生进行社团活动简直就是浪费学习的时间。他们甚至担心学校开展那么多的课外活动会严重影响学生的学习成绩。然而,事实证明,学校的一系列举措不但使学生的个性得到全面发展,潜能得到充分挖掘,而且他们在自我价值实现过程中所收获的自信和成就感帮助他们在学习上更有信心和动力;学生个人素养的全面提高也帮助他们在可持续发展的道路上走得更远。经过多年的实践与探索,在办学质量得以大幅提升的同时,学校也收获了学生个性发展的一片斑斓。

1. 大步推进学生快乐成长

几年前,当全国政协委员、中国科技大学原党委书记郭传杰当着教育部长袁贵仁的面宣读了一封署名"没有童年和童趣"的小学生的来信时,全国上下一片哗然。近年来,由于学业压力过大导致中小学生自杀事件频传,人们揪心却无奈。在"应试教育"的惯性作用下,在家长"不能让孩子输在起跑线上"的思想影响下,祖国的花朵正在被摧残。小小的孩子背负起太多成人的重担和众望,他们无奈地"被长大",失去了童年应有的快乐。卢梭曾在其著作《爱弥儿》中痛惜地指出:"当我看到野蛮的教育为了不确定的将来而牺牲现在,使孩子遭受各种各样的束缚,为了替他在遥远的地方准备我认为他永远也享受不到的所谓的幸福,就先把他弄得那么可怜时,我们心里是怎样想的呢?"诚如卢梭所言,童年不是为将来的成人做准备,不能因为成年而牺牲童年,童年应该是绚丽多彩的。学校作为学生成长的摇篮,理应为学生的童年负责,为他们的幸福守望。

光明学校追求"学生个性发展"的过程其实就是"还学生以自由和快乐"的过程。学校给学生提供全方位的个性发展空间,使学生摆脱单一的评价体系,让他们展现不同的自己,并从中体会快乐。他们在参加社团、乡村少年宫时所表现出来的期盼和乐不思蜀;他们在科艺节、健康节上展现个性魅力时所获得的满足感;他们在"琴棋书画"特长上获得赞誉时所露出的发自内心的微笑……这些就是学生简单而质朴的快乐。他们在快乐的收获中进步,在收获的快乐中成长。

在光明学校学生幸福指数的跟踪调查中(见附表),关于"幸福的特征"这一项,选择"能做自己喜欢的事"和"校园生活宽松丰富"为特征的比例普遍高于选择"学习成绩优异"的比例。这说明学生对个性解放的强烈要求。而学生在选择自己的"幸福感"来源时,多数学生选择了"自己的能力得到教师和同学的认可"和"在各种活动中取得一定的成就"。这说明光明学校学生在学习成绩以外有更多获得幸福的途径。在为自己的幸福打分时,给自己打80分以上的学生比例比三年前增加了近十个百分点。这说明在学校的各项措施推进中,学生的幸福感有了较为明显的上升。

"在每天早晨起来你会感觉"这一项中,多数学生选择"新的一天开始了,期待有新的收获"。这说明学生在获得快乐的同时,积极寻找快乐,有着追求幸福的信心。这才是更高层次的快乐,学生在乐观向上中成长。在光明学校师生的共同努力下,让"幸福指数"扳过"考试分数",这不是梦想。

2. 稳步提高学生学业水平

让"幸福指数"扳过"考试分数",并不是指"考试分数"不重要。人们痛恨"应试教育",痛恨的是为了分数牺牲一切的教育怪圈,痛恨的是为了考试而考试的教育模式。而这一切与"考试"本身无关,目前为止,考试还是一种相对公平的评价体系。学生的学业考试水平依然是衡量一所学校办学质量的重要标准。只是成绩的取得方式是区分一所学校有没有在办"真正的教育"的标志。光明学校重视学生的个性发展是在向"真正的教育"看齐。

学校意在打破"应试教育"的禁锢,努力实践着一条通往"素质教育"的道路。如今,学校在学生特长发展全面开花的同时,收获学生学业发展的果实。通过一系列"关注个性"的课堂教学改革,学生花在学习上的时间少了,但是学习的效率高了;通过各类丰富多彩的课程和活动,学生的自信多了,学习的热情也高了。学业的发展和特长的发展并没有此消彼长,而是在个性充分解放的基础上共同繁荣。在近几年的中考中,光明学校屡创佳绩,成为浦东新区农村学校中的排头兵。市区重点的上线率已达60%,普高上线率为70%,学生考试合格率屡次达100%。

3. 初步品尝学生特长硕果

学校以"琴棋书画"为办学特色,在培养学生个人素养和文化底蕴的同时,大力发展学生的个性特长。近年来,在以"琴棋书画"为核心的学生特长发展方面已是硕果累累。学校获得"国家级乡村少年宫""上海市艺术教育特色学校""上海市围棋培训基地""上海市亲子阅读·书香校园""浦东新区体教结合学校""浦东新区青少年民族文化培训基地学校"(传统美术培训基地、传统技艺培训基地、校园围棋基地)等称号;学校"琴棋书画"系列课程被命名为首批"浦东新区学校特色课程";学校稻草画项目被评为区学校少年宫优秀活动项目。

在第十一届"星星河"全国少年儿童美术书法摄影大赛中,学校获集体一等奖,金诗琦、施艳雯、朱雯、王建敏等51位学生荣获各类等第奖。在第十二届"星星河"全国少儿美术书法摄影大赛中,学校获集体一等奖,李思雨、祝思慧、朱俊逸、姚欣宇等56位学生获等第奖。

在第十四届"星星河"全国少年儿童美术摄影大赛中,学校再次获集体一等奖,金易婷等50位学生获各类等第奖。在第八届全国学生书画大赛中,姜涛、唐马倩、金中哲、金家臻、王婧获金奖;沈思婕、杨俐、卫思霁、蔡昕钰、施朱泽翾、黄夕凡获银奖;蒋苏雨、张尧舜、陈煜涛获铜奖。在2011年江浙沪青少年动手做大赛"未来船舶畅想"少儿科学幻想绘画竞赛中,曹张璋、施朱泽翾荣获二等奖,陈宇欣、陈雪汝荣获三等奖。在2011年上海市青少年十项系列赛五子棋总决赛中,顾涛怡获女子小学组个人第三名,曹张璋获女子小学组个人第四名,张李薇获女子小学组个人第五名,马千倩获女子小学组个人第七名;张杰获男子小学组个人第七名;胡婷荟同学获女子中学组个人第八名;女子小学组获团体第三名;男子小学组获团体第七名;女子中学组获团体第六名;男子中学组获团体第二名。在2012年上海市青少年十项系列赛五子棋决赛中,学校获女子中学组第四名,女子小学组第六名,男子中学组第七名,胡婷荟获女子中学组第二名,严煜杰获小学男子组第三名,蔡紫薇获小学女子组第八名。在2012年市绘画书法作品展中,徐晓雯《童年》获二等奖。在2010年浦东新区青少年摄影大赛中,樊晓婷获一等奖,施雨菲、王佳琪获二等奖,蔡紫薇、顾薛韬、周智垚获三等奖。在2011年区"低碳理念"科幻画创作比赛中,倪颖琦获一等奖,朱文沁、朱晨浩获二等奖。在2011年浦东新区学生阳光体育大联赛中,学校荣获中小学生中国象棋比赛男子初中组第七名,小学生围棋比赛女子团体第四名,中小学生健身健美操比赛初中组规定动作三等奖。在2012年区阳光体育大联赛小学围棋赛中,学校获小学男子甲组第四名,小学女子甲组第二名,小学男子乙组第二名,小学女子乙组第二名,另有11人次获得优秀名次。在上海市浦东新区第七届学生艺术节系列展示比赛中,金中哲荣获书法作品展(初中组)一等奖;蒋雨菲荣获绘画作品展(初中组)一等奖;汤婕绘画作品展

(初中组)三等奖;古筝表演《蜗牛和黄鹂鸟》荣获民乐专场(特色小乐队)(小学组)三等奖;校合唱队荣获声乐专场(中学组)三等奖。在区第八届学生艺术节中,艺术作品绘画类李思雨《梦》获一等奖、金智怡《相伴》、倪妹一《花季少女》、孙储云《收获》、姚欣宇《神龙仙女》、严翎《分享的快乐》获三等奖。在首届区小学生围棋比赛邀请赛中我校参赛选手获得男子甲组团体二等奖、女子甲组团体一等奖、男子乙组团体三等奖、女子乙组团体二等奖。在2014年浦东新区学生艺术节单项选拔赛中,秦媛荣获民乐银奖、宋宜文荣获戏剧银奖、陈钰清荣获民乐铜奖、张诗洁荣获工艺铜奖、李思雨荣获工艺银奖、马千倩荣获漫画铜奖。这样的获奖不计其数,无法一一罗列。

更值得一提的是,在2010上海世博会期间,学校施朱泽翮、郁天浩、陈宇欣、徐心言的绘画作品在公众参与馆的醒目位置展出,向八方来客展示学校特长教育的精彩。

4. 逐步助力学生可持续发展

正如本章开始时所言,"个性发展"的本义就是旨在使学生的潜能得到发挥,激励学生创新精神、培养学生创新意识。而"学生可持续发展"所需要的就是学生的主动探究和创新精神以及良好的身体和心理素质。因此,从某种角度来说,"学生个性发展"的指向恰恰与"学生可持续发展"的要求不谋而合。当"个性发展"取得一定成效时,它势必会和"学生的可持续发展"发生能量的转换。如今,光明学校的"学生个性发展"体系已经进入良性循环的模式,为学生的可持续发展积聚了大量的能量。课堂教学改革中培育起来的学生自主学习意识、"琴棋书画"氛围中熏陶出来的优良品性、各类社团和多元课程中发展起来的创新精神、各种活动中练就出来的完美人格……这一切都在默默助力于所有"现在的"以及"曾经的"光明学子的可持续发展。而这正是一所学校理应肩负的历史使命!

附　　**光明学校学生幸福感调查问卷**

光明学校学生幸福感调查问卷

　　本调查以无记名方式进行,旨在收集相关数据、了解学生在校幸福指数,请如实填写,谢谢配合!

1. 你所在的年级_____
2. 你对现在的学习(　　)
　A 很有兴趣　B 比较有兴趣　C 无所谓　D 感到很枯燥　E 不得不学
3. 你感觉学习(　　)
　A 很轻松　B 比较轻松　C 一般　D 比较累　E 特别累
4. 你对现在就读的学校是否满意(　　)
　A 非常满意　B 满意　C 说不清　D 不满意　E 非常不满意
满意的原因_____。
不满意的原因_____。
5. 你对学校开展的课外活动满意度为(　　)
A 课外活动丰富多彩,让我受益匪浅
B 课外活动比较单调,有时觉得没有意义,但这样挺好
C 课外活动很单调,非常希望能够改变
D 说不清
6. 每天早晨醒来你会感到(　　)
　A 新的一天开始了,期待有新的收获　B 机械地起床感觉每天都一样
　C 没有期待赖床不起　D 对生活感到疲惫厌倦　E 其他_____
7. 假如幸福感最高分为 100 分,你认为你现在的幸福感分数为(　　)
　A 91~100　B 81~90　C 71~80　D 61~70　E 60 分以下
8. 如果你感到不幸福,那么造成你不幸福的原因是(可多选)(　　)
　A 努力不够　B 缺乏关爱　C 缺乏生活目标　D 缺乏成就感
　E 周围压力大　F 自己期望值过高　G 父母期望值过高　H 运气不好
　I 人际关系紧张　J 其他
9. 你认为"幸福感"来源于(可多选)(　　)
　A 自己的能力得到教师和同学的认可　B 学习成绩优异
　C 在各种活动中取得一定的成就　D 融入团队协作完成某项工作
　E 和谐的家庭　F 较强的人际交往能力
　G 和知心朋友一起　H 外出旅游　I 其他_____
10. 你觉得幸福应具备的特点是(可多选)(　　)
　　A 自信　B 乐观　C 聪慧　D 经济条件优越　E 和同学关系和谐
　　F 能做自己喜欢的事　G 家庭和睦　H 遇到开明的老师
　　I 校园生活宽松丰富　J 心态平和　K 学习成绩优异　I 其他_____
11. 为了让你能够更幸福地学习,你对学校有哪些建议?
_____
最后,衷心感谢大家的配合,在这里衷心为你们祝福,我们都会幸福的。谢谢!

附录 1

提升人文　追求特色
——光明学校 2011—2015 发展规划

目　　录

前言

一、背景分析

（一）现状分析

1. 学校概况

2. 时代与区域背景

3. 学校发展的已有基础

（1）组织管理方面

（2）课程与教学方面

（3）教师队伍建设

（4）学生发展状况

（5）学校信息化建设

（6）特色氛围

（7）教育科研

（二）学校面临的挑战

1. 管理团队的创新意识和工作的主动性

2. 课程建设与学生发展

3. 教师的专业发展和队伍建设

4. 校园信息平台建设

5. 管理机制

6. 教育科研

7. 家校联动

二、办学理念

三、发展目标

四、分项发展目标、工作内容、主要举措、评价设计

1. 组织管理

2. 师资队伍建设

3. 课程与教学

4. 德育工作

5. 教育科研工作

6. 体卫艺科工作

7. 综合保障工作

8. 文化建设、特色实验项目

五、计划实施的保障措施

1. 组织保障

2. 责任保障

3. 设施保障

4. 检查与评估保障

前　　言

近几年,光明学校从发展视角出发,从自身优势着手,从提升办学质量着力,按教育规律办事,扎实推进学校原计划的实施。在自主发展过程中,各项工作齐头并进。目前,学校基本实现由规范办学向特色发展的"转向",开展了国家级、市级、区级及校级多层次的课题研究。更重要的是我们提出了"人文立校,科学育人"的办学理念,确立了"光德明理"的校训,把"尚美,向善,求真"作为学生的培养目标,并以"用教育科研引领学校发展,以信息技术提升办学效能,让'无痕德育'陶冶学生品性,借'琴棋书画'凸显学校课程"为操作思路,为学校新一轮发展理清了思路。新一轮四年发展计划,紧紧围绕学校"人文立校,科学育人"的办学理念,把"提升人

文,追求特色"确定为学校阶段办学目标。在学生培养上,学校将继续贯彻"求真、向善、尚美"的培养目标。

一、背景分析

(一) 现状分析

1. 学校概况

上海市实验学校附属光明学校是一所九年一贯制学校,始建于1983年,由香港爱国同胞王佰生先生助建,1988年开始独立建制。2007年2月,在上海市教委和原南汇区政府的指导下,原南汇区祝桥镇人民政府和上海市实验学校签订了合作共建南汇区光明学校协议。2007年6月,南汇区光明学校正式更名为上海市实验学校附属光明学校。2011年9月,上海市实验学校附属光明学校东校区成立。

学校办学规模较大,现有两个校区,共56个教学班,在校就读学生2374人,其中小学五个年级,共24个教学班;初中四个年级,共32个教学班。学生基本来自于就近地区的农村。学校在岗教职工161人,专任教师159人,中学高级职称16人,中级职称75人。教师队伍比较年轻,35岁以下青年教师约占60%。

学校总部占地面积82.5亩,建筑面积约16897平方米;东校区占地面积约32.5亩,建筑面积约9540平方米,学校有400米及200米环行塑胶跑道、室外篮排球场所等体育活动场地。目前,学校有多媒体教室、电脑房、音乐室、理化实验室、生物室等专用教室,硬件条件比较齐全,这为学校开展教育教学活动提供了物质上的有力保证。

2. 时代与区域背景

学校地处空港,具有突出的地理优势。光明学校如何实现自身新一轮的发展,必须置身于浦东大发展的背景下来审视。南汇与浦东新区的合并,以及祝桥地区社会、经济的发展,为光明学校新一轮教育发展提供了机遇。随着浦东国际机场二、三期工程建设的形成,国家大飞机项目的落实,浦东新区"三港三区"格局中,浦东机场综合保税区的确立,祝桥作为其要地,战略地位凸显。祝桥地区经济的飞跃发展,城市化进程的加快,对光明学校提出了同步发展的要求,从而彰显我校教育工作的重要性。依托上海市实验学校的优质教育资源,对我们积极探索现代学校制度建设,促进学校教育改革的深度发展,形成带动学校良性发展的健康机制具有积极意义。

3. 学校发展的已有基础

学校原已制订2009年—2010年"上海市实验学校附属光明学校过渡性发展计划"。在过去的两年里,学校各项工作齐头并进,比较圆满地完成计划所制订的各项工作目标。学校先后被评为"上海市文明单位""上海市花园单位""上海市行为规范示范校""上海市优秀家长学校""上海市语言文字规范化示范校""上海市书法教育实验学校""上海市农村中小学教育信息化应用实验学校""上海市安全文明校园""上海市爱国卫生健康先进单位""上海市写作学会团体会员";学校发展研究室被授予"上海市文明组室",学校少先队被评为"上海市红旗大队"。2010年,学校被浦东新区教育局命名为"第三批素质教育实验校"创建校。由刘玉华校长担任组长的"教师专业发展校本平台的构建及运行机制的研究"课题被列为上海市教育委员会的市级课题。我们的《以"琴棋书画"育人文素养的深化研究》被立为《浦东新区2011年教育内涵项目》。这些荣誉的获得对农村学校来说实属不易。

（1）组织管理方面。近几年来,在制度建设方面,学校梳理了以往所建立的各种制度,经过行政与教代会深入研讨,各种管理制度得到完善,并形成了较为完整的运行机制。学校实行扁平式管理模式在,校级领导中,除了校长和书记,其他校级领导都兼任一个部门的中层正职。今年暑期,学校打破原有的行政体系,干事、中层及校级副职进行重新聘任上岗,保证了政令畅通,建立了有效的管理网络。

学校实行校长负责制,现任校长是上海市特级教师,具有较先进的教育理念和较全面的管理能力,校级和中层领导班子比较年轻,富有朝气,党政工团结协作,能充分聚集教职员工的工作热情,踏踏实实地完成各项工作任务。各职能部门富有凝聚力和执行力,青年教师到"四处"挂职锻炼逐步形成特色,学校干部队伍建设机制得以完善。

(2) 课程与教学方面。学校能够严格执行国家及地方课程,较好地领悟二期课改的要求,开齐开足上海市教委规定的各类课程。同时,学校加强对基础学科及探究型、拓展型课程的管理,理顺了基础类学科、技能类学科的关系。进一步以校情、师情、生情入手,因校制宜地建设了一批比较有特色的校本精品课程,如硬笔书法的学与习、立体纸艺、中国剪画、毛笔书法、钢笔书法、稻草创意、德理课程等。学校已经开设了不同年级与学段的选修课程:一~二年级开设以英语口语、礼仪、绘画、书法为主的限定选修课;三~四年级开设以阅读兴趣、足球、数学兴趣游戏、风筝、练字、写作、象棋、围棋、乒乓球、电脑、奥数为主的选择性选修课;六~七年级开设外籍教师口语课。

学校修订和完善了《教学常规管理制度》和《作业布置和批改的常规要求》。这两个制度详细规范了备课、上课、听课、评课、作业设计与批改、学习困难生辅导、试卷命题、监考、阅卷、试卷分析等教学常规要求。学校还制订了《教学奖励条例》和《校本课程开发实施细则》，具体规定了公开教育教学展示、研究、评选课、教学竞赛、校本课程开发等一系列教育教学的奖励措施。这些制度的建立与完善，促进了教学质量的提高，使教学工作有章可循。2011年初三中考成绩，处于浦东新区前三分之一水平。

（3）教师队伍建设。目前，学校已拥有一定数量的区、镇两级学科带头人以及骨干教师、优秀德育工作者，教师队伍梯队建设雏形初步形成。学校重视各类培训，159名专任教师的学历全部合格，教师能做到教书育人，为人师表，敬业爱生。教师的基本功比较扎实，课堂教学能准确把握教学目标，突出重点，落实双基，教学组织到位，教态自然亲切，师生关系融洽。学校基本形成了"敬业、爱岗、严谨、垂范"的教风。

学校有一支充满活力的青年教师队伍，他们理念较新，擅长运用现代信息技术与学科教学相整合。学校通过师徒结对的形式，带领并培育他们迅速成长。经过几年的磨练，他们的专业能力已经得到一定的发展。目前，青年教师教学基本功得到较快提升，他们的备课、上课、作业操作已经比较规范，如学期教学目标、单元教学目标、每课的教学目标等也制订得相当到位。从这些情况可以看到，他们正逐步成为学校教学的主要力量。学校重视教师的专业发展，正在努力造就一支师德高尚、有强烈责任感和较高修养、富有创造力的教师群体。

（4）学生发展状况。学校的生源几乎全部来自农村，除了就近对口入学的生源外，小学非对口的生源比例约为9%，初中预备年级的非对口的生源约为5%，主要是外来民工子女。农村学生较能吃苦耐劳，学习上比较自觉用功，有一定的刻苦性。他们在课堂上能专心听教师讲课，很少惹事生非，行为方面显得忠厚温良，群体管理比较容易。生活现状使他们对摆脱困境,追求自身发展有较高的期望值,这有利于学校教育教学工作的平稳实施,有利于他们的身心健康发展。地区社会经济的发展,给学生的成长创造了良好的外部环境。作为"上海市中小学行为规范示范校",以学生发展为本是学校素质教育的价值取向。专家组在教育督导评估时,认为从学生和家长问卷调查满意度统计数据中,可以看到学校行之有效的管理与服务体系。这充分说明学校为学生提供了一个良好的学习环境及和谐的学习氛围。

在学生管理和心理健康教育方面。学校探索班主任进教室办公的新机制,目前这一机制在师生、生生群体的互动中,已经产生了积极意义。学校将进一步探索和完善互动效应的班级教育环境生成的激励作用,以能够掌握其蕴含的基本规律并用以指导解决实际问题。

（5）学校信息化建设。2008年9月,学校成为第二批"上海市农村中小学信息化应用实验校项目"实验学校。在有关部门的大力支持下,硬软件环境有了很大的改善。在硬件方面:学校共有56个普通教室,每个教室都配有1台电脑终端、实物投影仪和大屏幕背投电视机;学校有3个电脑房,2个语音室,共224台电脑;1个多媒体教室。教师每人1台笔记本电脑,能在办公室上网。学校信息中心有1台准专业的摄像机、3台数码摄像机和1台非线性编辑器,这些设备为学校信息化项目的开展提供了很好的物质条件。学校在中学部底楼大厅、走廊、墨趣堂等处安装电子触摸屏,通过触摸屏,学生能了解学校最新的信息,浏览学校书法特色网站,学习书法校本课程等。学校还在教学楼的各个楼面上安装了校园"信息之窗"视屏系统,形成一个具有现代气息的和谐的信息交流环境,同时也对学生起着潜移默化的教育作用。

在软件方面:学校重点引进和开发了三个系统。第一是功能比较齐全的学校门户网站。网站为教师、学生、家长及社会了解学校办学情况及动态提供最新信息。第二是校园办公平台。这个平台可以使学校的通知、校内教师的交流、文件的传输、物件的报修、教师的请假等得以实现。校园数字化平台的使用,改变了教师的工作习惯,加强了各部门与教师的交流,提高了办公效率。第三是校本研修系统。这个系统为教师提供课堂实录、实录研讨和主题研讨等多种交流方式,这是一个可以进行教学研究与互动讨论的平台,让每位教师充分融入交流讨论。该系统还安装了 Eduoffice 课件制作软件、K12 班主任知识库、央视视频教育资源库等,为教师专业发展提供了有效支持。

(6) 特色氛围。以"琴棋书画"为主线,构建和谐共融温馨的校园文化,建设充满活力的人文情态,让校园生活洒满七色阳光。我们的"以'琴棋书画',育人文素养"素质教育案例及经验,获上海市 2009 年素质教育案例及经验介绍。2010 年,学校被浦东新区教育局命名为"第三批素质教育实验校"。我们正在追求理想中的教育,以我们的努力唤醒广袤的农村家庭,让学生接受文化的熏陶。这将进一步促进学校教育的良性循环。这不但彰显学校个性,而且为学校的可持续发展奠定坚实的物质基础。

(7) 教育科研。学校有国家级、市级、区级、校级研究课题,这对提升我校办学水平起到助推作用。

(二) 学校面临的挑战

我们清醒地认识到,随着地区社会经济的高速发展,社会各界对我校办学的期望值也在不断提升,对照学校的教育教学工作,还仍然存在着许多制约学校发展的现实问题。

学校通过前面的发展计划的实施,已经取得了可喜的成绩。但是,从祝桥地区的发展现状,浦东新区对教育的规划以及地区百姓对学校办学的期望,对照学校的教育教学工作,我们发现确实还存在一些制约发展的因素和问题。

1. 管理团队的创新意识和工作的主动性。作为一所九年一贯制学校,学校一直在探索中小学的科学衔接和一体化办学上的有效做法和完善经验。学校也一直试图改变教师群体潜在的传统意识,以一种较新的理念去整合和提升教师专业发展的层次。学校提出"人文立校,科学育人"的发展理念,校级和中层两级领导班子都能充分支持和积极配合,体现了较强的执行力。但是,如何提高项目执行的创新意识和分解能力,领导班子和项目负责人尚有不足之处,特别在把握细化项目的操作策略和特色体现方面,还有待于进一步培训和加强。

随着光明学校东校区的创办,学校要在管理上再上台阶。这不仅是学校最高管理层需要考虑,中层、组长层和一线教职员工都应该对学校的今后发展有个清晰的认识。通过对学校办学理念的理解,解读自己工作岗位的要求,既强调执行的有效性,又注意工作的创新意识和主动进取精神,这是管理团队追求的理想目标。

2. 课程建设与学生发展。目前,学校每年初三毕业生的中考成绩大概有60%可以达到区重点录取线或以上,这些学生基本上被市、区实验性示范性高中录取,其他学生被一般高中或三校录取。这些已经毕业的初中生在高一个学段的学习和生活情况,因为没有进行调查和研究,他们发展的情况尚不得而知。据反映,高中毕业后考入国内顶级大学的学生不多,当然,这个原因可能是多因素的。

学校地处浦东机场,应该充分运用这种优势资源,积极投入和加强关注:课程的科学设置,教育教学质量的优化,教师队伍的锻炼,学生活动能力和组织能力的培养。学校提出"人文立校,科学育人"的办学思想,充分发挥"琴棋书画"在培育和提高学生人文素养方面的独特作用,以"琴棋书画"为主线,使校园环境人文化,这是值得肯定的。然而,学校在科学育人方面还应加强,要注意培养学生的现代科学知识、科学精神、科学态度和科学方法,培养他们探究的创新意识和求实的坚强意志。初中的课程中应该丰富科技类课程,使他们不但有人文精神,而且有科学素养。学校还应开设一些含有竞赛(比赛)和外出考察活动的课程,增强学生对社会的适应能力和可持续发展能力。例如,语文、英语和社会学科的语言表达能力培养,演讲和辩论,体育课程可以再丰富些。

学校不仅要重视初中阶段的课程实施以及学生学习成绩的提高,而且更要关心小学阶段的课程实施以及学生学习能力的培养。如果能在四、五年级或六年级就与其他学校进行可行性比较,学校的可持续发展将有保障。

以学生发展为本是学校素质教育的价值取向,学校要在培养学生"自信、自律、自主"等方面多下工夫,多为学生的发展提供服务,使学生能够最充分地显示和发展他们的天赋,尽可能达到他们最理想的成绩。

3. 教师的专业发展和队伍建设。农村学校在向城市化发展过程中,教师素养整体上有待进一步提高。第一,教师的教育教学观念尤其需要跟进。有些教师自身发展需求和动力不足。"观念的进步比技术的进步更重要",而这一点正是我们需要进一步关注的。第二,部分教师教育教学能力需要加强,教师对教学工作态度是认真的,但有的仍习惯于"经验+勤奋",为分数而苦干,对教学方法、方式的应用却没有很好研究。第三,学校青年教师约占全校教师总数的60%,他们活力较强,但也有一部分青年教师缺乏专业成长的内驱力,自觉主动意识不够。有特色的课不多,在教学上独树一帜的教师还须多加培养,这些因素在很大程度上制约学校的全面发展。所以,加强备课组、教研组建设和加强教师专业发展是学校的重要工作和任务。

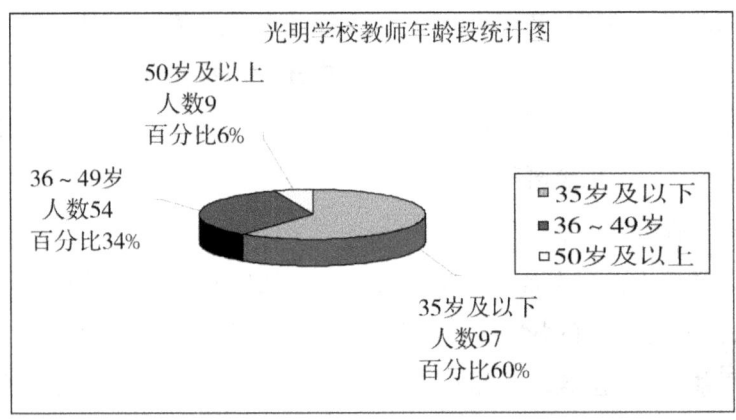

教师年龄段统计

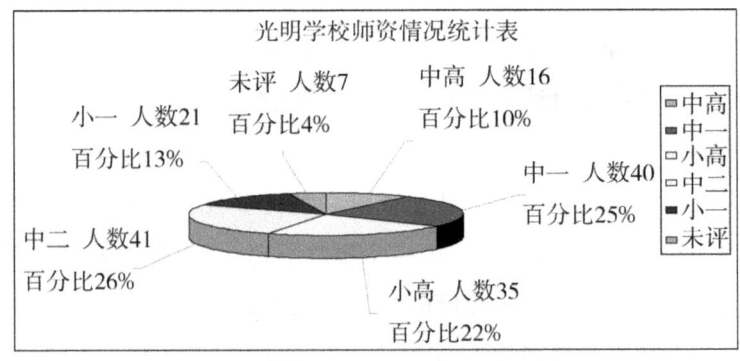

教师专业职称统计

4. 校园信息平台建设。在有关部门的大力支持下,学校的计算机设备和硬软件环境有了很大的改善。但是,用较高的标准进行衡量,学校的网络和信息技术使用的效率以及在教育教学中发挥的作用还是存在问题的。

第一,课堂教学中,多媒体和网络的信息快、动态、多向互动等优势没有得到充分发挥。例如,学校虽然给 56 个普通教室都配有多媒体设施,但是部分教师没有充分考虑多媒体和网络的特点和优势,而仅仅把其当作板书来使用。多媒体和网络的动态、双向等效能没有得到应有的发挥。第二,校园信息显示系统没有起到积极实时的效应。在教学楼的各个楼面上安装了校园"信息之窗"系统,学生在课余时间通过屏幕,可以及时了解学校最新的信息。但是,屏幕展示的内容比较简单,而且时效性也不够强。校园里安装的多台电子触摸屏,如何让学生在课余对它们产生兴趣,作为学习的辅助工具,还是有很多空间可以作为的。第三,学校网络在家校、师生、师师等方面所起的双向交流作用还可以加强。教师、学生和家长都知道学校已经有一个可以相互联系的平台,但因种种原因,沟通和交流的效果不理想,及时反馈和双向互动的功能仍不明显。目前,校园网络在教师专业发展方面也起到一定作用,如教师的备课、开课、评课等教学要求有时也在校园网络上展示,但信息不够完整。

5. 管理机制。需为教师的发展搭建更为宽广的平台,人文关怀的机制仍然需要探求。教育的评估、监控、奖励体系,激励、竞争机制,技能学科的教学、评价等科学管理制度还不够完善,有待不断探索。

6. 教育科研。要探索光明学校教育科研的新形式,虽然教师能参与教育科研,但参与面还需进一步扩大,受利益驱动的因素还较大(如职称、优教工程等),如何让教育科研成为教师的自觉行为,成为提高教育教学质量的利器,在形式与内容上,都需要进行实践与探索,否则将影响师资素质的提高,抑制课堂教学手段的优化及质量的提升。

7. 家校联动。学校、家庭、社会的联动机制需深入研究,作为上海市优秀家长学校,我们的优势还没有得到充分挖掘,这需要我们继续研究,积极探索家校联动的有效之路。

二、办学理念

学校以"人文立校,科学育人"为办学理念。"人文立校",就是要让校园充满人文气息,管理体现人文关怀,师生具有人文底蕴;"科学育人",就是要遵循人的发展和教育规律,传播科学知识,培育新时代的"光明人"。我们强调立校为育人服务,追求人文与科学的融合。这里的"人文":是对人存在意义上的思考,强调的是对人的关怀,是对理想信念、神圣使命等价值理性的关注,表现为对学生进行"美"的感染、"善"的引导、"真"的培育、"理"的教育、"智"的启迪、"德"的涵养。这里的"科学":着重指的是以科学发展观统领全局,探索科学管理、科学育人的规律。

三、发展目标

中长期办学目标:依托上海市实验学校的优质教育资源,把学校办成特色明显、具有一定区域影响、可持续发展、综合办学水平在浦东新区属于中上的九年一贯制学校。

阶段性办学目标:我们将"提升人文,追求特色",作为新一轮四年计划的阶段性办学目标。经过前几年的努力,"人文立校"已经初见成效,"科学育人"逐渐成为共识。学校在前两年"用教育科研统领学校发展,以信息技术提升课堂效能,让'无痕德育'陶冶学生品性,借'琴棋书画'点缀校园环境"操作思路的指导下,已经具备一定的科研能力,信息技术与学科的整合正在逐渐走向常态化,"无痕德育"的实施也有相当的起色,校园的人文气息比较浓厚。在新的发展周期中,我们把操作思路修正为:"用教育科研引领学校发展,以信息技术提升办学效能,让'无痕德育'陶冶学生品性,借'琴棋书画'凸显学校课程"。由此可以看出,我们重视教育科研,希望利用信息技术促进农村教育的现代化,始终坚持德育的"无痕化",并试图通过"琴棋书画"等艺术课程强化学生的人文素养。

培养目标:学校贯彻先成人后成才的培养原则,坚持"求真、向善、尚美"的培养目标,希望培养的学生是追求真理的人,真诚待人的人;有阳光的心态,在善待他人和社会的同时,也善待自我;崇尚美好事物,更崇尚美好心灵的"光明人"。

四、分项发展目标、工作内容、主要举措、评价设计

1. 组织管理

发展目标:建立以人文与科学为内涵的运行机制;形成精练、务实、高效的管理体系和民主、科学的管理特色。

组织管理工作内容、主要举措、评价设计

学年度	工作内容 (学年度目标)	主要举措 (实现目标的措施)	评价设计 (实现目标的检测点)	责任部门及责任人
2011年9月至2012年8月	加强学校文化建设,创设现代育人环境。全体教职员工融入光明学校的校园文化	1. 依托上海市实验学校资源,加强学习培训,提高管理人员的整体素质	1. 校园环境优美、文化教育气息浓郁 2. 教育质量提高,无案发 3. "安全文明校园"评比称号	校长室 刘玉华

(续表)

学年度	工作内容 （学年度目标）	主要举措 （实现目标的措施）	评价设计 （实现目标的检测点）	责任部门及责任人
2012年9月至2013年8月	后备干部培养有成效，文明创建上台阶，学校工作出现新局面	2. 完善学校内部管理运行机制，达成管理科学、规范、有序、高效，实现决策民主化、管理制度化 3. 继续积极稳妥推行人事制度改革，贯彻落实校长负责制，推行竞争上岗、双向选择的全员聘用合同制，落实精干高效的职、责、权、利统一的岗位责任制和具有激励导向作用的绩效工资制度 4. 完善各项管理制度，再次汇编"光明学校管理条例"，学校各项管理工作有章可循，有法可依，真正做到以法治校 5. 注重"琴棋书画"校园主题文化环境的布置，普及琴棋书画知识，弘扬传统文化，洋溢浓郁健康的人文气息	1. 市级文明单位创建 2. 完善后备干部队伍及干部教师考核方案 3. 社会评价良好	党支部 张正华
2013年9月至2014年8月	后备干部培养有成效，倡导精细化管理，形成稳定的学校运行机制 学校工作出现新局面，社会声誉再提高		1. 进一步完善干部教师考核方案 2. 社会评价良好	
2014年9月至2015年8月	新一轮文明单位创建取得实效，争取市级文明单位五连贯，学校办学成效列入同类型学校先进行列		1. 市级文明单位创建 2. 学校综合办学成绩 3.《光明学校管理条例》汇编	

(续表)

学年度	工作内容 (学年度目标)	主要举措 (实现目标的措施)	评价设计 (实现目标的检测点)	责任部门及责任人
		6. 规范全校师生的言行,调动一切积极因素,增强学校的凝聚力和战斗力,促进教师的自我发展和自我超越,形成一支以学校利益为重的积极向上的协作团队		

2. 师资队伍建设

发展目标:采取长效机制,探索农村学校教师专业发展的途径与机制,造就一支师德高尚、有较强责任感和较高修养的教师队伍。

师资队伍建设工作内容、主要举措、评价设计

学年度	工作内容 (学年度目标)	主要举措 (实现目标的措施)	评价设计 (实现目标的检测点)	责任部门及责任人
2011年9月至2012年8月	1. 建立适合教师发展的良好机制 2. 多途径开展校本化实施新课程的研修活动 3. 提升教师开展主题活动的实践能力 4. 实施学分认定	1. 教师制订个人自主发展规划 2. 探索师德教育的新形式 3. 开展四课制教学展示活动,促进专业发展 4. 建设与完善集体备课平台及运行机制 5. 开展学科发展月活动	1. 完善激励评价体系 2. 开展有效的校本研修活动 3. 开展课堂教学展示活动 4.《光明学校校本培训方案》	发展处 倪立国

(续表)

学年度	工作内容 (学年度目标)	主要举措 (实现目标的措施)	评价设计 (实现目标的检测点)	责任部门及责任人
2012年9月至2013年8月	1. 积极开展综合实践活动，树立在师德与专业上的自主发展意识 2. 合理优化师资队伍结构 3. 进一步提升教师自主发展能力，培养品牌教师，形成一支骨干教师的群体队伍 4. 继续提升教师的育德能力	6. 组织青年教师学习共同体，做好青年教师的"拜师带教"工作 7. 建立教师的教学档案袋 8. 应用信息技术对教师专业能力实行多元化评价 9. 教师具有应用现代教育技术及与学科整合的能力，中青年经过学习培训，熟练运用现代教育技术备课、上课	1. 教师个人自主发展规划的评估 2. 学科配置有层次，体现互补 3. 出现一定数量在区内有影响力的教师 4. 进一步开展师德评比活动	
2013年9月至2014年8月	1. 建立教师培训体系，强化校本研修，提升教师专业化水平 2. 进一步开展校本课程的实施，进行教学的实验和研究，提高教师研究的意识 3. 化解教师的职业倦怠感，营造良好的师德建设氛围，扎实推进师德建设工作	10. 开展校本培训等活动 11. 正常开展教研组、备课组活动 12. 充分利用假期等时间进行专业培训，让教师有获取新的教育技能，及时"充电"的机会 13. 鼓励、支持教师积极参加各级各类教研、教学比赛，检验教师自身教学水平，并为学校多争荣誉	1. 完善《光明学校校本培训方案》 2. 完善"教师专业发展"网络平台 3. 研究型教学设计、教科研论文等资料 4. 开展师德征文、师德演讲等活动	

(续表)

学年度	工作内容 （学年度目标）	主要举措 （实现目标的措施）	评价设计 （实现目标的检测点）	责任部门 及责任人
2014年 9月 至 2015年 8月	1. 完善培训网络、培训模式，提高培训的实效性 2. 不断深化校本课程。让教师成为课程的建设者、开发者和研究者，实现"课程与教学一体化" 3. 提高教师师德水平和人文素养		1. 形成融教学、研究、培训为一体的教师继续教育学习网络 2. 编写适合学生发展、体现学校特色的"琴棋书画"系列校本教材，并推广使用 3. 邀请专家、先进人物来校作报告，开展师德教育主题活动	

3. 课程与教学

发展目标：以课改理念为指导，进一步深化课程改革，依托上海市实验学校的优质资源，加快融入大浦东。紧紧围绕"人文立校，科学育人"的办学理念，契合地域特色，建构具有光明特色的校本课程。以"素质教育实验校"为抓手，开足开齐国家课程。以"琴棋书画"为主线，拓展艺术教育领域，抓实探究型课程，培育学生的创新精神、实践能力，使学生的个性得到充分发展。以教师自我诊断、剖析为主，辅以同伴互助、教研组研习，聘请专家团队予以引领，深入剖析教师的课堂教学行为，规范教师的课堂教学行为，进行"导学稿"建设，提升课堂教学效益。

课程与教学工作内容、主要举措、评价设计

学年度	工作内容 (学年度目标)	主要举措 (实现目标的措施)	评价设计 (实现目标的检测点)	责任部门 及责任人
2011年9月 至 2012年8月	1.立足大浦东，二次创业，争取教育教学在第三教育署有亮点 2.建立"拓展型课程、探究型课程"分年级实施细则及考核指标 3.做实、做好"光明教学节"，让其成为光明教师展示自我、成就自我的舞台 4.艺术教育大众化、普遍化，培育社区文化 5.加强教研组建设，积极参与区级优秀教研组评选 6.改进课堂教学，提高教育教学质量 7.梳理教学常规管理体系，落实教学管理的精细化 8.研究国家课程二次开发，进行以"问题、习题"为核心的"导学稿"建设	1.组织学习二期课改理念，讨论课改方案 2.制订完善光明学校课程计划 3.制订"拓展型课程、探究型课程"分年级实施方案，实行"琴棋书画"校、区、市考级 4.进行教师课堂教学能力自我诊断，同伴互助、教研组研习，提出自我改进措施 5.坚持集体备课 6.关注教师的教、学生的学，"教学开放日"，让家长走进课堂 7.坚持听课、说课、议课、评课制度 8.积极进行校本研修 9.积极进行教研组建设，让美术、语文等组别参与优秀教研组评选 10.以区、镇两级骨干评选为依托，打造一批精品学科，品牌教师	1.完善教学质量监控 2.建立三类课程，明确分年级、分年段实施细则及考核指标，并加以落实 3.提升办学质量，开展好"教学节"活动 4.家校联动，让艺术教育初步走向社区，并引导学生的成长 5.争取有2个以上的教研组被评为区优秀教研组 6.进行课堂教学诊断，常态课优质化 7.认真开展教学工作研讨，细化教学五环节工作 8.部分学科尝试进行"自主学习单"研究，对学生预习、课堂学习、课后练习进行针对性研究	教学处 施海华

(续表)

学年度	工作内容 (学年度目标)	主要举措 (实现目标的措施)	评价设计 (实现目标的检测点)	责任部门及责任人
2012年9月至2013年8月	1. 立足大浦东,教育教学争取在第三教育署创特色 2. 优化实施"基础型课程、拓展型课程、探究型课程",让其成为学生成长的源动力 3. 毕业班教学质量稳步上升 4. 艺术教育功能内化,使其成为学生成长的标杆 5. 进一步实施教学管理的精细化 6. 继续进行以"问题、习题"为核心的"导学稿"建设,逐渐形成光明特色	11. 协助校长提升课程领导力,提升教师对课程的计划、执行、建设、评价能力,能对国家课程进行有效的二次开发,80%以上的教师能参与学校的课程建设,探究型课程要形成学力 12. 形成完备的光明学校课程方案,能整合各类教育教学活动,能为学生的终身发展服务 13. 教学质量要居区中上游水平 14. 以"琴棋书画"为核心,逐渐建设一批高质量的社团,为成就学生服务 15. 细化教学常规管理,教学管理精细化 16. 编撰教学常规管理手册 17. 进行以"问题、习题"为核心的"导学稿"建设,有一定量的导学稿为光明学子所用,切实做到减轻学生负担	1. "围棋、古筝、书画"校、区、市考级 2. 毕业班及其他年级教学质量有提高 3. 艺术教育向家庭,社区辐射 4. 对部分教学管理工作进行量化指标管理 5. 深入研究"自主学习单"模式,探索光明特色	

(续表)

学年度	工作内容 （学年度目标）	主要举措 （实现目标的措施）	评价设计 （实现目标的检测点）	责任部门及责任人
2013年9月至2014年8月	1. 协助校长提升教师课程领导力，教师对课程计划、执行、建设、评价的能力有提高 2. 有效整合各类教育教学活动，协助校长完善光明学校课程方案 3. 建设较为完备的光明学校课程体系，拓展型课程、探究型课程形成光明特色 4. 各年级教学质量要稳定在区中上游水平 5. 社团建设要初具雏形 6. 建立完善的教学管理精细化制度 7. 部分学科编撰较为成熟的"自主学习单"案例集		1. 教师对课程有一定的规划能力，执行力不断加强，能对国家课程进行二次开发 2. 课程方案要得到家长、上级教学部门的认可 3. 开设拓展型课程的教师要达到80%以上，沉淀一批优秀的学校课程，使其序列化、精品化 4. 各年级教学质量在区内各级教学质量评比中居中上游水平 5. 以"琴棋书画"为核心，建设一定量的学生喜闻乐见的社团，并把它纳入光明学校课程体系 6. 在备课、上课、作业等环节实施精细化管理，教学成绩在一定区域内保持稳定 7. 部分学科"自主学习单"成型	

（续表）

学年度	工作内容 （学年度目标）	主要举措 （实现目标的措施）	评价设计 （实现目标的检测点）	责任部门及责任人
2014年9月 至 2015年8月	1. 教师对课程计划、执行、建设、评价能力有显著提高 2. 形成完备的光明学校课程方案，能为学生的终身发展服务 3. 三类课程计划清晰，能为学生提供具有光明特色的优质课程 4. 逐渐形成高效的教学管理体系和课堂教学 5. 建设一批高质量的社团，成就一批精英学生 6. 部分学科修订、完善"导学稿"案例集		1. 教师能有效规划课程，对国家课程的执行力有效增强，积极建设学校课程 2. 形成完善的课程方案，能有效归类并统整教育教学活动 3. 形成"教学处—年级组—教研组—备课组—教师"高效的管理体系；形成超越学科的高效的课堂教学标准 4. 打造一批精英社团，为培养高素质的学生服务 5. 编撰升学考学科自主学习单，并形成光明特色	

4. 德育工作

发展目标：充分发挥我校德育资源优势，以思想道德教育为主线，进一步深化学生教育管理体制改革，进一步加强德育科研工作。努力构建适应新形势要求的德育工作机制，从而全面推进素质教育。努力培养会做人、会求知、会审美、会健体、会劳动的人才。营造良好、和谐、形成合力的育人环境。

德育工作内容、主要举措、评价设计

学年度	工作内容 (学年度目标)	主要举措 (实现目标的措施)	评价设计 (实现目标的检测点)	责任部门及责任人
2011年9月 至 2012年8月	1. 礼仪规范渗透师生日常言行举止当中,真正形成文明礼仪校园 2. 通过多种途径加大心理辅导教师队伍的培训力度,实现每位教师都是心理健康教育工作者的要求	1. 建立行为规范评比制度,细化评比规则,使其可观察,可操作。并严格按行为规范评比制度对班主任进行德育工作实效考评 2. 注重学生干部培训,提高团队干部的思想水平和工作能力,调动团队干部的积极性,完善少先队、团支部的组织建设 3. 做好"学生成长记录册"工作 4. 组建一支包括校领导、学生处主任、团队干部、年级组长、班主任、科任教师在内的学校德育工作骨干队伍 5. 每学期举办一次班主任培训班和班主任工作经验交流会。同时关心班主任工作,提高班主任的待遇,健全学校德育激励机制 6. 做好课题研究	1. 礼仪规范渗透师生日常言行举止当中,真正形成文明礼仪校园 2. 继续保持"上海市中小学生行为规范示范校"的称号 3. 扎实有效开展学校心理健康教育工作	学生处 陆宝琦
2012年9月 至 2013年8月	1. 不断完善家、校、社区协同教育的运行机制,充分利用家长学校、社区教育资源 2. 逐步构建社区对学校德育工作的评价体系 3. 探索班级管理日志网络化		1. 继续保持"上海市优秀家长学校"的荣誉称号 2. 开展无痕德育的研究课题 3. 初步建立班级网页	

(续表)

学年度	工作内容 (学年度目标)	主要举措 (实现目标的措施)	评价设计 (实现目标的检测点)	责任部门及责任人
2013年9月至2014年8月	1. 构建学校、家庭、社区"三位一体"的德育网络 2. 构建立体德育平台，提升我校德育工作的质量和水平 3. 积极开发实施具有学校特色的德育校本课程 4. 完善班级管理日志网络化	7. 美化校园人文环境，通过环境育人，熏陶学生行为规范意识 8. 充分利用爱国主义教育、国防教育基地等社会实践基地 9. 定期召开家校教育专题活动，保持良好的家校互动 10. 通过法制教育、谈心活动、心里辅导室，加强与学生的心灵交流	1. 继续保持"上海市十二五家庭教育指导基地"称号 2. 通过家长委员会、家长接待日、家访、家校开放日等形式与家长建立经常性联系，不断完善家校育人新机制 3. 鼓励本校教师进行具有本土特色的德育校本课程的编撰，并进行奖励 4. 建立班级网页	
2014年9月至2015年8月	1. 进一步完善德育管理网络，逐步摸索一套符合本校特点的德育评价体系 2. 深化德育科研。建立和培养一支具有善于钻研，敢于吃苦的德育科研队伍。推广德育科研成果，提升德育实效 3. 深入推进"共同的家园"班集体建设创新实践活动	11. 班级管理日志网络化	1. 建立德育研讨小组 2. 筹划建立班主任工作室，优化班主任工作研讨氛围，激活工作奖惩机制，全面促进其专业化发展 3. 定期开展主题班队会、班级特色活动、社会实践、集体心理辅导以及课外集体体育游戏等活动 4. 拓展校外辅导员队伍，完善表彰奖励制度	

5. 教育科研工作

发展目标：以专题研究为平台，锤炼教师专业素养；以课题研究为平台，锻造教师专业能力；以科研管理为平台，培育教师专业品质；以成果展示为平台，激发教师专业潜能。

教育科研工作内容、主要举措、评价设计

学年度	工作内容 （学年度目标）	主要举措 （实现目标的措施）	评价设计 （实现目标的检测点）	责任部门及责任人
2011年9月 至 2012年8月	1. 进一步加强过程管理 2. 以"建立新的课堂教育教学模式，确立新的教师角色定位"为切入口，不断壮大"科研型教师"队伍 3. 通过常规教育教学实践，提炼理论素养 4. 做好"浦东新区中小学素质教育实验学校"区终期验收总结工作 5. 进行校本研修学分制的探索	1. 通过开展听课、评课、说课等途径，着力在课堂教学中发现问题，形成专题研究思路 2. 以课例研究、案例研究为载体，让教师发表教学的心得体会，反思教学的得失，探讨成功的经验，总结失败的教训，切磋教学艺术，形成专题成果 3. 通过专题研讨、经验交流等形式，提升教师的育德能力 4. 教师开展课题研究（凡被评为区、镇优秀教师的，必须有独立立项的校级课题） 5. 指导教师参与区级课题的研究	1. 完善课题立项与结题有过程记载 2. 开展以课例为载体的研究 3. 积极申报区级及以上级别的研究课题 4. 修订《以"琴棋书画"育人文素养课程方案》 5. 出版毕业班经验总结专集 6.《光明学校校本研修方案》	发展处 朱金珺

(续表)

学年度	工作内容（学年度目标）	主要举措（实现目标的措施）	评价设计（实现目标的检测点）	责任部门及责任人
2012年9月至2013年8月	1. 服务于"提升人文，追求特色"阶段性办学目标的全面落实 2. 立项课题在研究的深度上要有新发展，研究成果在理论和实践层面的厚度上要有新发展，教育科研在高度上要有新发展 3. 积极开发校本课程 4. 推进"浦东新区内涵发展实验项目"的展开	6. 以学校"龙头"课题（区级重点、市级课题）为统领，引领教师参与研究 7. 加强过程管理，做到"四到位"：一是研究的组织指导到位；二是研究的管理制度到位；三是研究的参与人员到位；四是研究的评价机制到位 8. 对教师取得的研究成果，一是建立与落实奖励制度。二是在校园网上及每周工作安排上予以公示	1. 继续做好体现课题研究过程的原始材料积累工作 2. 动员教师积极参与区级以上课题的申报 3. 开发校本课程 4. 继续汇集出版光明学校教育科研专辑 5. 做好《以"琴棋书画"，育人文素养的拓展与深化研究》"浦东新区内涵发展实验项目"	
2013年9月至2014年8月	1. 加强学校教育科研管理，提高教师教育科研水平 2. 进一步推进"实验项目"与"内涵发展实验项目"的展开	9. 组织骨干教师学习教育科研理论知识，并邀请专家来校讲座，迅速提高教师的教育科研能力 10. 发展研究室从课题立项、目标制订、步骤安排、方法采用、课题研究总结等各方面进行宏观调控、微观指导	1. 校级课题立项达15% 2. "实验项目"与"内涵发展项目"有显性成果	

(续表)

学年度	工作内容 (学年度目标)	主要举措 (实现目标的措施)	评价设计 (实现目标的检测点)	责任部门 及责任人
2014年 9月 至 2015年 8月	1. 进一步调动广大教师投身教育科学研究的积极性 2. 落实研究成果的推广与应用	11. 完善积极的导向和激励机制,以调动广大教师投身教育科学研究的积极性 12. 凭借上海市实验学校的优势,吸纳其教育科研成果	1. 继续做好校级课题的研究 2. 区级课题有研究成果 3. 完善琴棋书画等校本课程	

6. 体卫艺科工作

发展目标:建立和完善体育、卫生、艺术、科技等教育教学活动的管理激励机制。充分挖掘每位教师的智慧和才能,努力把我校体卫艺科工作做扎实、出成效,促进学生个性与特长的形成与发展。继续开发学校探究型、拓展型课程,开拓学校新的体育、艺术、科技办学亮点,使之走向正规化,并有新的创新举措。

体卫艺科工作内容、主要举措、评价设计

学年度	工作内容 (学年度目标)	主要举措 (实现目标的措施)	评价设计 (实现目标的检测点)	责任部门 及责任人
2011年 9月 至 2012年 8月	1. 营造积极向上的科学校园氛围 2. 以美术书法为主体的艺术教育出成果,使校园文化更具活力 3. 提高学校科技教育水平	1. 组织青年体育、艺术和科技辅导教师参加各类培训,组织各项体、科、艺技兴趣小组,开展科技活动	1. 保持上海市书法特色学校称号 2. 保持区"健康促进学校"的称号 3. 积极争创上海市"健康促进学校" 4. 建立"自行车队""独轮车队"	学生处 陆宝琦

(续表)

学年度	工作内容 (学年度目标)	主要举措 (实现目标的措施)	评价设计 (实现目标的检测点)	责任部门及责任人
	4. 由上海市学生活动管理中心、上海市科技艺术中心、区德育处、区青少年活动中心指导,开展学校特色体育活动	2. 着重抓班级卫生工作和食堂卫生工作。落实日常卫生检查包干打扫制度和每月一次的卫生检查,评选每月卫生先进班 3. 开展青春期健康教育和心理健康教育,提高学生健康意识		
2012年9月至2013年8月	1. 形成健康向上的校园文化氛围,并培养一批具有班级文化活动特色的先进典型 2. 科技工作有活动要出成果 3. 影视红读要有新的亮点 4. 继续在上级部门指导下,开展学校特色体育活动	4. 积极开展艺术、体育教育研究,以科研带动特色工作,使体卫艺科教师达到说得出道道、干得出成绩、写得出论文的层次 5. 配合课程处进行探究型、拓展型课程的实施 6. 完善各项检查评比制度,活动多样化 7. 校园布置做到美化。继续做好以写字为抓手的特色工作 8. 强化体育艺术活动学生的参与率,加大经费投入	1. 争创评为区艺术特色学校 2. 申报学校科技、艺术、影视活动研究课题 3. 争创影视红读工作先进集体 4. "自行车队""独轮车队"参与区级以上比赛	

(续表)

学年度	工作内容 （学年度目标）	主要举措 （实现目标的措施）	评价设计 （实现目标的检测点）	责任部门及责任人
2013年 9月 至 2014年 8月	1. 以琴棋书画为抓手，形成具有学校的艺术特色 2. 有学校特色的科技活动，能在各类比赛中出成绩 3. 能够组建一些在全区甚至全市具有一定知名度的运动团队	9. 总结学校体卫艺科特色项目工作 10. 成立各类体育运动队	1. 能组建自己的古筝乐队 2. 申报各类体教结合项目 3. "自行车队""独轮车队"能出成果	
2014.9 至 2015.8	1. 能有体卫艺科的各类社团 2. 能够普及科普知识、推广科技类活动		1. 初步建立各类体卫艺科社团，学生积极参与 2. 能够成功申报科技类特色学校	

7. 综合保障工作

发展目标：树立为教育教学第一线服务的意识，不断提高综合保障人员的管理意识和管理水平。在充分开发和利用现有校产资源的基础上，合理运用资金，有计划地加强实施素质教育的配套建设。保持上海市"绿化先进单位"称号，积极争创全国绿化先进单位。

综合保障工作内容、主要举措、评价设计

学年度	工作内容 （学年度目标）	主要举措 （实现目标的措施）	评价设计 （实现目标的检测点）	责任部门 及责任人
2011年9月至2012年8月	1. 实行管理与教育的同步发展。按计划、有步骤地落实各项工作目标的达成 2. 切实加强学校安全工作 3. 进一步绿化、美化校园 4. 教师管理向现代化过渡 5. 充分发挥学校网络设备的功能 6. 加强教师对新知识的主动吸纳	1. 做好加强总务后勤人员的岗位培训工作 2. 调动教职工的积极性。以教育教学为中心，坚持为教学一线服务 3. 做好对学校所有财产的检查、登记、核对工作。将财产管理落实到各处室、各班级，特别是财产管理落实到人，确保财产管理和有效使用 4. 继续做好学校基础设施的改造、校舍维修和更新工作 5. 筹划好校园整体布置 6. 完善学校体育设施对社区开放的管理 7. 各种管理措施要有章程 8. 开源节流，规范学校经费使用 9. 加强学校安全工作，确保零事故发生	1. 完成中小学校舍防震加固 2. 完成学校体育场绿化整改工作 3. 完成体育设施、体操用房与学校规模匹配的调研、配套并分步实施 4. 做好电教设备的使用记载 5. 学校信息化工作积极参与区级及以上各类竞赛，并能获奖	保障处 金耀华
2012年9月至2013年8月	1. 进一步提升办校品味 2. 管理达到有序、精致 3. 进一步加强校园安全 4. 综合配套运动设施 5. 学生管理向信息化过渡 6. 利用现成的优质资源，提高教师课程资源的整合能力		1. 积极争创全国绿化先进单位 2. 对学校内部实施、安全文明、综合治理、花园单位、校舍管理、财产管理、财务管理、消防工作，分层分档网络化管理 3. 逐年消除可能存在的安全隐患（水、电、设施），确保学校安全工作再上一个档次 4. 在运动区增建室内体育馆	

（续表）

学年度	工作内容 （学年度目标）	主要举措 （实现目标的措施）	评价设计 （实现目标的检测点）	责任部门 及责任人
	7. 配合学生处建立班级网络日志设施	10. 严格把好食品卫生关，防止细菌传染，做好消毒工作，消灭三害，杜绝食物中毒 11. 后勤工作力争更有前瞻性、更有条理性、更有目标性 12. 提高绿化养护管理水平，保证绿化养护质量，不断完善绿化布局	5. 网上评课、撰写教学反思、点评教学案例、解答教学问题、积累学科资料等 6. 完善教师专业化成长电子档案 7. 建立班级网络日志设施	
2013年9月 至 2014年8月	1. 实行校园一卡通 2. 完善场所设施管理制度 3. 网络管理有序，运行良好 4. 推进节水型校园建设	13. 常态建档 14. 不断丰富学校门户网站的内容 15. 开设评课论坛，加强教师间的学术交流 16. 建立教师电子专业档案袋，形成教师专业发展动态化管理的长效机制 17. 建立行之有效的应用多媒体进行教学的奖励措施 18. 对教师运用多媒体教学进行量化 19. 建设学生电子化管理平台	1. 在校园内实行考勤、办公、就餐、阅览等工作一卡通 2. 完成校舍大修，达到教育部要求 3. 网络正常运行 4. 完成运动场大修，符合运动安全	
2014年9月 至 2015年8月	1. 积极创建平安校园 2. 不断加强民防国防教育 3. 卫生生活设施齐全 4. 推进节约型校园建设		1. 保持上海市安全文明校园 2. 签订安全责任书，建立健全安全、保卫、信息报送等管理工作制度 3. 人防、物防、技防联动 4. 学生安全教育进课堂，师生员工对平安单位创建活动参与率100%	

8. 文化建设、特色实验项目

发展目标：突出"人文立校，科学育人"的办学理念；把握"提升人文、追求特色"的阶段发展方向。在人文精神的铸造、人文思想的培育、人文气氛的烘托方面有所作为。努力构建和谐、共融、温馨，充满活力的校园情态，让校园生活洒满七色阳光。积极构建校园信息化生态环境，使校园信息化具有一定的文化内涵。

文化建设、特色实验工作内容、主要举措、评价设计

学年度	工作内容 （学年度目标）	主要举措 （实现目标的措施）	评价设计 （实现目标的检测点）	责任部门及责任人
2011年9月至2012年8月	1. 进一步提升师生对"琴棋书画"的鉴赏能力 2. 加强班级文化的创新，发现和认识有意义的新思想和新方法，能够掌握其蕴含的基本规律并用以指导解决实际问题的能力 3. 完成"浦东新区中小学素质教育实验学校"区终期验收总结工作	1. 校园环境规划体现一定的文化内涵，悬挂的名人字画、校园活动画、各行规标语等，能体现浓浓的文化氛围 2. 巧妙设计校园各景点，花草树木布局错落有致、疏密合理，力争做到"春有花，夏有荫，秋有香，冬有绿"，让师生生活在美的"花园"中，使制度管理与人文管理相得益彰 3. 创设各种文化设施，让学校的每一块石头、每一面墙壁都会说话	1. 做好"琴棋书画"全员培训 2. 班级文化创新有成果 3. 完善《以"琴棋书画"育人文素养课程方案》	工会 党支部 朱春蓉

（续表）

学年度	工作内容 （学年度目标）	主要举措 （实现目标的措施）	评价设计 （实现目标的检测点）	责任部门及责任人
2012年9月至2013年8月	1."琴棋书画"有显性成果 2.校园环境更趋优美 3.校园信息化生态环境更为突出 4.推进"浦东新区内涵发展实验项目"的展开。	4.开辟宣传橱窗、黑板报（包括党报、少先队报、教室宣传报）、乡土文化墙、"英语角"、"每周一拼"等文化宣传教育阵地，并努力发挥其作用 5.推进学校文化建设。按照"琴棋书画"四个主题进行校园布置，使光明校园更具灵气，形成真正具有文化底蕴的校园风貌，使之成为具有文化内涵的特色项目，同时，更成为展示我校风貌的品牌之一 6.发挥我校"上海市书法教育实验学校""原南汇区艺术教育特色项目（书法）学校"的优势，及时展示学生书画作品 7.办好校报及《光明苑》校刊、广播站等，使学生随时随地受到感染和熏陶	1."琴棋书画"物化环境布局科学 2.保持"市花园单位"的称号 3.多渠道丰富师生业余生活，利用校园信息网，促进全体师生养成浏览新闻、即时学习的好习惯 4.形成《以"琴棋书画"，育人文素养的深化研究》"浦东新区内涵发展实验项目"报告	
2013年9月至2014年8月	1.注重生态文明建设 2.继续推进"浦东新区中小学素质教育实验学校"工作 3."浦东新区内涵发展实验项目"有新发展 4.进一步浓郁文化氛围		1."星光书法社"、学校社团、读书活动有效开展 2."琴棋书画"初步形成课程体系 3.保持"艺术教育特色项目学校"及"上海市书法实验学校"的称号 4.学校建设好广播台、校刊、宣传栏等载体，用语用字规范，管理有序，运行良好	

（续表）

学年度	工作内容 （学年度目标）	主要举措 （实现目标的措施）	评价设计 （实现目标的检测点）	责任部门及责任人
2014年9月至2015年8月	努力构建起和谐、共融、温馨的校园文化	8. 以"琴棋书画"为主线，培育和谐温馨的人文情态，让校园生活洒满七色阳光。学校添设"墨趣堂""琴心阁""乐弈轩""展示厅""三味书屋"等文化设施 9. 着力建设一批精品校本课程：立体纸艺、中国剪画、毛笔书法、钢笔书法、稻草创意等 10. 关心全校师生的心理健康，加强心理健康教育	1. "琴棋书画"特色形成系列 2. 保持"市花园单位""区绿色学校"的称号	

五、计划实施的保障措施

1. 组织保障

成立计划实施领导小组、监督小组、自评小组

领导小组组长：刘玉华

组员：朱金珆　金耀华　朱春蓉

监督小组组长：张正华

组员：朱春蓉　张婧　潘秀英　顾瑛　陈杰　秦志军

自评小组组长:朱金琯

自评小组组员:张正华　倪立国　施海华　陆宝琦　朱金琯
金耀华　朱春蓉

组长统领全局,各组员具体负责分目标中涉及本部门相关目标的制订、实施、检查。

2. 责任保障

用制度规范行动。各部门建立有效的实施计划责任制,由部门及条线负责人分工负责,做到责任到人。

3. 设施保障

一方面要争取上级及社会各界对学校完成发展计划的支持;另一方面要挖掘学校内部潜力,积极筹资使计划顺利达成。

4. 检查与评估保障

(1) 校长作为项目总负责人、部门及条线负责人作为计划实施的具体责任人。同时,组成以党支部、工会、教代会代表为计划实施监督小组,形成可行的监督机制。

(2) 自评小组作为各项目具体负责人,每年进行自行检查评估,并写出书面汇报,分析学年度目标"达成"情况,对"未达成"的要剖析原因,提出相应改进措施,再由学校领导小组复评。同时在执行过程中,由学校四年发展计划实施监督小组监督检查。

学校计划是学校发展的有效动力,我们有充分的信心,经过四年的努力,达成我们计划中既定的目标。

附录2

尚美　向善　求真
——光明学校 2014 学年课程计划

上海市实验学校附属光明学校是一所九年一贯制农村公办学校。总校占地面积为 82.5 亩，建筑面积约为 16897 平方米。学校有 400 米环行塑胶跑道、室外篮排球场等体育活动场地。学校配备多媒体教室、电脑房、音乐室、理化实验、生物室、劳技室等专用教室，建设了"梦工场"作为学生的特色探究实验区，硬件条件齐全。东校占地面积为 32.5 亩，建筑面积为 9651.90 平方米。学校现有 63 个教学班，一至三年级在东校区，四至九年级在总部，在校就读学生为 2772 人，其中小学五个年级，二年级为七个教学班，其余年级各有六个教学班，共 31 个教学班；初中四个年级，每年级八个教学班，共 32 个教学班。

近几年，学校不断提高基础型课程的课堂效能，提升拓展型课程的数量和质量，探究型课程也在逐渐展开，特别是以书法为主线的"琴棋书画"课程逐渐深入人心，硬笔书法、稻草画、围棋和古筝等一批课程已经成为光明学生的选修热点。学校充分考虑学生的需要，结合教师的潜能，开设新概念英语、旧丝袜工艺制作等学生喜闻乐见的课程；为了能给学生更多的课程选择余地，开阔学生视野，全面提高学生综合素质，共开设 20 多个社团，开展丰富多彩的社团活动，还外聘具有专业素养的教师和社区民间高手来我校为学生辅导。利用社会资源开展综合实践学习活动，至少 2 次组织学生赴社会场馆开展综合实践学习活动。鼓励学生利用课余时间由家长陪同前往社会场馆进行活动。学生在社会场馆开展综合实践学习活动的情况，记入学生成长记录册，作为学生综合实践活动领域或相关学科学习评价的参考依据。

一、学校背景分析

1. 课程计划实施情况反思

从 21 世纪第一个十年起,光明学校课程方案开始有了明确的主题,分别是"琴棋书画·彰显素质""渊博学识·文雅气质""灵动个性·创新品质""树崇德之人·成达理之才"等。主题的确定实际上考虑了光明学校的特点,凝聚了一所农村学校向城镇化学校转型的思考。经过几年的探索,管理层认为主题要有外显转向内涵发展,通过对学生"理"的教育、"智"的启迪、"德"的涵养,使学生具备渊博的知识,同时以"琴棋书画"为主线,不断拓展可行的领域,从而由内而外培养学生的气质。2014 学年确立了"尚美,向善,求真"的培养目标,对学生进行""美"的感染、"善"的引导、"真"的培育,使光明学生在打上光明烙印的同时,探求其个性的发展,拓展综合素质,提升文化素养。

光明学校严格按照教育部、上海市人民政府及上海市教育委员会有关进一步规范课程教学工作、深入实施素质教育、减轻学生过重课业负担的要求,认真执行课程计划,积极探索建立体现学校"人文立校,科学育人"办学理念的课程体系,使基础型、拓展型、探究型等三类课程互相渗透、有机整合。严格执行"减负"有关规定,严格执行市教委中小学作息时间的规定,严格控制课时总量,保证"三课两操两活动"与学生每天 1 小时体育活动,其他学科不允许挤占这个时段的时间;加强教育教学管理,规范课程教学工作,关注课堂教学质量,提升教师的教学效能,建立有效的质量监控反馈机制,努力提高教育教学质量。

2. 师资队伍建设反思

学校在岗教职工有172人，专任教师有171人，特级教师有1人，中学高级职称有14人，中级职称有75人。教师队伍比较年轻，35岁以下青年教师占近三分之二。学校市名师基地培养人选有4人，市优青工程有1人，区学科带头人有2人，区骨干教师有10人，2014学年度新评镇学科带头人有6人，镇骨干教师有9人，镇教学能手有10人。

光明学校师资队伍学历层次高，年龄结构上成金字塔形分布，整体比较年轻，有朝气、有冲劲，很多教师将教育工作视为事业，他们愿将生命诗意地寄托在教育这方神圣的热土上。我们正努力营造有利于调动教师激情和智慧的心理与生态环境，同时也积极探寻教师专业发展根基性、本原性的因子，帮助年轻教师明确专业发展目标定位，激活他们的成长因子，加强学习引领，通过不懈学习，增强他们理论底蕴和专业底蕴，增加积聚实践智慧，真正将教师的自我发展与学校的发展融为一体。

与同类学校相比，光明学校师资发展还存在"瓶颈"，在一定程度上制约学校的进一步提升，主要表现为：有影响力、学养深的的市区骨干教师的比例偏低；学校年轻教师居多，尽管学校创设了一定的平台，但他们易受到内外部各种因素的制约，不能抓住机会发展自己；学校年轻教师中有一定量的非师范教师，他们整体的专业素养有待提高；教研组长的学科管理、学术引领有待进一步增强。

3. 生源情况

学校的生源几乎全部来自农村。祝桥毗领空港，经济增长迅速，是人口导入区，随迁子女进出频繁。他们较能刻苦耐劳，学习上也较自觉用功，他们善良、淳朴，群体管理比较容易。生活现状使他们对摆脱困境,追求自身的发展有较高的期望值,这有利于学校教育教学工作平稳实施。当然,他们眼界可能比较狭窄,交际能力不强,少部分学生甚至有一定的自卑心理。家庭教育质量总体比较差,特别是随着本地区离婚率的上升,单亲学生增多,问题学生的数量有上升趋势。外来人口的流入,学校生源不断增加。

4. 课程计划实施自我评价

2013学年度课程计划实施,学校自评认为是积极有效的,执行是严格的,充分考虑光明学校的校情、生情、师情,研究了九年一贯制学校各年段学生的身心特点,基础型课程执行严格、规范,未增缩课时;借上海市实验学校的优质资源,有机整合了拓展型课程资源,为学生开设了近70门课程,受到了学生的欢迎;探究型课程,引进STS课程,注重人文、社会、自然的和谐发展,对三类课程进行有序整合。

5. 课程计划实施的不足

学校的办学理念是"人文立校,科学育人",但在课程计划制订和实施过程中,还未充分体现这一目标,管理层觉得要进一步加强学习,加强研究,力求做到人文、科学的统一,光明学校作为一所九年一贯制学校,在推进国家课程建设、深化课程体系上,要进一步结合光明学校实际,完善光明学校课程体系,在现有基础上进一步深化课程改革,用专业的视野、专业的方法、专业的素养提升光明学校的办学水平。

二、目标定位

1. 课程建设目标

(1) 基础型课程。夯实基础,提升学生实践能力,为学生升入高一级学校注入活力,为拓展型课程和探究型课程打下基础。

（2）拓展型课程。拓展视野,开阔思路,体验学习之乐。分为限定性拓展和非限定性拓展。限定性拓展有学生、课程限定性拓展,是对基础型课程的拓展延伸,目的在于深化基础学科的认知。非限定性拓展是学校根据学生需要和教师潜能,为学生提供古筝、围棋、书法、稻草画、太极等课程,学生出于自身兴趣和特长,自由选择与限定选修相结合,在主动学习中发现自我,体验学习的乐趣。

（3）探究型课程。根据光明学校特点,依托上海市实验学校的资源,契合学生兴趣,个性化选择问题和课题。做中学,学中做,协作完成,提高学生自主创新精神和研究能力。

2. 学生培养目标

学校贯彻先成人后成才的培养原则,坚持"求真、向善、尚美"的培养目标,引导学生求真、向善、尚美,使他们成为有健康的心理、健全的人格、文明的习惯、乐学爱校,具有较高综合素质、文化素养的"光明学子"。

3. 教师发展目标

提高教师专业发展的内驱力,通过搭建校本平台提升教师的课堂教学能力,促进教师专业发展。采取长效机制,探索农村学校教师专业发展的途径与机制,造就一支师德高尚、有较强责任感和较高修养的教师队伍。

三、课程框架

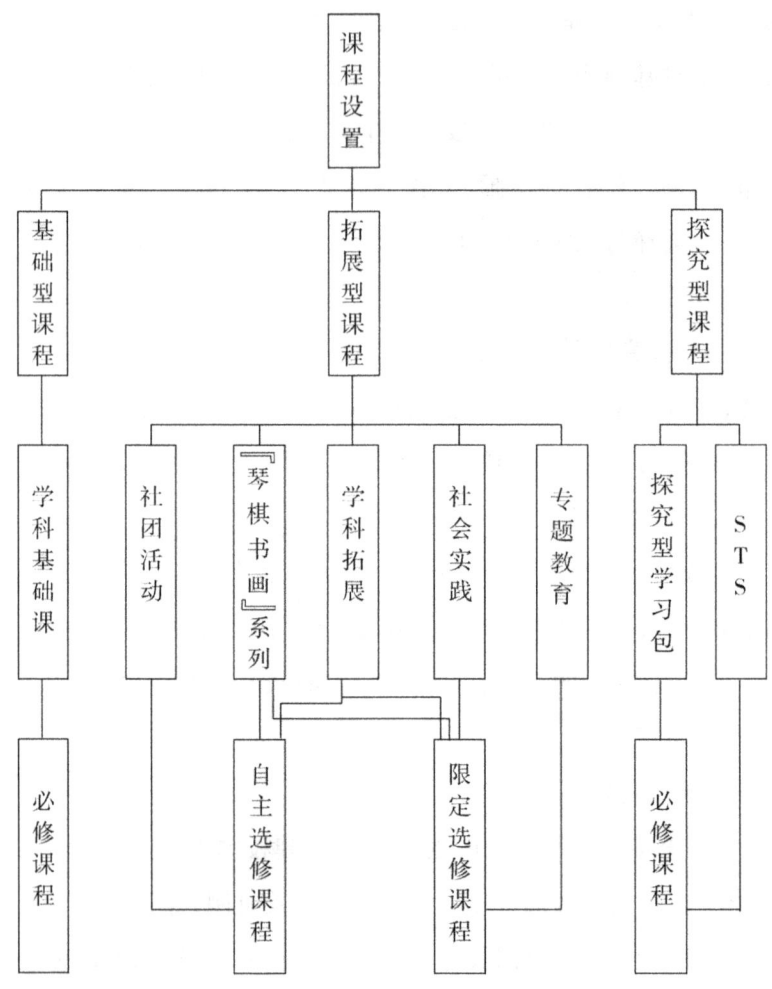

四、课程设置

1. 上海市实验学校附属光明学校（小学部）课程设置、课时安排及说明

课程、科目		一	二	三	四	五	说　明
基础型课程	语　文	8	8	5	5	5	1. 数学思维训练 一年级　七巧板 二年级　24 点计算 三年级　图形运用 四年级　工具与统计 五年级　九宫格 2. 英语口语交际 一年级　英语口语 二年级　英语口语　英文歌曲 四年级　外籍口语 五年级　英语故事表演 3. 国学阅读 一至五年级　弟子规 4. "琴棋书画" 系列课程 一年级　围棋（与体育课相结合） 二年级　五子棋（与体育课相结合） 三年级　儿童国画（与美术课相结合） 古筝（与音乐课相结合）
	数　学	3	4	4	5	5	
	外　语	2	2	4	5	5	
	自　然	2	2	2	2	2	
	品德与社会	2	2	2	3	3	
	唱游/音乐	2/	2/	/2	/2	/2	
	美　术	2	2	2	1	1	
	体育与健身	3	3	3	3	3	
	信息科技			2			
	劳动技术				1	1	
	周课时数	25	25	27	27	28	

(续表)

课程、科目		年级 周课时	一	二	三	四	五	说　明
拓展型课程	少先队活动课		1	1	1	1	1	一至五年级　书法（硬笔书法学与习） 5. 社会实践 　一年级　植物园 　二年级　野生动物园 　三年级　世纪公园（长风公园） 　四年级　滴水湖　南汇嘴　东海大桥 　五年级　科技馆　风电馆 6. 社区服务 　一至三年级　每学期三天　社区服务 　四、五年级　每学期一周社区服务　敬老院
	双脑学中文		1					
	数学思维训练		1	1	1	1	1	
	英语口语交际			1	2	1	1	
	写字		1	1	1	1	1	
	书法					1		
	太极				1			
	国学阅读		1	1	1	1	1	
	写作					1		
	体锻		1					
	心理健康						1	
	社区服务社会实践		每学年1至2周			每学年2周		
探究型课程			1	1	1	1	1	探究型课程学习包
午会			每天20分钟					
广播操、眼保健操			每天约40分钟					早晨安排广播操，眼保健操上下午各一次
周课时总量			32	32	33	34	34	每课时按35分钟计

2. 每天一小时校园体育活动

（1）开足体育课时：每年级三课时

（2）广播操：早晨 25～30 分钟（夏令 8:00～8:30；冬令 9:35～10:00）

（3）每天下午课间操（室内操）

（4）每天早晨、下午各安排一次眼保健操

（5）体育大活动：每天 30 分钟（含 5 分钟室内操）

活动内容：阳光体育（少儿足球、踢跳、长跑、体育小游戏等）

3. 快乐活动日（东校）

编号	年级	教师姓名	课程	地点	备注
1	1	王兰军	动画欣赏	一(1)	
2		严凤琴	故事会	一(2)	
3		朱莉丹	文明礼仪	一(3)	
4		瞿磊	电影欣赏	一(6)	
5		连晓岚	讲故事	一(4)	
6		邱芹仙	趣味数学	一(5)	
7		范其文	英语儿歌	二楼语音室	
8		陆晓丹	美术欣赏	自然室	
9		史萌	围棋	围棋室	
10	2	陆爱红	音乐欣赏	音乐室	
11		陈亚萍	讲故事	二(4)	
12		尹建风	动画欣赏	二(5)	
13		王燕萍	卫生教育	二(6)	
14		陆阳	英语电影欣赏	二(1)	
15		邵静	动画欣赏	二(7)	
16		倪爱霞	趣味数学	二(2)	
17		龚华	动画欣赏	二(3)	
18		周丽华	踢跳	操场	每班4人

（续表）

编号	年级	教师姓名	课程	地点	备注
19		朱卫华	心理健康	三(1)	
20		朱丽英	安全教育	三(4)	
21		丁乙乃	英语歌曲	三(5)	
22		杨爱明	少儿口语交际	三(6)	
23	3	蔡莹	古筝	古筝室（三楼）	
24		张昭君	水墨画	美术室	
25		徐虹	趣味信息	信息教室	
26		陆军	乒乓	室内体育室	每班5人
27		姚素英	数学兴趣	三2	

4. 午会安排（小学部）

年级	主题教育内容					备注
一年级	健康教育	环境教育	廉洁教育			
二年级	健康教育	环境教育	廉洁教育	民防教育		
三年级	健康教育	环境教育	廉洁教育	民防教育		
四年级	健康教育	环境教育	廉洁教育	民防教育	民族团结	
五年级	健康教育	环境教育	廉洁教育	国防教育	法制教育/毒品预防	

备注：1.二、三年级民防教育（包括交通安全常识、防火常识、紧急呼救常识等内容），健康教育（包括心理健康教育）。2.四年级：民防教育（包括意外伤害的预防等内容）、健康教育（包括青春期教育、心理健康教育、传染病预防常识等内容）。3.健康教育（包括青春期教育和心理健康教育）。4.健康教育课时：0.5课时/周。5.周五中午隔周安全教育

5. 东校区夏令作息时间

7:40～	教师上班
8:00～	早操（周一升旗）
8:30～9:05	第一节

(续表)

9:15～9:50	第二节
10:02～10:40	眼保健操、第三节
10:50～11:25	第四节
午　　餐	
12:20～12:50	午会(午睡)
13:00～13:35	第五节
13:45～14:25	眼保健操、第六节
14:35～15:10	第七节
15:20～15:50	室内操、体育活动
说明:15:30～教师学习(周五)	

2014年9月1日

6. 东校区冬令作息时间

7:50～	教师上班
8:00～8:35	第一节
8:45～9:20	第二节
9:25～9:50	早操(周一升旗)
9:55～10:30	第三节
10:40～11:20	眼保健操、第四节
午　　餐	
12:30～12:50	午会
13:00～13:35	第五节
13:45～14:25	眼保健操、第六节
14:35～15:10	第七节
15:20～15:50	室内操、体育活动
说明:15:20～教师学习(周五)	

2014年11月

7. 上海市实验学校附属光明学校（中学部）课程设置、课时安排及说明

课程、科目		六	七	八	九	说　明
基础型课程	语　文	4	4	4	4	1. 学校基础型课程全部控制在27课时以内 2. 六年级开设书法课1节，六到八年级开设写字课1节，九年级开设作文1节 3. 数学思维训练 　六至八年级　数学方法 　九年级　数学拓展 4. 口语交际 　六年级　英文歌曲　外籍口语 　七年级　英语小品 　八年级　英文辅导报 　九年级　英文辅导报 5. 八九年级分别增设物理拓展型实验课1节 6. 学校保证社会总课时为68，调整八九年级的社会课程设置，八九年级各1节。九年级增设1节职业指导课。统一放在周五下午最后一节，暂由班主任管理 7. 学校保证劳动技术总课时为170，调整七八年级劳技课程设置，七年级由1节变成2节，八年级由2节变为1节，八年级教学内容重心下移至七年级
	数　学	4	4	4	5	
	外　语	4	4	4	4	
	思想品德	1	1	2	2	
	科　学	2	3			
	物　理			2	2	
	化　学				2	
	生命科学			2	1	
	地　理	2	2			
	历　史			2	2	
	社　会			1	1	
	音　乐	1	1			
	美　术	1	1			
	艺　术			2	2	
	体育与健身	3	3	3	3	
	劳动技术	2	2	1		
	信息科技	2				
	周课时数	26	27	27	26	

（续表）

课程、科目		六	七	八	九	说　明
拓展型课程	少先队活动课	1	1	1	1	8. 社会实践 六年级　国防基地 七年级　影视乐园 八年级　禁毒馆　锦江乐园 九年级　东方绿舟 9. 社区服务（每学期一周） 六年级　社区服务消防中队 七年级　社区服务敬老院 八年级　社区服务武警中队 九年级　社区服务张闻天故居 10. 探究型课程 六年级　金融与理财 　　　　探究型课程学习包 七年级　STS　探究型课程学习包 八年级　生活中的物理、生活中的化学 九年级　物理探究实验、化学探究实验
	书法	1				
	写字	1	1	1		
	作文				1	
	数学思维训练	1	1	1	1	
	英语口语交际	2	1	1	1	
	物理拓展实验			1	1	
	国际理解教育		1			
	职业指导				1	
	社区服务社会实践	每学年 2 周				
探究型课程		2	2	2	2	
午会		每天 15～20 分钟				
广播操、眼保健操		每天约 40 分钟				
周课时总量		34	34	34	34	每课时按 40 分钟计

7. 每天一小时校园体育活动

（1）开足体育课时：每年级三课时

（2）广播操：早晨 25 分钟

（夏令 8:00~8:25;冬令 9:35~10:00）

（3）每天下午课间操（安排室内操）

（4）每天早晨、下午各安排一次眼保健操

（5）体育大活动：每天 30 分钟（含 5 分钟室内操）

活动内容：阳光体育（篮球、足球、羽毛球、踢跳、长跑、体育小游戏等）

8. 校本课程安排（总校）

编号	教师姓名	课程	地点	招生年级	招生人数	备注
1	储跃忠	二胡	音乐室三楼	四年级	15	
2	史萌	围棋	围棋室	四六年级	20	有围棋基础
3	青年成就组织	我们的世界	四(1)(2)(3)	四年级	120	
4	卫黎敏	英文歌曲欣赏	四(4)	四年级	40	
5	傅明玉	趣味文学	四(5)	四年级	40	
6	张兰	经典电影	四(6)	四年级	40	
7	张雯	环游世界	自然室（小学部三楼）	四年级	40	
8	任少好	金融与理财	五(1)	五年级	45	
9	周琦	金融与理财	五(2)	五年级	45	
10	龚明霞	金融与理财	五(3)	五年级	45	
11	张红	金融与理财	五(4)	五年级	45	
12	周建兰	金融与理财	五(5)	五年级	45	
13	陈连华	金融与理财	五(6)	五年级	45	
14	六数	数学思维训练	六(7)	六年级	40	
15	六英	英语口语	六(8)	六年级	40	
16	七数	数学思维训练	七(7)	七年级	40	
17	七英	英语口语	七(8)	七年级	40	

（续表）

编号	教师姓名	课程	地点	招生年级	招生人数	备注
18	苏闻奇	寰宇地理	六(1)	六七年级	40	
19	严佳洁	趣味日语	六(2)	六七年级	40	
20	桂耀良	安全教育	六(3)	六七年级	40	
21	陈桂忠	英文电影欣赏	六(4)	六七年级	40	
22	王婷婷	十字绣	三楼多媒体室	六七年级	30	仅限女生
23	桂燕英	不纺布创意DIY	劳技室（中学部四楼）	六七年级	20	仅限女生
24	华林荣	头脑OM	生命科学实验室	六七年级	20	
25	朱顗	网页的制作	电脑房三楼南	六七年级	40	
26	叶佳琦	外国名曲欣赏	四楼语音室	六七年级	40	
27	张欢	旧丝袜工艺制作	美术室(1)	六七年级	20	
28	王天铭	五子棋	劳技室(2)（小学部三楼）	六七年级	30	
29	徐奕	书法	书法室	六七年级	20	
30	王春燕	稻草画	稻草画室	六七年级	20	
31	张永林	象棋	悦读室	六七年级	25	
32	陆伟阳	电子梦工场	三楼多媒体室旁	六七年级	10	
33	沈学文	艺术梦工场	梦工场	六七年级	10	
34	陈学智、里程	六七年级合唱队	音乐室二楼	六七年级	30	
35	姜威、顾正德	乒乓（A队、B队）	乒乓房	六七年级	30	
36	陆利华	足球	操场（北）	六七年级	30	
37	樊春华	羽毛球	操场（羽毛球场）	六七年级	30	
38	桂涛	篮球	操场（篮球场）	六七年级	30	
39	张丹涛	自行车	操场	六七年级	20	

社团信息表

序号	社团名称/昵称	地点	社长	社员数	指导老师	备注
1	古筝社	古筝室		10	蔡莹	
2	围棋社	围棋室		20	吴顺红	
3	星光书法社	书法社		15	徐奕	
4	佳片有约社	六(1)		15	邵晶	
5	朗诵社	六(2)		9	祝彩华	
6	日语社	六(4)		20	樊佳英	
7	英文歌曲社	七(1)		15	叶佳琦	
8	十字绣社	七(2)		15	郭瑞梅	
9	手语社	七(3)		10	薛林	
10	手工DIY社	七(4)		15	张秀华	
11	园艺社	梦工场		10	王秀英	
12	计算机社	电脑房(三楼南)		35	周洁慧	
13	船模社	生命科学室		10	华林荣	
14	象棋社	悦读室		15	沈天伟	
15	羽毛球社	羽毛球场		20	胡婷婷	
16	篮球社	篮球场		20	李华	
17	乒乓球社	乒乓房		15	姜威	
18	足球社A	足球场		20	陆利华	
19	足球社B	足球场		20	桂涛	
20	自行车社	操场		20	张丹涛	
21	音乐赏析社	音乐室		10	桂燕英	仅限八年级
22	自主管理社	教学处		10	陈浩	有一定管理能力者

9. 午会安排(中学部)

年级	主题教育内容					备注
六年级	健康教育		廉洁教育		交通安全	
七年级	健康教育	心理健康	廉洁教育	青春教育	民族团结	
八年级	健康教育	法制教育	廉洁教育	民防教育	民族团结	
九年级	健康教育		廉洁教育		人口教育	

备注:1.七、八年级民族团结教育每学年安排5~6课时。2.健康教育课时:0.5课时/周。3.周五中午隔周安全教育

10. 总校夏令作息时间

7:40~	教师上班
8:00~	早操(周一升旗)
8:25~9:05	第一节
9:15~9:55	第二节
10:07~10:50	眼保健操、第三节
11:00~11:40	第四节
午　　餐	
12:30~13:00	午会(午睡)
13:10~13:50	第五节
14:00~14:45	眼保健操、第六节
14:55~15:35	第七节
15:40~16:10	(室内操)体育活动
说明:15:30~16:30教师学习(周五)	

2014年9月1日

11. 总校冬令作息时间

7:50～	教师上班
8:00～8:40	第一节
8:50～9:30	第二节
9:35～10:00	早操（周一升旗）
10:05～10:45	第三节
10:55～11:40	眼保健操、第四节
午　　餐	
12:30～12:50	午会
13:00～13:40	第五节
13:50～14:35	眼保健操、第六节
14:45～15:25	第七节
15:35～16:05	（室内操）体育活动
说明：15:20～16:20 教师学习（周五）	

五、课程实施

1. 课程开发与建设

建立较为完备的课程开发机制和流程。如古筝课程由音乐教师开发，围棋借助"吴老师围棋室"开发，书法由美术教研组开发，新概念英语请区骨干教师辅导。组织由专家、教师和学生组成的课程管理委员会对课程进行评估，对教学实施监控，根据教学效果提出改进意见。

（1）基础型课程。继续坚定不移地进行"国家课程校本化实施"的研究，坚持集体备课模式，在小学数学学科开展上海市实验学校小学数学教材与光明学校学生的整合性研究，在小学语文学科开展"双脑学中文"的研究,在初中语数英理化学科中进行导学案的编撰、修订,中学政史地生和小学四、五年级语数英进行尝试研究,六年级全面推行小组合作学习的研究,关注学生的自主性学习,开展学生探究性学力培养的研究。

(2) 拓展型课程。学校在已初步形成"以'琴棋书画'育人文素养"情态的基础上,进一步研究深化其内涵,努力给学生构建一个"和睦、和融、和悦"的教育场景与体系,营造一种温馨、安详的教育氛围。进一步深化"以'琴棋书画'育人文素养"的实践研究。

(3) 探究型课程。进行中小学探究型课程建设的实践研究。小学阶段进行探究型课程学习包的实践与研究,六年级金融与理财、探究型课程学习包,七年级引进上实集团的"STS"课程,做到上实探究型课程在光明的校本化实施,八年级探究生活中的物理、探究生活中的化学,九年级物理探究实验、化学探究实验。

2. 任课教师管理

师资由本校教师和外聘兼职教师共同组成。任课教师根据课程教学目标、专业特点和学生实际安排教学内容、教学进度和学业评价,进行专业授课。有些课程有本校教师和外聘兼职教师共同实施,本校兼职教师主要负责日常教学管理和巩固性训练。学校制订并完善教学管理方面的一系列规章制度,用制度来规范教师的教学行为。

3. 课程支持与保障

把以"琴棋书画"为主的艺术教育作为与文化知识教学同等重要的大事,从课程管理、人事安排、经费预算、后勤保障等方面进行全面规划和思考,提供师资、场地、时间、经费、设备和制度上的全方位保障。将艺术教育元素渗透办学理念、管理制度、校园文化中,营造人人关心艺术教育的工作氛围。不断完善并合理配置各种资源，为艺术教育课程的顺利实施提供坚实的保障。

六、课程评价

充分发挥评价的激励、导向和调节功能，采用定性与定量相结合的评价方式，构建多元化课程评价机制，促进课程体系的不断完善。

1. 确立全面、正确的教育质量观。研究光明学校学生的身心特点，对课程架构、设计、开发的有效性进行积极评价。

2. 建立有效的教学管理制度和质量服务制度。修订、完善教学常规管理制度和责任制度，建立立体的教学质量监控体系，对课程实施的规范、有效进行积极评价，并提出改进措施。

3. 关注教师专业发展。在精神文化、人文修养和实践体验基础上，使教师成为具有可持续发展力的学习者和研究者。

4. 关注学生的可持续发展。关注学生实践体验，实施发展性学生学业评价，注重基础型课程中对学生德育教育的渗透，着力于学生素质长远发展。

5. 评价内容

（1）对教材的评价。主要是评价其适切性与可操作性，因为教材的切实可行性，将有利于课程的有效实施。

（2）对教师的评价。教师必须具备其所承担课程的专业知识，并有一定的实施课程的能力，包括组织、管理、协调、传授的技能。

（3）对学生的评价。保障学生专业技能的建立，促进学生的自主发展。

6. 评价形式

（1）单一评价与群体评价相结合。考虑到学生参与的不同状态，既要考量学生个体的成就，也要考查学生集体的荣誉。学生的发展是评价的核心和落脚点。以学生自评、互评、日常检查及学校考核组统一考核相结合。

（2）隐性评价与显性评价相结合。以"琴棋书画"育人文素养，这与学生情感态度与价值观紧密相关。因此，重在过程的体验，考虑到这些课程具有隐性特质，具有重要的人格孕育作用。因此，其评价需要将隐性评价与显性评价相结合。

7. 明晰评价的目的

评价的主要目的，不在于考核其绩效，重要的是通过评价，改进课程的推动与实施品质。因此，所有的评价都应当更多地考虑以学生自我评价为主，以学生自我评价为出发点，逐渐转移至外部评价。

学校给师生营造一种温馨、安详的氛围，教给学生的应该是从容、淡定的气质，这是一种文化，而一个没有文化气息的地方，对学生便不再有熏陶的作用，它看似改变的是人的生活方式，实则是改变了人的气质和境界。

2014 年 9 月

附录3

一所农村学校的"弯道超车"

刘玉华

投身教育二十多年,我从最初的历史教师到教研员,从教研员到培训师。角色的数次转变,丰富了个人的教育管理经验,也加深了我对教育的理解。似乎一切的积淀(准备)是为2006年新的角色实践,那一年,我走进光明学校,出任这所九年一贯制农村学校的校长。

有人说:校长决定了一所学校的未来走向,从理念到行动。我能给这所学校带来什么呢?在浦东教育致力于城乡均衡发展的大背景下,在硬件建设不再是农村教育短板的前提下,我在思考:怎样尽快补齐农村学校内涵发展的短板呢?农村学校有没有可能实现"弯道超越"?如何让农村学生也能享受优质的教育?九年后的今天,我给出了三个答案。

一、改变课堂模式——让个体生命自由、充分、个性化地发展

教育转型中最难的是课堂教学的转型,如何充分激发学生学习的主动性,让个体生命自由、充分、个性化地发展?光明学校教师团队思考在班级授课制下如何关注学生方方面面的差异,开始了"以小组合作为载体的个别化教学"的实践研究。

学校组建了愿意通过课堂转变以保障每个学生学习权利的"志愿者"队伍;创设小组合作学习环境,打造小组合作专用教室,"凸"字形的课桌让学生合作学习更加便利;优化课堂结构,提出"串"字

形小组合作学习流程,将小组合作与三单(课前预习单、课中检测单、课后巩固单)有机结合。

目前,小组合作学习已成为光明学校课堂改革的亮点。学校还同全国三十六所学校建立合作伙伴关系,各校从不同的视角进行个别化教学的研究与实践探索,丰富个别化教学的理论和实践。

二、注入传统文化能量——让琴棋书画飞入寻常百姓家

不止一次听家长抱怨社区缺少适合青少年活动的场所;不止一次听往届学生提到,那些年学校的"中考状元"即便以高分被市重点学校录取,但总会成为校园文化活动中的沉默者。相较于市区,郊区高质量的文化资源、青少年实践场所相对缺乏;家长对孩子的关注点还普遍停留在学习成绩上,对孩子内在的精神需求缺乏必要的认识;因条件限制,学生的眼界不够开阔,综合素养有待提高。因此,作为农村学校,我们必须承担起更大的责任,付出更多的努力,为学生培育丰厚的精神土壤,这就是学校急需补上的文化短板。

带着历史教师特有的人文情怀和对传统文化的深刻关注,我把目光锁定在"琴棋书画"。"琴棋书画"作为传统艺术教育,在陶冶、激活人的情怀意趣以及整个精神世界方面的积极作用是显而易见的,它与人文教育有着密切的关系。七年前,光明学校开启一场诗意的变革:实施"以琴棋书画,育人文素养"素质教育特色项目,包括主题人文景观创设及序列课程的开发。

漫步校园,"琴棋书画"以各种物化的教育形式呈现在师生面前。"古筝台""木富亭""棋妙园""石碑廊""景观石""展览大厅"

"书法墙""书画拓片廊""墨趣堂"等。随处可见的"琴棋书画"人文景观给师生以美的享受、智的启迪、德的涵养,在潜移默化中浸润心灵。

为起到更好的人文教育功效,学校借助九年一贯制的办学优势,打造以书法教育为核心的"琴棋书画"学校序列课程,让每个光明学生有充分的时间由浅入深地感受学习中国传统文化技艺,如一至三年级是随文写字,四、六年级是毛笔书法,五、七、八是硬笔书法;一至五年级开设围棋、古筝、儿童中国画;六至七年级开设电脑绘画、稻草画等学校课程。这些课程面向全体光明学生,学生可以根据兴趣就其中一两项作为重点发展,利用拓展课、社团活动、乡村少年宫活动进行提升。

经过多年的打磨,学校的"琴棋书画"教育已积累了一定的成果。教材方面,现已开发了古筝、围棋、硬笔书法学与习、稻草画等一批学校课程,其中硬笔书法学与习已在三十多所学校使用,效果良好。社团活动方面,星光书法社被命名为区明星社团;获上海市学生艺术节百花奖;在全国第三届中小学生艺术展演中,获"艺术教育特色项目";稻草创意社的作品参与上海市教育博览会和上海世博会美术作品展览,获得好评……

如今,我可以自信地和学生、家长约定"每个农村孩子在走出光明校门时,都能知晓琴棋书画,并精通其中一项。"经过琴棋书画浸润的每位学生被深深地打上光明烙印的同时,也打上了中国传统文化的印记。

三、开展国际交流——让农村学生更具竞争力

毗邻浦东国际机场,我们离市区很远,却离世界很近。近几年

随着教育国际化的发展趋势,我们在思考如何培育农村学生自信乐观、创新进取的现代公民素养及开阔的国际视野。学校也迈开了对外交流的步伐。

先是学校陆续接待了美国、日本等教育代表团的访问。三年前,在教育局的安排下与芬兰库奥皮奥的汉特萨拉古典学校结对。在与芬兰学校的交流中,我深刻地体会到芬兰"以人为本"的教育理念——教育是为了更好的生活。另外,芬兰的教育特别关注创新意识的培养。为此,我们借鉴芬兰"视觉艺术课程"的理念,构思创设"梦工场"学生探究基地。现在整个"梦工场"建设初具规模,由版画室、陶艺室、木工制作、创意DIY、生物实验室、电子制作室、作品展示区等几大功能区域构成。学生通过动手创作视觉艺术作品,体验视觉艺术在生活中所扮演的角色,培养视觉概念与思考习惯及对美感的了解与认识;培养个性与创新精神,使思维的流畅性、灵活性和独特性得到发展,最大限度地开发学生创造潜能,并重视实践能力的培养。2013年9月我校"梦工场"正式成为区初中学校学生特色探究实验区项目。

为了更多地做好对外交流工作,学校还成立了对外交流专项小组;启动英语口语学习项目;应美国俄勒冈州路径初级学校的邀请,开展大规模的学生笔友结对活动。日益增多的涉外活动让原本不习惯、不善于和外国友人交流的农村学生渐渐自信起来,变得敢于表达、乐于表达,国际交往礼仪也在学习应用中得到规范和强化。

过去的八年,我们在课堂转型、民族文化的传承和国际视野的培养三个难以攻克的"教育弯道"上不断地"奔跑",终于实现了学校跨越式发展:从最初的一所普通乡村学校发展成为拥有2个校区、63个教学班、2758名学生的区域优质学校。学校先后被评为

"上海市文明单位""国家级乡村学校少年宫""国家级规范汉字书写教育特色学校""上海市行为规范示范校""上海市优秀家长学校",在2011~2013年更是连续三年获区教育局考核优秀一等。这些成绩不仅是对光明学校内涵发展的肯定,更印证了浦东对教育城乡一体化均衡发展的深度思考和有力实践。

今后,我和我的团队会继续筹谋实践,为祝桥的农家孩子提供更优质的教育资源,办老百姓身边的好学校。我坚信,在教育发展的道路上,光明学校会继续赶超先进学校,不断地实现自我超越。

2015年春

主要参考文献

1. 国家中长期教育改革和发展规划纲要(2010—2020年) 中共中央、国务院 2010
2. 上海市中长期教育改革和发展规划纲要(2010—2020年) 上海市市委、市政府 2010
3. 义务教育学校校长专业标准 教育部 2013
4. 中学教师专业标准(试行) 教育部 2012
5. 小学教师专业标准(试行) 教育部 2012
6. 义务教育学校管理标准(试行) 教育部 2014
7. 教育部.基础教育课程改革纲要(试行)[M].上海:华东师范大学出版社,2001.
8. 终身学习的专业,学校发展的基石.上海市教育委员会 2006
9. 顾明远.教育大辞典[M].上海:上海教育出版社,1998.
10. 王卫东.教师专业发展探新——若干理论的阐释与辨析[M].济南:暨南大学出版社,2007.
11. 叶澜,白益民,王木丹,陶志琼.教师角色与教师发展新探[M].北京:教育科学出版社,2001.
12. 教育部师范教育.教师专业化的理论与实践[M].北京:人民教育出版社,2006.

13. 李酉亭,徐红.教师专业发展的学校——上海市实验学校理论与实践之探究[M].上海:上海教育出版社,2007.

14. 傅建明.教师专业发展——途径与方法[M].上海:华东师范大学出版社,2007.

15. 施良方.未来的挑战与国际教育的未来[J].华东师范大学学报(教育科学版),1991,(4).

16. 杨明全.革新的课程实施者——教师参与课程变革研究[M].上海:上海科技教育出版社,2003.

17. 连榕.教师职业生涯规划[M].北京:中国轻工业出版社,2008.

18. 丁钢.全球化背景下教师专业发展创新计划[M].北京:北京师范大学出版社,2009.

19. 肖川.教师的幸福人生与专业成长[M].北京:新华出版社,2008.

20. 佐藤学,钟启泉,陈静静译.教师的挑战——宁静的课堂革命[M].上海:华东师范大学出版社,2012.

21. 刘玉静,高艳.合作学习教学策略[M].北京:北京师范大学出版社,2011.

22. 陈侠.课程论[M].北京:人民教育出版社,1989.

23. 钟启泉.现代课程论[M].上海:上海教育出版社,1989.

24. 张华.课程与教学论[M].上海:上海教育出版社,2000.

25. 霍华德·加德纳.多元智能新视野[M].北京:中国人民大学出版社,2008.

26. 何晓文.教育:发现与发展学生的潜能[M].北京:教育科学出版社,2005.

27. 刘宏武.个性化教育与学生自我发展[M].北京:中央民族大学出版社,2004.

28. 赵其坤.以文化人 以美育德[M].上海:上海教育出版社,2008.

29. 莫负春.让民族文化的甘露滋养青少年成长[M].上海:上海教育出版社,2008.

30. 面向 21 世纪学科行动纲领[M].上海:上海教育出版社,2002.

31. 顾泠元,王洁.促进教师专业发展的校本教学研究[J].上海教育科研,2004,(02).

32. 李春玲.学校管理视野中的教师发展[J].教育发展研究,2006,(02).

33. 尹培生,张蕾载.教师专业发展与校本培训论析[J].中国西部科技,2006,(1).

34. 田爱丽.中英美三国教师培训"校本"模式的比较研究[J].中小学教师培训,2001,(8).

35. 陈桂生."集体备课"辨析[J].中国教育学刊,2006,(9).

36. 高文.维果茨基心理发展理论与社会建构主义——维果茨基思想研究之二[J].外国教育资料,1999,(4).

37. 赵昌本.美国教师专业发展的理念、实施与问题[J].外国教育研究,2003,(10).

38. 刘敏.论教师职业生涯规划[J].人文科技学院学报,2007,(2).

39. 林汉成.集体备课低效现状及反思[J].现代中小学教育,2009,(1).

40. 梁巧华.校本课程开发对教师专业发展的影响[D].硕士学位论文.

41. 张人利."循环实证":一项:设计研究"的实践尝试[J].上海教学研究,2010,(3).

42. 李佶.关于教师的校本课程开发能力的研究[D].南师大教育硕士学位论文

43. 吕巾娇,刘美凤,史力范.活动理论的发展脉络与应用探析[J].现代教育技术,第17卷,2007,(1).

44. 郝林晓,折延东.教师专业能力结构及其成长模式探析[J].教育理论与实践,2004,(7).

45. 包娟丽.美国个别化教学研究[D].陕西师范大学硕士学位论文,2008.

46. 王芳梅.班级授课制下"因材施教"的困境与出路——基于积极差别对待的视域[J].现代教育论丛,2011,(8).

后　记

自 2006 年 8 月 31 日开始兼任光明学校校长以来,已八年有余。回想当初到光明学校,是受原南汇区教育局领导之命,临时顶光明学校校长之缺。2009 年,原南汇区并入浦东新区,我也就扎根于祝桥这块热土。看来,我此生与光明有缘。

我自认为经历比较丰富,先后担任过历史教师、德育处主任、教研员、干师训中心主任、基教科负责人、党总支副书记等职,且行且思,这些历练成为我的财富。本以为挟这些经历做一个农村学校的校长应该还是游刃有余的,但这些年的经历告诉我校长难做,农村学校校长更难做。好在我得到了光明学校全体教职工的鼎力相助,他们容忍了我初为校长时的"幼稚",给我为农村学生提供优质教育的底气。我们一起面对师资缺乏的困境,硬件建设上的历史欠账,脚踏实地,传承创新,打拼出属于光明学校的一片新天地。值得骄傲的是,作为一所农村学校,能连续三年在区教育局年终考核中荣获优秀一等;更值得骄傲的是,琴棋书画已成为光明的特色,光明学校的每位学生在修习国家课程的同时,能学一年古筝、一年围棋、八年书法……

从兼任校长到落地生根,转眼间,3000 多个日日夜夜悄然而过,为了使自己不至于陷入"时间都去哪儿了"的困惑,我产生了用笔写下这些年中那些事的想法,但一直迟迟不动笔。2014 年 5 月,我有幸参加了"浦东新区第二期名校长培养工程",在这一培养工程的方案中,明确要求学员撰写学术专著。在培训任务驱动下,我开始了《学校教育的历史使命——上海市实验学校附属光明学校八年改革与发展回眸》一书的撰写。虽然,自己在历史学科方面有参与编写论著的经历,但就学校管理领域除了有一些零星的文章之外,还没有类似的经验。为此,上级领导为我派来了大名鼎鼎的郭景阳教授,指导我的办学和编撰工作。在郭老师的指导下,我迅速拿出了本书的初步框架。起初,本书想把光明学校建校三十年来的改革与发展的情况都囊括在内,但在撰写过程中,由于缺乏材料,只能忍痛割爱,只写了最近八年的改革与发展情况,实是遗憾。另外,在撰写过程中,郭老师常常会追问,你为什么这么做?学校改革背后的理论基础是什么?即使是摸着石头过河,那过后你有什么反思?……在这一系列的追问下,也就有了本书第一部分中的:"光明学校八年改革与发展的认识基础"的内容。在本书撰写过程中,我的办学思路得以厘清,对以前凭"本能"的实践有更深刻的反思,编撰的过程,也是我成长的过程。于是,本书也就有了一个比较明显的特点,那就是在罗列工作的同时,有了自己对办学的思考。本书已不仅是一本经验总结,它更是我对教育理论的思考与办学实践的结晶。

在此,我要深深地感谢郭老师!郭老师是我大学历史专业的老师,后来他到教育部校长培训中心专门从事校长的培训工作,相隔二十多年后,再次得到当初授业老师手把手的指点,真是机缘巧合。我的历史教学风格的形成,有着大学时代郭老师"结构式板书"的痕迹。想不到,当校长后,又得到了郭老师的帮助,完成了第一本关于学校管理的专著。一生中在不同的领域,得到同一位名师的指点,真是三生有幸!

在本书的撰写过程中,也得到了同事们的帮助,朱金瑄、郁继红、沈学文、陈浩老师为我提供了大量的材料;本书也选用了其他同事的文章和案例。在此一并表示感谢。

在本书中还引用了一些别人的观点和原文,虽尽量在书中注明,但难免挂一漏万,在此表示歉意。

由于本书编写时间仓促,也囿于本人的水平,肯定会有很多不足,甚至错误,请各位读者批评指正。

刘 玉 华

2015 年春

图书在版编目(CIP)数据

学校教育的历史使命:上海市实验学校附属光明学校八年改革与发展回眸 / 刘玉华著. —上海:上海教育出版社,2015.8
ISBN 978-7-5444-6491-8

Ⅰ.①学… Ⅱ.①刘… Ⅲ.①中学教育—教学改革—文集 Ⅳ.①G632.0-53

中国版本图书馆CIP数据核字(2015)第189549号

学校教育的历史使命
——上海市实验学校附属光明学校八年改革与发展回眸
刘玉华 著
_____

出　　版	上海世纪出版股份有限公司 上 海 教 育 出 版 社 易文网 www.ewen.co
发　　行	中国图书进出口上海公司

版　　次　2015年9月第1版

书　　号　ISBN 978-7-5444-6491-8/G·5334

易文网：www.ewen.co

www.ingramcontent.com/pod-product-compliance
Lightning Source LLC
Chambersburg PA
CBHW070723160426
43192CB00009B/1291